带着孩子，跟着宋词去旅行

任乐乐◎著

中国妇女出版社

图书在版编目（CIP）数据

带着孩子，跟着宋词去旅行 / 任乐乐著. —北京：中国妇女出版社，2014.5

ISBN 978-7-5127-0836-5

Ⅰ.①带… Ⅱ.①任… Ⅲ.①家庭教育 Ⅳ.①G78

中国版本图书馆CIP数据核字（2014）第033391号

带着孩子，跟着宋词去旅行

作　　者：任乐乐　著
责任编辑：万立正
封面设计：姚姚设计工作室
版式设计：许　可
责任印制：王卫东
出版发行：中国妇女出版社
社　　址：北京东城区史家胡同甲24号　　邮政编码：100010
电　　话：（010）65133160（发行部）　　65133161（邮购）
网　　址：www.womenbooks.com.cn
经　　销：各地新华书店
印　　刷：北京铭传印刷有限公司
开　　本：165×235　1/16
印　　张：23.75
字　　数：340千字
版　　次：2014年5月第1版
印　　次：2014年5月第1次
书　　号：ISBN 978-7-5127-0836-5
定　　价：48.00元

目 录

CONTENTS

第四辑　叹婉约江南

——人间天堂纵安逸，无忘故国零星地

第五辑　望齐鲁大地

——“膏壤千里”的文化胜地

第六辑　行太行之西

——无法忘却的千年沧桑地

第七辑　念燕赵故土

——马蹄之下，你的柔情如歌如泣

第八辑　观雄江两岸

——在那片充满奇迹的土地上

第九辑　赏岭南风光

——群岭之侧，此景非画美如画

第十辑 眺闽越美景

——轻纱掩面，你仿若自梦中走近

序　言

亲爱的，欢迎来到宋词的写意世界

亲爱的，你知道吗？千百年来，宋词与唐诗一样，都是我国古代的文学瑰宝，它们都代表着我国古代文学的最高成就。唐诗豪迈，一蹴而就，就像一幅挥毫而成的书法作品；宋词温婉，精雕细琢，每一篇都好似一卷细细织就的精致绣品。

读诗能使孩子放开心胸，开阔眼界；品词则能让他们体悟人生，于词中读到历史，读到做人的哲理。

当我们带着孩子，拿本宋词，行走于这大千世界之时，会陡然发现，词与诗不同，词中不仅有景，更有历史，有心情，有人生。一本《全宋词》，收录的不仅是宋朝的文字，更是整个大宋的历史，大宋的热点新闻，大宋的名人实录，甚至整个大宋由兴到亡的过程。

当孩子远眺江水，轻轻吟出“陇首云飞，江边日晚，烟波满目凭阑久”这样的词句时，他们所吟诵的，并不是简单的一个句子，而是词人千百年前的人生、经历以及他黯然神伤的背影，还有那于千百年后，依然可以被感受到的，孤独落寞的神情。

带着一本宋词去旅行，让孩子跟随宋词的轨迹，行走在那千百年前的繁华美景中，孩子们所能感受到的，不仅仅是词中绝美精练的语言，还有这语言背后的人生百态。从宋词之中，孩子们会很直观地对比出，宋代和今天究竟有何不同。

在行走中不带任何负担，尽情探索这个世界，跟随自己的好奇心，倾听每一处景点的历史、传说，这大概是孩子在旅程中能够得到的最大收获。对于平日里埋头苦学的孩子来说，所谓旅行，就是这样，释放自己的身心，充实自己的灵魂，如果还能在旅程之中，学到一些新的知识，背诵两篇瑰丽的词句，那便是最好不过的了。

第一辑

论两京内外——千年繁华尽在此地

开封 永远的“清明上河图”

波声拍枕长淮晓，隙月窥人小。
无情汴水自东流。只载一船离恨、向西州。
竹溪花浦曾同醉。酒味多于泪。
谁教风鉴在尘埃。
酝造一场烦恼、送人来。
——苏轼·《虞美人》

故事 · STORY

虞美人

农历十一月，天气微凉，冷风四起，苏轼与挚友秦观在秦淮河上摆下了一桌离别宴。席散人去，苏轼归卧船中，久久不能入睡。他听见秦淮河上涛声阵阵，有如隔船拍打在他的枕畔一般，时间不知不觉就到了天亮。天亮前，从船篷缝隙中可隐约窥见一弯残月。苏轼静静地躺在船上，思绪繁复。很快，他的船就要从秦淮河到达泗州，然后沿着汴水向西，最后进入应天府。

无情的汴水自开封流出，就和友人离去的方向一样，自己却载着满满一船的离愁别恨，独自向西，逆流而上。想起当年与秦观同游的情形，苏轼更加辗转反侧。那一年，他与秦观一起在竹席花浦中同行同醉，互相切磋学问，而今却不知何年何月才能相见。对于十分赏识秦观的苏轼来说，这次别离真是一场逃不开、解不去的烦恼。

历史 · HISTORY

史上那些年

说到汴水，就不得不提开封。开封素有“七朝都会”之称，古时也曾叫作大梁、东京、汴京、汴梁，而其名正是源自汴水。看见今天的开封，我们的孩子也许无法想象，在北宋时期，它曾是世界上面积最大、人口最多、城市建设最为繁华的都城，也是现如今世界上唯一一座中轴线从未变更过的都城。

要追溯“开封”这个名字，还得从春秋时期说起。那时，郑庄公在此选择了一块地方，修筑粮仓，建造城池，并将它取名“启封”，意思是

“启拓封疆”。但到了汉代，为了避讳汉景帝刘启的名讳，这个地方被正式更名为“开封”。

可能大部分孩子第一次听闻开封的大名，是在各种演绎“包青天”的电视剧里，但开封城闻名于世，并非始于宋朝。历史上，战国时期的魏，五代时期的后梁、后晋、后汉、后周，北宋和金都曾定都于此。甚至连夏朝也曾在开封一带建立都城，史称老丘。

开封有明确历史记载的第一次建都，是在战国时期。公元前364年，魏惠王迁都大梁，并将黄河水引入圃田泽，又开凿鸿沟，将圃田水引入淮河。水利的兴盛，使得魏国逐渐强大，而首都大梁的繁盛也逐渐与秦国的咸阳、楚国的郢都并列，成为当时最发达的都城之一。

公元960年，赵匡胤在开封城北的陈桥驿发动了兵变，北宋建立，开封城开始逐渐取代洛阳，成为有着“东京梦华”之称的世界级中心城市。

那个时候的开封，人口超过百万，经济繁荣，富甲天下，史书曾以“八荒争凑，万国咸通”“万国舟车会，中天象魏雄”来描述当时的景象。而北宋画家张择端的名作《清明上河图》，清晰地描绘了东京汴梁的繁华景象。

清明上河图

如果没有《清明上河图》，我们也许永远都无法如此直观地了解，开封竟然有这般辉煌的过往。在张择端的笔下，汴梁的集市之貌，随着长卷的慢慢展开，一一映现在我们眼前。

清明上河，是当时北宋的一种民间风俗，人们在这个日子里纷纷出来赶集，参加各种商贸活动。而《清明上河图》就像一张巨型的宽幅照片，真实记录了这一场景。图中，路上的马帮，河中的舢板，朱漆未落的小桥，农家小院树上的鸦雀窝，人流攒动的集市，都彰显着当时世界最大都市的大气与包容。

开封的大都市气息，不仅被画家生动再现，更是被当时的词人们精心描绘了下来。北宋的周邦彦，就用他的词记录了汴梁城的灯箫盛景。他的《解语花·上元》如是写道：

“风销焰蜡，露浥红莲，花市光相射。桂华流瓦。纤云散，耿耿素娥欲下。衣裳淡雅，看楚女、纤腰一把。箫鼓喧，人影参差，满路飘香麝。

因念都城放夜。望千门如昼，嬉笑游冶。钿车罗帕。相逢处，自有暗尘随马。年光是也。惟只见、旧情衰谢。清漏移，飞盖归来，从舞休歌罢。”

千年之前的开封，仿佛就这样被画家和词人定格在了时间的缝隙中，向我们讲述着大宋的繁盛、开封的辉煌。那时的开封，就如今天的纽约一样，或许有一千个人会说出它的瑕疵之处，却仍然有无数人将它作为梦想之地、希望之地。

趣味故事·INTERESTING STORY

开封铁塔的传说

很久很久以前，在开封城的一座山上，有一个深不见底的泉眼。这汪泉眼整日整夜地向外淌着污水，污水流到了山下，污染了城里的水源，使开封城的老百姓都生病了。

老这么生活在污水和疾病之中可不行，大家一致决定，要堵死这汪害

开封铁塔

人的泉眼。但说来也怪，无论人们用了什么办法，都无法堵住这汪泉眼，扔进泉中的石头和磨盘瞬间就不见了踪影，用来堵死泉眼的沙袋刚放在里面，就被激流冲得千疮百孔，一点儿用处也没有了。

正在人们一筹莫展的时候，开封城中忽然来了位白发老人。他拿着一件用楠木雕成的小塔，当街叫卖起来。而在此之前，开封城中便早有传言，只有在泉眼上造个铁塔，才能镇住妖邪，祛除疫病。但开封城里的人们根本就没有见过铁塔，更不知要从何建起。这白发老人一出现，人们顿时争相围观起来。只见老人手中托着的那件木塔，一头粗，一头细，层层叠叠，玲珑剔透。听闻开封城里的百姓需要造塔镇妖，为民除害，白发老人当即放下木塔，乐呵呵地飘然而去。

老人走后，大家将木塔拆开仔细研究起来，终于搞明白了塔的结构。但光掌握理论还不够，实际施工起来，问题全来了。刚造的一层、两层还没问题，但层数高起来之后，材料却运不上去了，这着实令工匠们大伤脑筋。

就在大家伤神不已的时候，白发老人又出现了，他看着进展缓慢的工程，有些生气。工匠们看见老人生气了，正想辩解一番，但老人二话没说，一把夺过木塔，往地上一扔，又使劲踩了几脚，直到木塔被踩进土里才转身而去。

工匠们看见他的这种行为，一时间都愣住了，直到一个小工匠指着木塔说："我们是不是先把塔挖出来看看？"人们这才回过神来，赶紧把塔挖了出来。他们小心翼翼，一层层地把木塔从土里扒出来。扒着扒着，大伙不禁豁然开朗起来，如果造塔的时候，在塔身外用土垒成一级级土堆，那运送材料不是就方便多了吗？

想明白了这个道理，工匠们的热情立刻高涨起来。大家先在泉眼上盖了第一层，然后用土把它埋了起来，这样就形成了第一个坡道，方便运料。接着盖第二层、第三层……一直盖了十三层，封顶后，又从最上面那一层将封好的土堆一层层剥开运走，一座巨塔就矗立在开封的夷山上了。

自从夷山造塔以后，开封再也不冒污水了。而这座塔便是闻名中外的“铁塔”，又被誉为天下第一塔。

据说，人类的第一座塔就是用这种笨办法，花了好多年的工夫盖起来的。后来，人们盖的塔越来越多，越盖越聪明，才由堆土堆演变成为搭脚手架的施工方法。

风景 · SCENERY

带着孩子边走边看

开封市位于河南省的中东部，曾是北宋时期的国都，威名远扬，一幅《清明上河图》也只能将它描述一二，而不能窥得全貌。现在，时过千年，当我们带着孩子踏上开封的土地，向他娓娓讲述包拯惩恶扬善的故事时，不知我们是否还能感受到，北宋的有识之士对开封城的无限向往和钟情。

包公祠

“开封有个包青天，铁面无私辨忠奸”，说起开封府，最有名的还是黑脸包公。包公在北宋时期曾任开封府尹，一生为官清廉，不畏权贵，执法如山。其事迹不但被当时的百姓广为传颂，更被文人墨客写成了各种剧本，呈现在舞台之上。因此，包公祠成了许多游客抵达开封的第一站。

包公祠位于城西南的包公湖畔，是为纪念包公而建的祠堂。它由大殿、二殿、东西配殿、半壁廊、碑亭组成。整个祠堂古朴庄严，祠内有包公铜像，龙、虎、狗铜铡，包公断案蜡像，开封府题名记碑和一些记录着包公生前诸事的文物史料。

开封府

看罢了包公祠，怎能不顺道游览一下开封府？开封府就是当年包公办案的地方，它位于开封市包公湖的北岸，正与包公祠隔湖遥相呼应，形成了“东府西祠”的壮丽景观。此府虽为现代修建，但依照的是北宋时期的营造法式，其以正厅、议事厅、梅花堂为中轴线，辅以天庆观、明礼院、潜龙宫、清心楼、牢狱、英武楼、迎宾馆等五十余座大小殿堂，完整再现了当年开封府的盛景。

清明上河园

画家张择端的《清明上河图》举世闻名，但光看展览馆中的复制图，并不能使孩子真正体会宋时开封城的繁华。不过没关系，因为我们可以带着孩子去清明上河园，让他们亲自体验一下“穿越”到宋朝究竟是什么感觉。

清明上河园位于开封市龙亭湖西岸，这是一个以宋代文化为主题，以《清明上河图》为蓝本，并完全按照宋朝的营造法式建造而成的民俗风情游乐园。在这里，孩子可以非常直观地了解宋代民间文化。

在清明上河园中，我们可以看到几乎和宋时一模一样的酒楼、茶肆、当铺，还有汴绣、官瓷、年画等现场制作。而到了晚上，还有大型晚会《东京梦华魂》可以观看。我们也可以和孩子一起，换上宋装，手持宋币，尽情感受宋代人的生活。

大相国寺

大相国寺是开封的另一著名景点，位于开封市的中心，始建于公元

555年，原名建国寺，唐睿宗时期改名，是举世闻名的佛教寺院。北宋的时候，大相国寺因深得皇家崇敬，曾多次扩建，僧人多达千余人，是当时全国的佛教活动中心，《水浒传》中“鲁智深倒拔垂杨柳”的故事，据说就发生在此地。如今，大相国寺经过数次重修，尚保存有天王殿、大雄宝殿、八角琉璃殿、藏经楼及千手千眼佛等殿宇古迹。

1.包公祠	2.清明上河园
3.开封府	4.大相国寺

诗词延伸

凝碧旧池头，一听管弦凄切。
多少梨园声在，总不堪华发。
杏花无处避春愁，也傍野烟发。
惟有御沟声断，似知人呜咽。
——韩元吉·《好事近·汴京赐宴闻教坊乐有感》

洛阳 跨越千年，我是中华唯一“神都”

陇首云飞，江边日晚，烟波满目凭阑久。
立望关河萧索，千里清秋。忍凝眸。
杳杳神京，盈盈仙子，别来锦字终难偶。
断雁无凭，冉冉飞下汀洲。思悠悠。
暗想当初，有多少、幽欢佳会，岂知聚散难期，翻成雨恨云愁。
阻追游。
每登山临水，惹起平生心事，一场消黯，永日无言，却下层楼。
——柳永·《曲玉管·陇首云飞》

宋词故事·STORY

陇首云飞

陇地的山岭之上，日暮渐临，黄昏的云彩如飞。到了晚上，江边暮霭一片，游子的眼中，只有那烟波万里。站在江亭之上，凭栏而立，久久望去，只见山河萧条，清秋凄凉，心中不禁一阵难受。

在遥不可及的神京里，有一位心中爱恋的盈盈仙子，如今却不知身在何处，自从与她分别，游子就再也没有听到过她的消息了。他抬头望着向南飞去的大雁，想要借此传达心中的思念，却只能让愁思变得更加悠长。

此时此刻，游子暗暗回想当初，那时，有多少与佳人相见的美好时光啊，只可惜世间没有不散的筵席，当初的无限欢乐，都变成了今天的无限哀愁与思念，以至于每每看见山水美景，都会想起曾与佳人相聚的日子，他不禁黯然神伤，只能默默无语，独自走下江亭归去。

历史·HISTORY

史上那些年

许多人读罢此词，都以为“神京”指的是当时的首都开封，但在我国历史上，其实只有洛阳才是唯一被官方正式命名为“神京”或“神都”的城市。说起来，这里面还有不少典故。

女皇武则天建立大周王朝时，定都洛阳，并将洛阳称为“神都”。因此，有不少人都以为，“神都”的名称是武则天首创的，其实不然。追溯渊源，早在东晋、北魏时期，洛阳便被称为“神京”或“神都”。

不过，洛阳在历史上的威名并不仅限于此，从夏朝开始，先后就有十三个王朝在此定都，而伏羲、女娲、黄帝和尧、舜、禹的传说，也均是自河洛地区发源，而自有历史记载以来，洛阳城一直是这一地区的政治中心。

千年以来，无论是帝王贵胄，还是文人墨客，都对洛阳城有着非常高的评价。汉高祖曾曰“吾行天下多矣，唯见洛阳”，北魏孝文帝也说“崤函帝宅，河洛王里”，而宋太祖更是直表心声，“吾欲迁洛，以据山河之险而去冗兵，循周汉故事以安天下也”。

洛阳不仅在神州大地威名鼎鼎，就连当时的日本也对它崇敬不已，他们甚至专门按照洛阳和长安的格局，建立了京都。古时候，日本其他地区的人去京都，都叫作上洛或是入洛。

除此之外，洛阳这座中华第一神都，更是直接见证了历史上罗马帝国和泱泱中华的第一次碰撞。东汉时期，汉明帝派班超出使西域，将荒废已久的丝绸之路打通，连接了当时的罗马帝国。而这条“黄金之旅”的东方起点，正是在今天的洛阳。大汉皇帝也正是在京师洛阳接见了当时的罗马使臣。东汉之后，无论是魏晋，还是隋唐时期，洛阳都一直是丝绸之路的起点，季羡林就曾肯定地说：“丝绸之路应以洛阳为起点，这是个不刊之论。”

洛阳鼓楼

趣味故事 · INTERESTING STORY

武则天降冬醉贬牡丹花

从唐朝开始，洛阳就有着“牡丹甲天下”的美名。据有关史料记载，到了宋代的时候，洛阳牡丹就已经有一百多个品种了，其中不乏珍稀名品。但洛阳牡丹为何如此繁盛有名？传说这和女皇武则天有着密不可分的关系。

洛阳牡丹

一年腊月，天气十分寒冷，鹅毛大雪漫天飞舞。一天，武则天和女儿太平公主身着皮裘，手捧暖炉，来到暖阁准备饮酒赏花，却发现除了腊梅、水仙之外，花圃里其他的花全都是枯枝一片，景象残败无比。

武则天此时已经喝得醉眼蒙眬，见此枯败情景，勃然大怒，当即要人呈上纸笔，写下一首绝句："明朝幸上苑，火速报春知。花须连夜发，莫待晓风吹。"然后拂袖而去。百花深知女皇脾性，生怕惹恼了这位脾气变幻莫测的女主，从而遭受无妄之灾，只得冒着严寒，连夜绽放。

第二天，武则天听说百花齐放，当即大喜，下令摆驾暖阁，观赏百花。然而，她看着看着，发现不对劲了，为何百花都已绽放，唯独少了自己平时最喜爱的牡丹？武则天平时最疼牡丹，每每叫人精心呵护，现在牡丹抗旨不开，明显是不给自己面子。一怒之下，她将几千株牡丹都贬去了洛阳。

然而，倔强不屈的牡丹一到洛阳就昂首怒放，这更激怒了武则天，她下令将牡丹连根拔起，立刻烧毁。牡丹的枝干虽被烧焦，可到了第二年春天，枝上的花朵却开得更加繁盛。自此，天下的牡丹虽多，但唯独洛阳最盛，而那种在烈火中仍矢志不移的牡丹，被人们赞为"焦骨牡丹"，也就是今天的"洛阳红牡丹"。

洛阳位于河南省，因在洛水之北而得名，古时也称雒阳、雒邑。这里地处中原，西依秦岭，东临嵩岳，几乎四面环山，加之又有黄河之险，因此也有“河山拱戴，形势甲于天下”的说法。

洛阳，是一个承载了太多历史奇迹的地方，正如朱敦儒在《蓦山溪》中所写“满帽洛阳尘”，历史的尘埃将它满满覆没。若是孩子问起，洛阳究竟是一座怎样的城市？我们不妨借用司马光的一句话告诉他们：“若问古今兴废事，请君只看洛阳城。”

牡丹园

提到洛阳，还有什么比洛阳牡丹更出名？而洛阳牡丹，则以国家牡丹园中的品种为最多、最盛。洛阳国家牡丹园，原是隋朝西苑及唐代神都园的旧址，也是我国最早的牡丹种植区。

明朝崇祯年间，洛阳名士李献廷在此建了李氏花园，使得这里成了清朝和民国时期洛阳最大的牡丹园。而园内最著名的千年凤单林中有一株“千年牡丹王”，为隋朝西苑的遗物，更是洛阳牡丹中的“活化石”。

去往洛阳观赏牡丹花的最好时间是每年的4月和5月，此时天气晴好，牡丹最盛，花期长达月余。

白马寺

白马寺在洛阳城东边，古时候又叫金刚崖寺，是佛教传入中国后的第一所官办寺院，它建于公元68年，距今已有近2000年的历史，因此又被称为“中国第一古刹”。

据说，白马寺的来历十分有趣。史料记载，有一天晚上，汉明帝刘庄梦见了一位神仙，他浑身散发出金色的光芒，并自西方飞来。第二天一早，刘庄将自己的梦境告诉了大臣们，并询问大臣们，此仙为何方神圣。

1. 牡丹园 │ 2. 白马寺

太史傅毅告诉刘庄，这梦中的神仙，也许就是西方佛祖。

于是，刘庄一边派使者去往西域访求佛道，一边在洛阳建造了中国第一座佛教寺院，用来安置从印度到来的名僧以及储藏他们带来的宝贵佛经和礼佛之物。而白马寺也因当时驮载佛经的白马得名。

现存的白马寺，是一座坐北朝南的长方形院落。在大门之外有近年新建的石牌坊、放生池及石拱桥，绿地两侧有左右相对的两匹宋代石雕骏马，大小和真马相当，形象温和驯良。

关林

关林位于河南省洛阳市老城南7千米的关林镇。传说这里是埋葬关羽首级的地方，它于明代万历年间建庙，清代乾隆时期扩建，总面积在百亩左右。

关林

这里古柏苍郁，殿宇堂皇，前面是祠庙，后面为墓冢，是洛阳市极其著名的古建筑和游览胜地，也是带孩子学习古代祠

庙文化的好地方。

重渡沟

带着孩子四处旅行，无非也就是想让他们开阔眼界，用轻松的方式增长书本上学不到的知识，那伊水河畔的重渡沟，就完全可以满足我们的这个需求。

重渡沟自然风景区位于洛阳栾川县潭头镇西南10千米处的熊耳山。据说，西汉末年，刘秀被王莽追杀之时，两次逃至伏牛山的伊河处，第二次正待渡河之时，忽然看见一个无名沟口，便说，我们两次渡过伊河来到这里，那这条沟就叫作重渡沟吧。光武帝刘秀金口玉言，这条沟的名字也沿用了上千年。

现如今，重渡沟内野生动植物繁多，竹茂林密，甚至可与蜀南竹海相媲美。当我们带着孩子来到这里时，他们可以享受到四季喷涌的泉水、看见常年飞瀑成群，还能学习竹文化、水文化、农耕文化，实为一个不可多得的户外科教基地。

■诗词延伸

重渡沟

洛阳正值芳菲节。
秾艳清香相间发。
游丝有意苦相萦，垂柳无端争赠别。
杏花红处青山缺。
山畔行人山下歇。
今宵谁肯远相随，惟有寂寥孤馆月。
——欧阳修·《玉楼春》

伊川 你有牡丹花海，我有艺术天堂

忆昔西都欢纵。
自别后、有谁能共。
伊川山水洛川花，
细寻思、旧游如梦。
今日相逢情愈重。
愁闻唱、画楼钟动。
白发天涯逢此景，倒金尊、殢谁相送。
——欧阳修·《夜行船》

宋词故事·STORY

夜行船

月色皎洁，微风拂过，一白发白衣老翁站在船上，凝望着老友，细细回忆着当年与他一起在西京的快乐时光。别离总是令人伤感，与挚友的相别尤其如此。他抬首望天感叹，人生难得一知己，相别之后，还有谁能如你一样深知我心？

这几年来，老翁早已游遍了伊川的山水，看遍了洛阳的牡丹，细细寻思起来，旧日里也曾与挚友游览过这些地方，那些日子回想起来就像做了一场梦。

现如今，突然与老友重逢，老翁的心情无比激动，能在白发苍苍的时候与年轻时的挚友重逢，这是一件多么难得的事情啊，但此时此刻，我们都已垂垂老矣，也只能和挚友把盏畅谈，而无法做更多的事情了。

历史·HISTORY

史上那些年

伊川县紧邻洛阳市，这里历史悠久，文化积淀深厚。北宋著名的政治家、文学家、军事家范仲淹，以及“程朱理学”的创始人程颐、程颢都长眠于此。传说，在神农氏时期，伊川这一代便有一国之称，尧帝时期，这里被称为伊侯国，而到了舜帝时，才被称为伊川。

不过，在伊川，最著名的地方还是龙门。

龙门在洛阳市南边的伊水河畔，这个位置两山对峙，伊水从中间流过，地形宛若门阙一般，所以古时也称这里为“伊阙”。而此处又恰恰处在“龙庭”洛阳的正南方向，就像守护都城的门户一般，龙门因此而得名。

龙门

自古以来，“龙门山色”被誉为洛阳八大景之首，是洛阳最好的风景区。唐代诗人白居易曾这样评价这里：“洛都四郊山水之胜，龙门首焉。”历史上，龙门附近的山体石质坚硬，非常适合精雕细刻，又因临近魏、隋、唐的国都洛阳，因此，北魏、隋朝和唐朝的帝王们，非常热衷在此建造石窟，雕刻佛像。

龙门石窟就是在这种情形下诞生的。它开创于北魏孝文帝迁都洛阳之时，历经了北魏、东魏、北齐、隋、唐及北宋诸朝，整个开凿时间长达400余年。龙门石窟，是整个北魏拓跋王朝迁都洛阳、实行汉化的经典产物，它从开创以来，就具有世俗化、中原化的趋势，因此与我国西部、北部的石窟艺术大为不同。

在龙门石窟的所有洞窟中，北魏的洞窟约占30%，唐代的占60%，其他朝代的仅占10%。石窟中最大的那尊卢舍那大佛，通高17.14米，头高4米，耳长1.9米，而最小的佛像在莲花洞中，每个只有2厘米，堪称微雕。

趣味故事·INTERESTING STORY

龙门石窟的传说

相传，在很久很久以前，洛阳城的南面有一片烟波浩渺的大湖。大湖被群山围绕，山上的树木郁郁葱葱，芳草一望无际。山下有一个小村庄，村里住着许多勤劳又善良的人，他们在湖里捉鱼，在山上放牧，一直过着平静、快乐的生活。

村里有个孩子叫小宝，他每天一大清早就到山上放羊，从不偷懒。不知从何时起，他放羊的时候，突然听见从地下传来一些奇怪的声音。小宝十分好奇，便将耳朵贴在地面上，只听有个人用沙哑的嗓音问：“开不开？”这令他感到惊奇又害怕。

回到家中，小宝将这件事告诉了妈妈，妈妈想了想，对他说：“下次你再听见这样的问题，就回答‘开’。”谁知，妈妈的话还没说完，突然从山上传来一声巨响，村民们往上一看，龙门山居然从中间裂开了，汹涌的湖水从裂口中奔涌而出，咆哮着往洛阳城的方向流去，可到了洛阳城门口，湖水却又忽然绕道而行，向着东海的方向奔去。

接着，无数的清泉从山崖中迸发出来，形成了一道道亮丽的飞瀑，而两岸的悬崖之上，则出现了无数好似蜂窝一般的石窟，远远望去，石窟内密密麻麻，全部都是石像。待山体平静下来之后，有村民走近一看，原来这些石像全部都是佛的形象。他们形象各异，有的眉清目秀，有的魁梧强壮，每个佛像都有着不同的动作和造型，可谓千姿百态，十分壮观。

从此，山清水秀的龙门便出了名，而雕有佛像的石窟，便被人称为龙门石窟。

伊川县隶属于古都洛阳，而世界文化遗产龙门石窟，就在伊川的边上。伊川境内的历史文化遗址多达33处，其中还包括著名的香山寺及白园。

开车从河南省的省会郑州上郑少洛高速，只需不到一个半小时，就能到达伊川。但也正是在这短短的一个时辰之内，便能令人恍若穿越一般，从现代的繁华世界，走进一个成就近乎跨越千年的“艺术王国”。

龙门石窟

龙门石窟是国家AAAAA级景区，它与甘肃敦煌的莫高窟、天水的麦积山石窟及山西大同的云冈石窟并称为“中国四大石窟”。龙门石窟位于洛阳城南的伊阙峡谷，峡谷两岸的崖壁上窟龛星罗棋布、密如蜂房。

这里是中国石刻的艺术宝库之一，南北长达1千米，现存窟龛2345个，造像10万余尊，碑刻题记2800余品。因其石质优良，宜于雕刻，故而古人

龙门石窟

择此而建石窟。在书法艺术中，“龙门二十品”是魏碑的精华，而唐代褚遂良的“伊阙佛龛之碑”是初唐楷书的艺术典范。我们带着孩子来到这里，不但可以让他们领略到古代工匠的精湛技艺，还可以通过实地讲解，让孩子了解隋唐五代的艺术变化。

香山寺

龙门石窟有个邻居，名叫“香山寺”。香山寺与龙门石窟一衣带水，虽然名气没有其邻居大，但身世也十分不凡。

香山寺始建于北魏，唐朝时期，印度高僧地婆诃罗在此圆寂，为了安置其遗身而建造此寺。1000多年以来，香山寺历经了无数沧桑，亦与无数历史名人结下了不解之缘。香山寺最初的名字已不得而知，只知武则天在洛阳称帝时，赐名为“香山”。而白居易也曾花费巨资重修此寺，并撰写了《修香山寺记》。此后，这里几度废建，直到1936年，为庆祝蒋介石五十寿辰，当时的地方政府再次对香山寺进行了修建，并在寺内建造了一幢两层小楼，称作“蒋宋别墅”。

香山寺

现如今，经过了第五次修复，整个香山寺再度拥有了磅礴的气势，它与龙门石窟交相辉映，就像两个相依多年的老友，一起传承着河洛地区的千年文化。

白园

带着孩子来到龙门，不去白园，实在可惜。白园位于龙门东山的琵琶峰上，是为纪念白居易而建。白居易晚年居住在洛阳，他对龙门山水十分眷恋，叮嘱家人死后将他葬在此处。白园不仅是白居易长眠之处，更是一处纪念性园林，孩子在这里可以详细了解到白居易的生平诸事。

白园

白园内有一处凉亭，名为“听伊”，这是白居易晚年与好友元稹和刘禹锡等对弈、饮酒、品茗、论诗之处。而在琵琶峰顶，有一座砖砌的矮墙，墙内的墓丘之下，正是大诗人白居易的长眠之地。登高处眺，可见墓顶形似琵琶，而墓丘好似“琴箱”，其东南是长长的芳草墓道，翠绿色的草地中央，三根“琴弦”清晰可见，此为琵琶的“曲颈”所在。这大概是因为白居易精通音律，又曾撰写过著名的《琵琶行》，所以后人才将他的墓地修成这个样子，以表纪念。

■诗词延伸

狂踪怪迹。
谁料年老，天涯为客。
帆展霜风，船随江月，山寒波碧。
如今著处添愁，怎忍看、参西雁北。
洛浦莺花，伊川云水，何时归得。

——朱敦儒·《柳梢青》

安阳 一只大鸟诞下的传奇帝国

安阳好，形势魏西州。
曼衍山川环故国，升平歌吹沸高楼。
和气镇飞浮。
笼画陌，乔木几春秋。
花外轩窗排远岫，竹间门巷带长流。
风物更清幽。
——韩琦·《安阳好》

宋词故事 · STORY

安阳好

说起这首《安阳好》，先要介绍一下它的作者——韩琦。虽然今天的孩子对这个人可能不了解，但在那个时代，他却是烜赫一时的大名人。韩琦是北宋名将，曾与范仲淹共同防御西夏，时称“韩范”，并被封为魏国公。《宋史》里曾为他列传。

安阳是韩琦的故乡，也是他宦游几十年后归来镇守的地方。韩琦爱故乡，爱得真切，爱得自然。

山山水水环绕着这座古老的都城，平歌吹拂着高楼。古老的安阳，在韩琦的眼中，百业兴旺，政通人和。整个城郭的上空，洋溢着一派祥和的瑞气。一排排几经春秋的乔木，组成片片树荫，笼罩着如画般的街道阡陌。放眼望去，在锦绣花团的那一边，窗外仿佛画着列如屏障的远山，而玉带一样的碧水，萦绕着绿竹掩映的街巷与门庭。

历史 · HISTORY

史上那些年

韩琦热爱自己的故乡安阳，所以著有《安阳集》来歌颂故乡，让故乡名扬天下。但安阳不仅仅是因为韩琦的这番作为才闻名于世。对于这座千年古城来说，它自有令人骄傲之处。

据考证，安阳的历史至少可以追溯到一万年前。传说，颛顼、帝喾都曾在此建都，而殷商的盘庚，更是执意迁都于此，将这里发展成了商朝的政治、经济中心。安阳见证了商朝兴衰的全过程。

经考古发掘，已在安阳发现殷商时代的宫殿和宗庙多达50多座，王陵

十多座，而民居和负责铸造青铜的手工业作坊更是不计其数。而甲骨文的出土，更使安阳这座古城在近代名扬天下。在这里，甲骨文源源不断地被从土里挖掘出，它们记载着殷商时代的各种事情，并将2000多年前的秘密一一呈现在我们面前。

甲骨文

不知孩子可曾看过《封神演义》，还记得里面那个能未卜先知的西伯侯姬昌吗？据说，在商朝末年，他就曾被纣王关押在今天安阳市的汤阴县内。姬昌在被囚禁的七年中，演成了令天下皆为之着迷的《周易》。

商朝灭亡后，后续曹魏、后赵、冉魏、前燕、东魏、北齐王朝先后在此建都，故安阳也曾被称为七朝古都。大家或许不知，抗金名将岳飞也是安阳人，安阳城内至今还有座明代修建的岳飞庙，以供人们缅怀这位抗金名将。

数千年的王朝更替，为安阳留下的是绵延不绝的历史文化。如今，当我们牵着孩子的手，站在这片广袤的土地上，我们是否还能联想，几千年前，这里曾是怎样的京师繁华，又曾承载了多少帝王威仪。

趣味故事 · INTERESTING STORY

玄鸟生商的传说

《诗经 · 商颂》中，有一首诗的题目叫作《玄鸟》。《玄鸟》为我们讲述了一个带有传奇色彩的故事："天命玄鸟，降而生商，宅殷土茫茫……"并且，这个故事不仅《诗经》里有，就连司马迁的《史记》以及《吕氏春秋》等典籍上也有记载。

在远古的黄河边上，曾经有过一个传奇的帝国，大家称之为商。据说，这个帝国十分强大，而它的祖先名叫契。“玄鸟生商”，讲的就是关于契的身世。

契的母亲叫简狄，是帝喾的妃子。简狄嫁给帝喾之后，一直没有孩子。在皇族中，妃子没有子嗣，就没有依靠。因此，简狄只好去郊外祭祀媒神。因为她听说，媒神是专管生孩子的神仙，想要生儿育女，去求他是十分灵验的。这天，简狄举行完祭祀仪式之后，感到非常疲惫，就到玄丘之水中洗澡。

就在简狄洗澡之时，天上忽然飞来了一只燕子。这只燕子飞到简狄的手上之后，居然就不走了，正在简狄奇怪之时，这只燕子忽然产下了一枚蛋，然后很快就飞走不见了。简狄十分惊异，她仔细看了看那枚蛋，上面有着奇怪的、五彩斑斓的花纹。简狄一时好奇，就吞下了那枚燕子蛋。

然而，吞下蛋没多久，简狄便觉得腹中有异动，请医生来一看，居然是怀孕了。几个月后，简狄生下了一名男孩，取名为“契”。帝喾对契十分喜爱，他精心培养这个孩子，希望他以后能成就大业。

帝喾的心血得到了回报，契长大之后果然成为一个有胆有识的人，他不仅在尧和舜的宫廷中做了掌管教育的司徒，还帮助大禹治理水患。为此，他被封在了商这个地方，并以“商”作为宗族的名号。

从此，商族的人们，一直将那只黑色的玄鸟作为崇拜的图腾，而商族也渐渐发展成一个传奇的国度——殷商。

安阳市位于河南省的最北部，地处山西、河北、河南三省的交会点。古时又简称殷、邺，它有3300多年的建城史，不仅是早期华夏文明的中心之一，更是甲骨文的故乡，《周易》的发源地，以及中国文字博物馆、红旗渠、曹操高陵所在地。

殷墟

如果孩子看过《封神榜》，那殷墟是他们一定不能错过的地方。殷墟位于安阳市殷都区的小屯村周围，它是商朝后期的都城遗址，是中国历史上被证实的第一个都城遗址。而殷墟的发掘也被列为20世纪中国“100项重大考古发现”之首。

殷墟的总面积虽然仅有24平方千米，但在其内分布着宫殿区、王陵区、一般墓葬区、手工业作坊区、平民居住区和奴隶居住区等，可谓麻雀虽小，五脏俱全。

岳飞庙

岳飞庙原名精忠庙，后也称“宋岳忠武王庙”，是后人为纪念南宋抗金名将岳飞而建。岳飞庙位于汤阴县城内西南街，始建年代已无法考证，但今天的庙址是明景泰元年（公元1450）时重建的。从明代开始，此处历代屡有增建，逐渐成为一处完整的古建筑群。

岳飞庙现在的面积已达4000多平方米，殿宇建筑多至百间。整个庙宇坐北朝南，外廊呈长方形，临街大门为精忠坊，整座建筑为木质结构，斗拱形制九踩四昂重翘。精忠坊的正中挂着明孝宗朱祐樘所赐的匾额，上书“宋岳忠武王庙”。

殷墟

岳飞庙

羑里城遗址

羑里城遗址在安阳市汤阴县城北约4千米处，是纣王关押周文王姬昌的地方。在这里，姬昌根据伏羲八卦推演出了《周易》，而“画地为牢”的典故也发生在此。羑里城有龙山文化及商周文化的遗址，如今，城里的主要建筑有演易坊、山门、大殿、拜殿、演易台、洗心亭、玩占亭、吐儿冢，还有碑文石刻等。进了羑里城，我们可以一边带孩子领略殷商时的风俗文化，一边告诉他们，“天行健，君子以自强不息；地势坤，君子以厚德载物”正是出自《易经》。

羑里城遗址

■诗词延伸

安阳好，曲水似山阴。
咽咽清泉岩溜细，弯弯碧甃篆痕深。
永昼坐披襟。
红袖小，歌扇画泥金。
鸭绿波随双叶转，鹅黄酒到十分斟。
重听绕梁音。
——王安中·《安阳好》

沁阳 "沁园春"的前世今生

孤馆灯青，野店鸡号，旅枕梦残。
渐月华收练，晨霜耿耿；云山摛锦，朝露漙漙。
世路无穷，劳生有限，似此区区长鲜欢。
微吟罢，凭征鞍无语，往事千端。
当时共客长安。似二陆初来俱少年。
有笔头千字，胸中万卷；致君尧舜，此事何难？
用舍由时，行藏在我，袖手何妨闲处看。
身长健，但优游卒岁，且斗尊前。
——苏轼·《沁园春·孤馆灯青》

宋词故事·STORY

孤馆灯青

那一年，苏轼任杭州通判，他的弟弟苏辙在济南为官。为了躲避朝中党派争斗，也为了及早见到弟弟，苏轼向朝廷请求，希望自己能去离济南不远的密州任职。在赴密州的途中，苏轼心情矛盾，感慨万千。早上赶路之时，尽管晨景大好，但他依然无心观赏，而是陷入沉思，追忆起和弟弟当年一起在东京汴梁的日子。

想当年，兄弟二人都有远大的抱负，决心像伊尹那样辅佐皇上，用自己的满腹才华，让皇上成为尧、舜那样的圣君，从而使民风重回淳朴。然而，现实无情，兄弟二人都在现实社会中屡屡碰壁，以至于落得如今这般境地。

现如今，苏轼只得面对现实，从当年满怀抱负的大好青年，变成涉世已深的“老油条”。他已经可以用看似从容不迫的态度，从政治斗争的旋涡之中逃开。对于苏轼来说，混迹官场多年之后，还有什么比保全自己更为重要的事呢？所以，既然事已至此，不如干脆整日饮酒作乐，悠闲度日罢了。

历史·HISTORY

史上那些年

这首《沁园春·孤馆灯青》，是苏轼在由杭州去密州赴任的途中所作。而在这首词的背后，不但饱含着苏轼无比复杂的心境，还有他对自己不幸境遇的悲鸣与无奈。历史上曾有不少名人都用过《沁园春》的词牌名，除了苏轼的这首《沁园春·孤馆灯青》外，还有辛弃疾的《沁园春·

伫立潇湘》，陆游的《沁园春·孤鹤归飞》，以及大家耳熟能详的毛泽东的《沁园春·雪》。

《沁园春》如此有名，“沁园”这个地方也名气不小，据史料记载，“沁园”不仅频频出现在宋词中，就连后世的文学作品，也屡屡提到它。

元代耶律逊就曾写过《过沁园有感》：“昔年曾赏沁园春，今日重来迹已陈。水外无心修竹古，雪中含恨庾梅新。垣颓月榭经兵火，草没诗碑覆劫尘。羞对覃怀昔时月，多情依旧照行人。”而明朝的王铎，也在一首名为《移居》的诗中如是提道：“抚竹沁园好，吹箫铁岸清。扶危诸志在，肯自咏洲蘅。”

“沁园”究竟是何来头？据《后汉书·窦宪传》记载，沁园的全部称号，应该是“沁水公主田园”。沁水公主，原名刘致，是汉明帝刘庄的女儿。据说，她长得十分端庄，性格内向，好静，非常得汉明帝的宠爱。

这一年，公主要成婚了，为了给她的陪嫁宅院选址，汉明帝大伤脑筋，因为要选择一个适合公主恬静的性格，又离皇宫近的地方，并不容易。选址的大臣踏遍了京城内外，终于在沁河北岸，发现了一片竹林，这里北依太行山，南邻沁河，幽静中不失明朗，深邃间透着祥和，正是建造公主府的好地方。

选址后，汉明帝动用了千名劳工，日夜赶工，仅仅用了一个多月，便将沁园建成。据说，沁水公主的这座府邸美到了极致。这里绿林滴翠，溪水流遍，再点缀上几座精致细巧的亭台楼阁，就像一个纯天然的大盆景一般。

据说，也正因为此，后世便将公主居住过的园林统称为“沁园”，以彰显此园林之美。

趣味故事·INTERESTING STORY

《沁园春·雪》的由来

“北国风光，千里冰封，万里雪飘。望长城内外，惟余莽莽；大河上

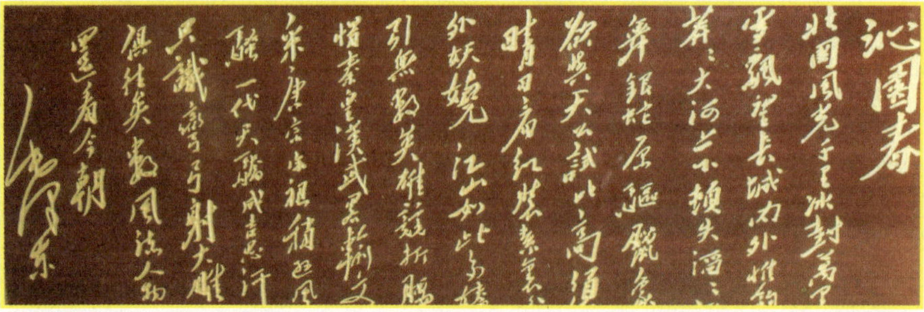

沁园春·雪

下，顿失滔滔。山舞银蛇，原驰蜡象，欲与天公试比高。须晴日，看红装素裹，分外妖娆。江山如此多娇，引无数英雄竞折腰。惜秦皇汉武，略输文采；唐宗宋祖，稍逊风骚。一代天骄，成吉思汗，只识弯弓射大雕。俱往矣，数风流人物，还看今朝。”这是毛泽东所作的名篇《沁园春·雪》。

这首词作于1936年2月，当时，毛泽东率领红军长征部队胜利到达陕北清涧县袁家沟，准备渡河东征，开赴抗日前线。为了视察地形，毛泽东登上海拔千米、白雪覆盖的塬上，当“千里冰封”的大好河山和白雪皑皑的塬地展现在他眼前时，不禁感慨万千，诗兴大发，欣然提笔，写下了这首豪放之词。

但这首词作成之后，却一直没有公开发表。直到1945年，毛泽东从延安飞到重庆谈判时，应柳亚子的要求，亲笔书写了这首《沁园春·雪》赠予他，随即，这首词被发表在重庆的《新华日报》上，因此而轰动一时。

风景·SCENERY

带着孩子边走边看

沁阳市位于河南省西北部，古时也称怀庆府、河内县，因故城位于沁水之阳而得名。据史书记载，沁园遗址的大致位置应在沁阳市东北15千米处，现为博爱县磨头镇烟粉庄附近。据说，这个烟粉庄，便是汉朝时为沁水公主制作化妆品的地方。

然而，历经千年，沁园却早已淹没在历史的尘埃之间，所以现如今，当我们带着孩子来到此处时，并不能一睹那传说中的惊世容颜，不过好在沁阳本身也是千年名城，自夏朝时便是覃怀首邑，因此，我们带着孩子来到此处，依然能够感受到品味历史的乐趣。

邘国故城

邘国故城位于沁阳市西北15千米邘邰村东南。《史记》徐广注、《水经注》《河内县志》等记载，这里曾是商代邘侯的封地，西周时期，因邘侯外迁，周武王便将此地分封给其子邘叔。现如今，邘国故城的遗址仅存北墙，它东西长820米，宽约20米，残高2~7米，其西北角的外部为邘国古墓群。

在邘国故城西北约1千米处，还有一座小城，据说为战国时期修筑，清代时期进行了重新修缮，这座小城的城门额上有石刻的“迎旭”“古邘国”等，尽管现在残存的城墙极少，但尚保存有“古邘城”石刻遗物。

邘国故城

窄涧谷太平寺石窟

窄涧谷太平寺石窟位于沁阳市西北，在悬谷山的一处峭壁上。这处摩崖造像现存三窟八龛，分别雕刻菩萨、佛僧、道士、天王像、金刚。令人惊奇的是，其中一窟的四壁雕刻造像居然多达1251尊，且每个都有姓名、雕刻时代，从唐至清历代皆有，不同时代的作品特征明显，且有确切铭记。

窄涧谷太平寺

沁阳神农山

神农山风景名胜区位于沁阳市西北，太行山南麓，相传因神农氏在此播五谷、尝百草而得名。景区内不仅有多处上古遗址，包括仰韶文化、龙山文化及夏商文化，更有紫金顶、云阳河、仙神河、黑龙潭、白松岭、临川寺、悬谷山、尧舜路景点，集北方风景的雄健与南方风景的秀丽为一体，荟萃了太行山的精华。因此，这里不仅是家长和孩子的天然氧吧，更是一处对孩子进行历史启蒙教育的极佳胜地。

■诗词延伸

锦里繁华，峨眉佳丽，远客初来。
忆那处园林，旧家桃李，知他别后，几度花开。
月下金罍，花间玉珮，都化相思一寸灰。
愁绝处，又香销宝鸭，灯晕兰煤。
东风杜宇声哀，叹万里、何由便得回。
但日日登高，眼穿剑阁，时时怀古，泪洒琴台。
尺素书沈，偷香人远，驿使何时为寄梅。
对落日，因凝思此意，立遍苍苔。
——秦观·《沁园春》

【第一辑】留给孩子的旅行思考题

1.《清明上河图》是一幅怎样的画作?

2. 洛阳和武则天有何关系?

3. “沁园”和历史上哪些人物有关?

第二辑

忆三国旧地——古今多少事，都付笑谈中

黄州赤壁——襄阳——隆中——荆州——宜昌

黄州赤壁 千年英魂今犹在，此地何须论文武

大江东去，浪淘尽、千古风流人物。
故垒西边，人道是、三国周郎赤壁。
乱石穿空，惊涛拍岸，卷起千堆雪。
江山如画，一时多少豪杰。
遥想公瑾当年，小乔初嫁了，雄姿英发。
羽扇纶巾，谈笑间、强虏灰飞烟灭。
故国神游，多情应笑我，早生华发。
人生如梦，一樽还酹江月。
——苏轼·《念奴娇·赤壁怀古》

宋词故事 · STORY

赤壁怀古

这首《念奴娇》作于公元1082年。这时，苏轼因“乌台诗案”被贬黄州已有两年余。尽管已时过境迁，苏轼心中却依然因为这种莫须有的罪名充满了忧愁，为了排解心中的郁闷之情，他四处游山玩水。

这天，他来到黄州城外的赤壁矶，眼见此处壮丽的风景，不由追忆起自己当年也曾风光无限，就像三国时期的周公瑾一样。想到这儿，苏轼不由词兴大发，留下了这段脍炙人口的千古绝唱。

千百年来，多少才华横溢的英雄豪杰，都被滚滚长江的波浪冲刷得无影无踪。在旧营垒的西边，大家都说那是三国时期周郎大破曹兵的赤壁。陡峭不平的石壁插入天空，惊人的巨浪拍打着江岸，卷起千堆雪似的层层浪花。祖国的大好河山啊，那时有多少英雄豪杰。

遥想当年的周公瑾，那时，小乔刚刚嫁了过来，而他的身姿又是多么英俊潇洒。那一年，孔明的手中拿着羽毛扇，公瑾头上戴着青龙丝帛的头巾，在他们谈笑之间，曹操的无数战船便已在浓烟烈火中烧成了灰烬。唉，如今时过境迁，我却依然神游于三国战场，恐怕是因为我太多愁善感了，以致过早地生出白发。人生，就像做了一场大梦，还是把一杯酒献给江上的明月，和我同饮共醉吧。

历史 · HISTORY

史上那些年

千百年来，赤壁之战的故事，几乎世人皆知，而苏轼的这首《念奴娇 · 赤壁怀古》，也将把我们再次带回到那战火纷飞、群英争霸的年代。

赤壁之战

东汉建安十三年（公元208年），曹操率二十几万大军南下，连克新野、襄阳数城，从江陵顺江东下，与孙权和刘备的联盟军隔江相峙。战事一触即发。

然而，曹操的军队里都是北方人，大多不习水性，一上船就东倒西歪，眩晕不已，根本无法投入战斗。为了提高战斗力，解决士兵晕船的问题，曹操下令将战船相连，减弱了风浪颠簸。这个措施果然见效，曹军战斗力大增，将士们都士气满满，待机与孙刘联盟一决高下。

然而，孙刘联军却洞悉了曹军“连环船”的弱点。他们派黄盖送伪降书给曹操，然后准备数十艘载满了火油和干柴草的小船，以布遮掩，并插上小旗。东南风起，这些满载火油的小船驶向了曹军。

小船快接近对岸时，曹军的将领们纷纷前来观看，他们都想看看，这个前来投降的东吴名将究竟是什么模样。然而，令曹军没有想到的是，黄盖突然下令点燃柴草，然后带领士兵换乘小艇，迅速退走。熊熊燃烧的小船顺风驶入了曹军的船阵，顿时，整个曹营陷入一片火海。孙刘联军只等曹军一乱，乘势攻击，一直将曹操追到了南郡，曹操见大势已去，只得率领残部回到邺城。

据说，得胜之后，周瑜回军赤壁，高奏凯歌。在庆功宴上，他拔剑起舞，边舞边歌：“临赤壁兮，败曹公。安汉室兮，定江东。此山水兮，千古颂。刻二字兮，纪战功。”歌罢，提剑在悬崖上深深刻下了“赤壁”二字。

虽然有关赤壁之战的具体位置至今尚有争议，苏轼当年游览的赤壁，究竟是不是这场战争真正发生的地方，也尚无定论。但三国时期的英雄豪杰们，至今留存在人们心中，而千年前的那场旷古奇战，也一直为人们津津乐道。

这就足够了，硝烟已散，滚滚长江已归于宁静，而生活在赤壁周围的百姓们，要的也不过是这须臾的安宁，赤壁是“文”是“武”对于他们来说，已不再重要。

趣味故事 · INTERESTING STORY

赤壁起名之谜

一场传奇的赤壁之战，让赤壁这个地方闻名千古，但若要问起这地名的来历，却另有一番典故。

要弄清这个典故，就必须从汉朝的地名命名方式说起。尽管汉朝沿袭秦

玄武之壁

制，但在地名的命名上，却有自己的一套规矩。这个规矩就是以阴阳五行和星宿确定方位，再加以命名。汉高祖六年（公元前201年），在赤壁这个地方，有一个姓梅的县令在着手调查境内山川河流时，发现了许多没有名字的地方。于是，他就按照朝廷颁布的旨意，用阴阳五行和星宿给地方起名。

不过，梅县令管理的地方并不大，只是一个小小的方城，而自己又对阴阳五行一窍不通，这该如何是好？就在他伤透脑筋的时候，友人向他推荐了陆水南岸的老道长——骆文聪。据说，这位骆道长上知天文，下知地理，对阴阳五行更是深知其理。

听闻梅县令的请求，骆文聪二话不说，立刻摆开罗盘开始推演起来。推演完毕之后，他在地图上描了地形，开始一一给这些地方命名。

小城的正中央有座山属金，骆道长就给它起名为金紫山。金紫山的东边有块地方，有苍龙之象，因此将其名取为“石坑”。以此类推，山南为朱雀之象，地名取为“柳林”。山的西边为白虎之象，地名取为“奎觜”。而山北有玄武之象，取其壁，起初名为“玄武之壁”，又因汉朝以赤色为最上乘，因此又将此地取名为“赤壁”。就这样，赤壁的地名就出现了。据考证，在《三国志》一书中就有50多处提到赤壁，其在后代史籍、方志中更是屡屡出现，这不能不说是梅县令和骆道长的一大功劳。

风景·SCENERY

带着孩子边走边看

东坡赤壁位于湖北省黄冈市，这里又被称为“文赤壁”。不过，虽然名字带“文”，但它的英容却并不输于蒲圻（今赤壁市）的“武赤壁”。在这里，临江之处是拔空昂立的崖头，险峻而又雄伟，犹如战马扬蹄，踏破万顷烟波，奋然北驰。

如今，赤壁大战的遮天烈火虽然早已熄灭，但那赤色的悬崖绝垄，悬崖之下的滔滔大江，以及那赞美赤壁的碑刻和诗篇，却一直吸引着无数文人墨客和金甲武将，也吸引着无数家长，带着孩子去一睹它那千古闻名的绝世风采。

赤壁摩崖石刻

在赤壁山临江的悬岩上，有石刻“赤壁”二字，每个字的长度为150厘米，宽度为104厘米。据传，这是当时赤壁大战，周瑜率兵大败曹军后，把酒庆功，酒酣之余，提剑在崖壁上刻下的。其实此二字实为唐人所题刻，虽然经过了千年的风吹雨打，惊涛拍击，字迹至今仍清晰完整。

如有心留意，还可以让孩子们仔细寻找石壁上的石刻诗词，这些都是历代文人雅士凭吊古人所题的诗词歌赋。据说，大诗人李白在游览赤壁时就曾写下“二龙争战决雌雄，赤壁楼船扫地空。烈火张天照云海，周瑜于此破曹公”的著名诗句。

遗爱湖

九百多年前，贬谪于黄州的苏东坡给湖畔的一座小亭题名“遗爱亭”，故而这个美丽的湖泊便有了一个浪漫的名字——遗爱湖。

遗爱湖位于黄州科技经济开发区西侧，曾被评为国家AAAA级旅游景区。登高远眺时，黄州古城和遗爱湖的绝美景色尽收眼底，古城依山，山下有一汪碧水，湖光山色，整个城市显现出一种奇特的原始生态。家长带

1. 赤壁摩崖石刻 | 2. 遗爱湖

着孩子来到此处，不仅能让他们感受苏轼赏湖的心情，还能以此增强孩子的环保意识。

五祖寺

五祖寺位于黄冈市黄梅县城北的东山上，又称东山寺，建于唐永徽五年（公元654年），是中国禅宗第五代祖师弘忍的道场，也是六祖慧能得法受衣钵之圣地，曾被御赐为“天下祖庭”。

千百年来，五祖寺历经沧桑，后毁于清咸丰四年（公元1854年），现仅存十几栋殿堂楼阁和一些名胜古迹。

■诗词延伸

五祖寺

中流鼓棹，浪花舞，正见江天飞雪。
远水长空连一色，使我吟怀逸发。
寒峭千峰，光摇万象，四野人踪灭。
孤舟垂钓，渔蓑真个清绝。
遥想溪上风流，悠然乘兴，独棹山阴月。
争似楚江帆影净，一曲浩歌空阔。
禁体词成，过眉酒热，把唾壶敲缺。
冯夷惊道，城翁无比赤壁。
——秦观·《念奴娇·赤壁舟中咏雪》

襄阳 我是三国典故“集散地”

千古襄阳，天岂肯、付之荆棘。
宸算定、图回三载，一新坚壁。
狼吻不甘春哨衄，马蹄又踏寒滩入。
向下洲、一鼓扫群胡，三军力。
连帅是，并州勣。
宾佐有，雍丘逖。
赖因人成事，同心却敌。
见说陈尸三十里，投鞍委甲如山积。
待老臣、为作岘樊铭，劖诸石。
——李曾伯·《满江红·得襄阳捷》

宋词故事·STORY

襄阳大捷

在那个战火纷飞、国家不断被外敌入侵的时代，人们或许不曾想到，襄阳古城的得失，竟然与国家的命运紧紧相连。襄阳在，则人民尚且能够安居乐业；襄阳破，则国破家亡。守卫古城之战告捷，人们不禁感谢上苍：襄阳伫立在岘山脚下已有千百年，老天爷，你又怎肯让它就这样被付之荆棘？我们定要更加努力地修筑城池，让它更加坚固，绝不让狼子野心的胡虏再次践踏我们的国土。不仅如此，我们还要集结三军之力，主动出击，一鼓作气，群扫外敌。

历史·HISTORY

史上那些年

如果你读过金庸的《射雕英雄传》，对襄阳这个地名就一定不会感到陌生。在书中，襄阳城的命运和国家的命运紧紧联系在一起，其中群雄在襄阳城内抗击敌军的场景，和李曾伯在《满江红·得襄阳捷》中的描述一模一样。

事实上，襄阳不仅是战略要地，在三国时期，它的名气更是大得惊人。在汉末至魏晋期间，襄阳都堪称人才高地、精神高地。从刘备三顾茅庐开始，襄阳就成为三国鼎立格局形成的发源地。那时，曾有数以千计的士人纷纷来到襄阳，诸葛亮、司马徽、庞德公、庞统、徐庶、崔州平等一批谋略精英，经学家宋忠、文学家王粲、书法家梁鹄、音乐家杜夔等一批杰出人物会聚襄阳。

《三国志》中有18卷提到了襄阳，而今天的襄阳，更是存有50多处三国历史文化遗迹，如司马荐贤、三顾茅庐、马跃檀溪、水淹七军、刮骨疗毒等故事都发生在襄阳。光从这点看，襄阳这片土地，就可被称为三国典故的“集散地”。

米芾刻字

许多人或许以为，襄阳城只在三国时期颇有名望，那就大错特错了。襄阳，不仅是群雄逐鹿的古战场，也是历史文人骚客荟萃之地。这里孕育了楚国诗人宋玉、春秋时期政治家伍子胥，唐代诗人杜审言、孟浩然、张继和宋代书画家米芾等文人名士，甚至留下了诗仙李白、诗圣杜甫等历史贤达雅士的足迹和传颂千古的诗章。李白就曾在《襄阳曲》一诗中写道：“襄阳行乐处，歌舞白铜鞮。江城回绿水，花月使人迷。”

趣味故事 · INTERESTING STORY

关羽刮骨疗毒

三国时期，有一次，关羽挥军攻打曹兵时，右臂上中了敌人的毒箭。众将一见将军受了伤，急忙请他班师回荆州调治，关羽不允，说：“我不能因小小创伤，而误了军国大事。”大家一听此言，只好张贴告示，寻得名医前来为关羽就地医治。

名医华佗久仰关羽英明，一听说关羽中了毒箭，便特意赶来为他治疗。看过关羽的箭伤后，华佗脸色凝重地说：“君侯的手臂若再不治，恐怕便要废了！如果要根治，便得把您的手臂牢牢缚在柱上，然后我用刀把

华佗像

皮肉割开，露出骨头，刮去骨头上的毒，再敷上药，以线缝合，这才治得好，但这种疼痛不是一般人能受得了的。”

关羽一听就笑了，他回答道：“先生不必担心，我不怕痛，也不需要将胳膊绑在柱子上。”说完，关羽叫人取来酒菜，请华佗一起享用。吃完之后，他又拿出一盘棋，邀请马良与他对弈。

准备好这些之后，关羽将右臂伸出，对华佗说：“先生现在就请动手吧，我照样喝酒下棋，先生莫要紧张。”华佗听了关羽的话，沉默了一阵，接着取出一把尖刀，又请人在关羽的手臂之下放上了一个脸盆。一切就绪之后，他看准了位置，一刀就将关羽的皮肉割开，露出骨头，并用娴熟的手法在他的骨头上来回刮动。

刀刮骨头的声音兮兮作响，手臂上流出的血液，也很快流了大半盆，站在一旁的将士们见此情景，都吓得转过头去，不敢直视。可关羽却面如常色，继续一边喝酒，一边和马良下棋，就好像什么事也没有发生一样。

过了一会儿，华佗放下刀，将药敷在关羽的伤口上，然后将伤口缝合。关羽此时大笑起来，对华佗说：“此臂伸舒如故，并无痛矣。先生真神医也！”华佗立即起身回答：“我行医一生，未尝见此。君侯真天神也。君侯箭疮虽治，然须爱护。切勿怒气伤触。过百日后，平复如旧矣。”

这件事很快就传遍了神州大地，人们对关羽更加景仰，对华佗的医术也更加推崇了。

襄阳市位于湖北省西北部，汉水穿城而过，分出了南北两岸的襄阳城和樊城，两城隔汉江相望，在历史上都曾是军事与商业重镇。其中，襄阳城建城已有2800多年，其历代为经济军事要地，素来被人们誉为“铁打的襄阳”。

襄阳古城

襄阳古城在襄阳市内，曾因地处襄水之阳而得名。它三面环水，一面靠山，在古代是易守难攻的地方，这里至今仍留有全国最宽的护城河，因此也被称为“华夏第一城池”。

古城原有六座城门，分别为阳春门、西城门、文昌门、临汉门、拱宸门和震华门。每座城门外设有瓮城或子城，城四隅设有角台，沿线分设敌台和烽火台，城垣上设置垛堞4000多个。这些古城门个个城楼高耸，四方角楼稳峙，若从高空俯视，其景颇为壮观。

襄阳古城

米公祠

米公祠

米公祠，原名米家庵，始建于元朝，是为了纪念宋代著名书法家米芾而修建的祠宇。从清康熙三十二年（公元1693年）开始，先后由米芾第十八代孙米瓒、十九代孙米爵、二十代孙米澎重建。祠内有纪念性建筑拜殿、宝晋斋、仰高堂等，并珍藏有清雍正时期由其后裔摹刻的米芾手书法贴45碣，以及其他碑刻145碣。

米公祠内，亭台廊榭错落有致，500年银杏巍峨参天。在画廊里还陈列着米苏黄蔡遗墨石刻百余块，其书法艺术韵味生动，炉火纯青。家中有练习书法的孩子，家长一定要带孩子来此陶冶熏陶，必定不虚此行。

鹿门山

在襄阳城南，有座神秘的小山，名曰鹿门山。它因汉末名士庞德公，唐代著名诗人孟浩然、皮日休相继在此隐居而闻名遐迩。据说，当年诸葛亮就是在这里拜庞德公为师，并在此与“凤雏”庞统，水镜先生司马徽以及徐庶、崔州平等人纵议天下大事，商讨治国之策。如果从这个角度看，鹿门山也不失为三国文化的发祥地之一。

■诗词延伸

江左占形胜，最数古徐州。
连山如画，佳处缥缈著危楼。
鼓角临风悲壮，烽火连空明灭，往事忆孙刘。
千里曜戈甲，万灶宿貔貅。
露沾草，风落木，岁方秋。
使君宏放，谈笑洗尽古今愁。
不见襄阳登览，磨灭游人无数，遗恨黯难收。
叔子独千载，名与汉江流。
——陆游·《水调歌头·多景楼》

鹿门山

隆中 这里的“茅庐”名冠天下

过隆中、桑柘倚斜阳，禾黍战悲风。
世若无徐庶，更无庞统，沉了英雄。
本计东荆西益，观变取奇功。
转尽青天粟，无路能通。
他日杂耕渭上，忽一星飞堕，万事成空。
使一曹三马，云雨动蛟龙。
看璀璨、出师一表，照乾坤、牛斗气常冲。
千年后，锦城相吊，遇草堂翁。
——王质·《八声甘州·读诸葛武侯传》

宋词故事 · STORY

读诸葛武侯传

偶有一日，词人王质拜访古隆中时，看见桑柘偎倚在斜阳里，禾黍摇摆于秋风中，不禁感慨良多。当初若是没有徐庶作保，为刘备引荐诸葛亮，恐怕日后也不会再有诸葛武侯的鼎鼎大名。

那一年，刘备三顾茅庐，亲自请诸葛亮出山，辅佐自己成就大业。有了诸葛亮的辅佐，刘备得到了荆州，继而又挥师入川，从刘璋手里夺取了益州，形势一度对蜀汉十分有利。

只可惜，由于荆州的统帅关羽在军事和外交上的一系列失误，导致荆州被孙权反夺，以至于北伐的通道只剩下川陕一路。然而，蜀道难，难于上青天，军粮因此转运不及。刘备死后，诸葛亮虽屡次出师祁山伐魏，都徒劳无功。

后来，诸葛亮不幸病死于五丈原，蜀汉复国的希望一夜之间化作泡影。此后，司马家族执掌魏国军政大权，诛杀异己，使曹氏一族再无回天之力。

或许，正是由于诸葛武侯的逝去，使得司马氏集团如同蛟龙遇见了云雨，竟然发展壮大，灭了蜀、魏、吴，建立了统一的晋朝。

历史 · HISTORY

史上那些年

读罢《三国志 · 蜀书 · 诸葛亮传》后，词人王质的心情久久无法平静，在王质及后世的许多文人心中，隆中，是个神圣的地方；而诸葛孔明，则是久存此地的“神”。或许，每个读书人的心中，都存在着一个梦

想，那就是，自己能和诸葛亮一样，在谈笑之间，便将天下大势尽收股掌。

据《三国志》记载，诸葛亮在隆中的草庐之中，度过了10年的隐居生活，直到刘备将他请下了山。诸葛亮下山之后，隆中便成为一个梦想的载体，一段历史的象征，被人们供奉起来，一代又一代，长达千年。

但在这千年之中，隆中的命运并非一帆风顺，《三国志·诸葛亮传》中，裴松注引王隐的《蜀记》，是隆中故居里最早有记载的碑文，距今大约1700年。其中提道：“今我来思，觌尔故墟。”也就是说，当时的隆中故居，只剩下一片残垣断壁。

这种状况直到东晋时期才有所好转。当时，荆州刺史别驾习凿齿曾写过一篇《诸葛武侯故宅铭》，文中说，隆中故居早已与西晋时期不同，而是建立了祭拜诸葛亮的祠堂，整个故居面目一新，与当时盛行的庙宇并无两样。

而到了唐代以后，隆中故居的建筑规模有了很大的发展。唐光化三年（900年），唐昭宗李晔封诸葛亮为武灵王，赐建庙堂于隆中，并立《唐改封诸葛亮武灵王庙记》碑于其中。

武侯祠

北宋时，隆中故居继续得到维修，苏轼也曾游历到此，并写《隆中山》诗一首。诗中提到“山中有遗貌，矫矫龙之姿”等句，说的正是当时隆中供有姿态雄伟、栩栩如生的诸葛亮塑像。

南宋之后，尽管兵戎不断，但隆中的武侯祠依然保存完好。而南宋文人们吟诗赋词之时，更是屡屡提及诸葛亮之名。陆游诗中就曾如是写道：“《出师》一表真名世，千载谁堪伯仲间。”程珌更是在他的《水调歌头·登甘露寺多景楼望淮有感》中直言不讳：“三拊当时顽石，唤醒隆中一老，细与酌芳尊。”

趣味故事·INTERESTING STORY

三顾茅庐

汉朝末年，黄巾军起义，曹操挟天子以令诸侯，孙权拥兵东吴，大大小小的军阀林立，天下大乱。此时，想成就大业的刘备听闻有个人叫诸葛亮，十分有才，若能得到他的襄助，就好比获得了像千军万马一般的力量。

于是，刘备就带着礼物，和关羽、张飞一起去往隆中，请诸葛亮出山辅佐自己。然而，当刘备一行到达隆中的时候，诸葛亮却恰巧出门了，他只得失望地回去。

但诸葛亮实在太有名了，刘备见不到此人，实在心有不甘。不久之后，他又带着关羽和张飞，再次来到隆中，想要拜见诸葛亮，然而，不巧的是，这一次诸葛亮又外出闲游去了。张飞一见，心下十分生气，一边高声嚷嚷，一边催着刘备回去。刘备无奈，却又不想放弃，只好一边安慰张飞，一边给诸葛亮留下一封信，表达自己对他的敬佩之情，并在信中写明自己拜访的缘由。

三顾堂

数日之后，刘备决定再去请诸葛亮出山，为了显示自己的诚意，他斋戒沐浴了三天。但正当他准备出发时，关羽和张飞却不干了，他们气呼呼地告诉刘备，诸葛亮也许只是徒有虚名，未必像传说中那么厉害，刘备实在不用如此自贬身份，一而再、再而三地去吃闭门羹。

然而，刘备听完两个结拜弟弟的抱怨，却没有退缩。他将张飞和关羽责备了一番，又对他俩讲明必须请诸葛亮出山的道理。接着，刘备第三次带着张飞和关羽，来到诸葛亮家中。

来到诸葛亮家门前时，已是晌午时分，诸葛亮正在午睡，刘备不敢惊动他。三人一直站在草庐门前，直到诸葛亮醒来，才进入屋内，坐下谈话。交谈之间，诸葛亮被刘备的诚意深深打动，他精辟地为刘备分析了当时的形势，提出了首先夺取荆、益作为根据地，对内改革政治，对外联合孙权，南抚夷越，西和诸戎，等待时机，两路出兵北伐，从而统一全国的宏伟蓝图。

刘备和诸葛亮的这次谈话即是著名的《隆中对》，而刘备请诸葛亮出山的这个过程，则被后人称为“三顾茅庐”。

风景 · SCENERY

带着孩子边走边看

隆中风景区位于襄阳市南漳县和谷城交界处，距襄阳市大约有13千米。这里是三国时期著名人物诸葛亮青年时代的隐居之地，历史上著名的“三顾茅庐”和“隆中对”的故事就发生在这里。

隆中十景

隆中十景早在明代就已形成，十景即草庐亭、躬耕田、三顾堂、小虹桥、六角井、武侯祠、半月溪、老龙洞、梁父岩以及抱膝石等众多景点。进入古隆中山口时，会看见一座三门石坊，正中雕刻着“古隆中” 三个大字，背阴写着“三代下一人”，意思是说，诸葛亮是夏、商、周以后近2000年来唯一的非凡人物，也是中华民族智慧的象征。

古隆中山峦叠翠，溪水潺潺，罗贯中曾如是描写此处：“山不高而秀雅，水不深而澄清；地不广而平坦，林不大而茂盛。猿鹤相亲，松篁交翠。”走过石坊，会看见一块大约10亩的田地，传说这就是诸葛亮当年“躬耕”过的地方。

隆中对

据闻，刘备在第二次来到茅庐之前，曾在这边的桥上遇到过诸葛亮的老丈人。他当时看见老人仙风道骨，还以为是诸葛亮本人，当即滚鞍下马，上前问候，而这座桥，后来便被唤作“小虹桥”。

不过，隆中最有名的建筑还是武侯祠，它坐落在隆山的东山梁之上，是供奉诸葛亮的祠宇。祠外飞檐斗拱，祠内各位三国英雄的塑像英姿勃发，面目非凡。

隆中书院

馆内用沙盘、雕塑以及声光电形式解析了诸葛亮所处的历史背景、三顾茅庐和隆中对策的细节。家长带着孩子来到这里，只需花五六分钟，就能完整了解《三国演义》中诸葛亮在襄阳的诸多典故。

隆中书院的正厅叫作静砺堂。堂前立有一尊诸葛亮年轻时的塑像，羽扇纶巾，风华正茂。堂内则悬挂着书法大家启功先生手书的“奋进”二字。中堂之上，则立有诸葛亮的《诫子书》片段：“夫学须静也，才须学也。非学无以广才，非志无以成学。韬慢则不能励精，险躁则不能治性。”

水镜庄

水镜庄是古隆中的核心景区之一，它位于南漳县城南，距离襄阳市37千米。这里是汉朝末年的名士“水镜先生”司马徽的隐居地。公元206年，刘备在襄阳遭难，水镜先生便是在此向他推荐诸葛亮，而后才有“三顾茅

隆中书院

水镜庄

庐”之事。

水镜庄背倚玉溪山，这里背山靠水，别有一番洞天。在庄内的山腰之上有一处天然石室，名曰“白马洞”，洞内刻有“洞天福地”的字样。山洞深20米，宽10米，净高有4米以上，或许，这正是当年水镜先生消暑纳凉的好地方。

■诗词延伸

隆中三顾客，圯上一编书。
英雄当日感会，馀事了寰区。
千载神交二子，一笑眇然兹世。
却愿驾柴车。
长忆淮南岸，耕钓混樵渔。
忽扁舟，凌骇浪，到三吴。
纶巾羽扇容与，争看列仙儒。
不为莼鲈笠泽，便挂衣冠神武，此兴渺江湖。
举酒对明月，高曳九霞裾。
——张孝祥·《水调歌头·为总得居士寿》

荆州 三国群雄和我的不解之缘

荆州咫尺神州，几番得失孙刘手。
山河天险，东南牖户，钺何轻授。
泪落碑存，鹤归城是，不堪回首。
喜大堤草色，镇长春在，羊与陆、孰能否。
风景依然吾有。
柳营深、铁衣闲昼。
摩云胜气，追戎马足，走蜚狐口。
往事纷纷，付之蛮触，相忘庄叟。
有人焉，中夜闻鸡，剑光正烛牛斗。
——李曾伯·《水龙吟和韵》

宋词故事·STORY

水龙吟

赤壁之战后，兵家要地荆州七郡被刘备、曹操、孙权三家瓜分。曹操得到了荆州北部最大的南阳郡，孙权占据了江夏郡、南郡。起初，刘备屯兵公安，不利于发展，便向孙权两次提出借荆州的南郡，经过东吴鲁肃的劝说，孙权暂时将南郡借给了刘备，于是刘备便有了荆州五郡，即南郡、长沙、零陵、桂阳、武陵。

刘备依托此地，北抗曹操，东和孙权，方才得到益州，建立了蜀汉基业。然而，如此重要的东南天险之地，最后却被关羽大意丢失，以至于到了后来，荆州城的历史几经坎坷，不堪回首。

但即便天下几番风云变幻，改旗易帜，荆州城内，春色依然明媚，景色依旧大好。驻守在这里的将士们，依旧戎马生涯。每逢夜半时分，天色尚且墨黑，便有将士开始闻鸡起舞，辛勤操练，宝剑在烛光中飞舞，像游龙一般灵巧。这些忠心的将士们时刻坚守保家卫国的职责，一刻也不敢懈怠。

历史·HISTORY

史上那些年

提到三国，便不可不提到荆州这个地方。《三国志》中提到，荆州“北据汉、沔，利尽南海，东连吴会，西通巴、蜀”，因此，在诸葛亮的心目中，只有占据了荆州，刘备才能联吴抗曹，进击中原，成为天下之主。

然而，荆州地理位置如此重要，不仅刘备志夺此地，其他的军阀势力也对这里十分眼热。为了争夺荆州，大家绞尽脑汁，各显奇招。荆州与三国群雄之间的孽缘就像一团乱麻，剪不断，理还乱。

荆州古城

然而，刘备夺得荆州的真实过程，却比演义中描述得更加富有戏剧性。赤壁之战后，刘备向朝廷推荐刘表的长子刘琦为荆州刺史，又推荐孙权为代理车骑将军，兼任徐州牧。这样一来，其一避免了孙权占去荆州刺史这个职位，其二又可以卖给孙权一个人情，好让他在以后的关键时刻将这个人情还给自己。

不久，荆州刺史刘琦病逝，刘备不知使了什么招数，果真又令孙权向朝廷推荐自己接替刘琦的职位，不管这其中究竟有何厚黑政治手段，总之，刘备此刻达成了自己的心愿，当上了荆州牧。

夺荆州易，守荆州难。公元219年，刘备命令关羽力攻樊城，却留他人另守荆州，东吴的孙权听闻这个消息不由大喜，他命吕蒙为大都督，趁关羽不在，率兵袭取荆州。吕蒙将精兵都藏在大船舱内，舱外则命摇橹士兵穿白衣，伪装成商人的模样向西行进，然后出其不意急袭荆州。

吕蒙占据荆州后，抚慰原先镇守此地的将士家属，不扰居民，并令陆逊向西直取夷陵、秭归，以阻刘备增援荆州，切断关羽入川的退路。果然，关羽率军回救荆州未果，只得败走麦城，继而被东吴的伏军所杀。

不过，三国时期的荆州治地，却比我们今天看见的荆州城范围要大得多。今天的荆州，不仅负有传承三国文化的职责，其更以楚国都闻名于世。

公元前689年，楚文王为了更加方便地兼并弱小诸侯国，拓展疆域，将都城从丹阳迁至郢，并用版筑法建起高大而坚固的城垣。他依靠郢都的战略地位，很快灭掉了息、邓、申、夔诸国。在此后，郢作为楚国的政治、文化中心长达411年。而郢都的所在，正是今天的荆州城。

趣味故事 · INTERESTING STORY

楚庄王“一鸣惊人”

春秋时期，在楚国的首都郢发生了这么一件事。楚庄王熊旅即位三年以来，从不理朝政，整天玩乐，淫奢无度，并告诉大臣们，但凡有敢劝谏者，杀无赦。因为害怕被庄王处死，大臣们眼看着他整天干着荒唐事，却都不敢吱声。

楚庄王雕塑

有一个名叫伍参的朝臣实在看不下去了，就入宫参见楚庄王。伍参不敢直言劝谏，而是打了个谜语给庄王，他伏身启奏："王上，臣在南方时，见到过一种鸟，它落在南方的土岗上，三年不展翅，不飞翔，也不鸣叫，沉默无声，您知道这只鸟叫什么名字吗？"

楚庄王知道伍参是在暗示自己，就回答道："三年不展翅，是在生长羽翼；不飞翔、不鸣叫，是在观察民众的态度。这只鸟虽然不飞，一飞必然冲天；虽然不鸣，一鸣必然惊人。你回去吧，我知道你的意思了。"

果然，过了不久，楚庄王就跟换了个人似的，他不但罢去淫乐，对朝政勤勤恳恳，还起用忠良，平息内乱。在以后的20年间，楚庄王东征西讨，饮马黄河，观兵周郊，问鼎周室，并大胜强晋。他在世之时，兼并诸侯26国，拓地3000余里，威德立于诸侯之间，终于成为"春秋五霸"之一。而楚庄王和伍参的对话，也成就了一个经典的成语：一鸣惊人。

风景 · SCENERY

带着孩子边走边看

今天被叫作荆州的城市，与三国时的荆州治所范围并不完全相同。赤壁之战后，刘备向孙权借得荆州数郡之地，然后把州治设在江陵，筑城并派重兵把守。今天的荆州，其实就是这曾重兵守护的江陵城。治所的范围缩小，却并不影响这座古城的千年盛名。当我们和孩子踏上这片土地时，仍能在不经意间感受到那个时空留存下的丝丝气息。

荆州古城

荆州古城位于今天的荆州城内，现存的城墙为清朝顺治三年（公元1646年），依照明代旧基重建的，采用的是糯米石灰浆灌缝，土墙与砖墙相互依托的方式重建而成。

整个古城东西长3.75千米，南北宽1.2千米，城墙高8.83米，周长11.28

1. 荆州古城 | 2. 荆州博物馆

千米，主要景观有宾阳楼、藏兵洞、炮台、文字砖、朝宗楼、城墙博物馆、公安门（水门）、仲宣楼遗址、曲城、南纪门、远安门、安澜门等。整座城池依地势起伏，顺湖池迂回，蜿蜒状若游龙，在秀美的南方古城中算得上是壮观杰作。

荆州博物馆

荆州博物馆占地4.8万平方米，馆藏展品以旧石器和新石器时代文物、东周时期文物、秦汉时期文物为大宗。孩子来到这里，可以目睹自远古时期至西汉末年，楚地历史的巨大变迁。

这里曾经发掘出土珍贵文物十余万件。其中，有战国丝绸、四代越王剑、吴王夫差矛、战国秦汉漆器，也有中国最早的数学专著《算数书》以及萧和“二年造律”的《二年律令》等汉初简牍。

张居正故居

张居正，字叔大，号太岳，谥号文忠，湖北江陵（荆州）人。明代政治家、改革家，被称为“宰相之杰”，也是史上颇富争议的宰相。

张居正故居位于荆州市古城的东大门内，因历史缘由，其故居屡次毁于战乱，后又按原有建筑布局重建，方便后人缅怀。张居正故居内包括了

大学士府、九鸟苑、陈列馆、文化艺术碑廊、首辅论证群雕等。

张居正故居

诗词延伸

风流家世传张绪。
似灵和新种垂杨缕。
绮席摛词，银台奏赋。
当年梦绕蓬山路。
卖花声断蓝桥暮。
记吟鞭醉帽曾经处。
蜀郡归来，荆州老去。
心情零乱随风絮。
——陈亮·《七娘子·三衢道中作》

宜昌 夷陵旧地，“三分天下”由我决定

举俗爱重九，秋至不须悲。
登临昔贤胜地，空愧主人谁。
滚滚长江不尽，叠叠青山无数，千载揖高姿。
况有贤宾客，同醉此佳时。
坐间菊，青作袂，玉为肌。
香英泛酒，风流绝胜酌酴醾。
莫话龙山高会，只作东篱幽想，应有故人思。
北望江南路，回首暮云披。
——管鉴·《水调歌头·夷陵九日》

宋词故事 · STORY

夷陵九日

金秋时节，九九重阳之日，在夷陵这片土地上，秋风飒飒。在这个大好的节日里，人们都满心欢喜，准备过节，可在词人管鉴的心中，却不由蔓延出了一阵悲凉。他登临高处，俯身凝望滚滚长江，只见远处青山无数，层峦叠嶂，就好像千百年来镇守在此一般。

不过，在这大好时节，有贤德的宾客、美酒及秋菊作陪，自己又有什么好忧愁的呢？想到这里，管鉴抖擞精神，重新坐定，与客人谈笑风生，推杯换盏起来。他的眼中渐渐浮现出一丝笑意，心下暗思，这大好时光，还是不要提及“龙山高会”旧事，“采菊东篱”才更符合现在的意境。

管鉴仰脖，一杯美酒下肚，他抬首北望，好似看见了江南小路，而就在他回首之间，那条小路却正被层层暮云笼罩，渐渐消失不见。

历史 · HISTORY

史上那些年

夷陵是巴楚文化发祥地之一，也是在历史中充满了悲情的地方。夷陵属古荆州之域，在春秋战国时代是楚国的西塞军事重地，因此，它的名字第一次载入史册，是因为一场残酷的战争，秦将白起率兵进攻楚国，毁郢都，烧夷陵。

之后，秦始皇统一天下，夷陵被改名为巫县，直至西汉时才又恢复了旧名。三国时期，夷陵之名再一次被天下知晓，是因为另一场战争——夷陵之战。它是三国“三大战役”的最后一场，也是决定蜀国命运的关键之战。

今日夷陵

公元221年，刘备在蜀郡称帝，登基之后，他不听诸葛亮和赵云的劝告，急于为关羽报仇，集结大军，挥兵向东吴方向扑去。东吴国君孙权一听到这个消息，立即命陆逊率兵迎战。

刘备本以为自己兵精粮足，这次一定能一举拿下东吴，将蜀汉版图再往东拓展开来。他万万没有想到，这一次出征，竟然成为自己生命里的最后一战。

刘备兴兵伐吴的时间并不算好，时值天气闷热，而蜀国到吴国的路途又多山难行，运粮十分不方便。将士们每天冒着烈日行军，体能和精神都一天不如一天，士气十分低落。

行至夷陵之地时，为了安抚将士们的情绪，刘备再次不听劝告，强行将部队驻扎在树林茂密之处，又将几十万大军的军营前后相连，方便照应。然而，这个看似绝妙的办法，却恰恰成了蜀军的死穴。

陆逊看到蜀军士气沮丧，心中大喜，经过一番仔细分析，他认为战略

反攻的时机已经成熟。于是，在大规模反攻的前夕，陆逊先派了一小股先遣部队，对蜀军进行了一次试探性的攻击。从这次攻击中，陆逊找到了一个破敌妙法——火攻连营。

决战开始之后，陆逊命令吴军每人各持茅草一把，乘夜突袭蜀军营寨，顺风放火。因为当时正值炎夏季节，气候闷热，而蜀军的营寨都是由木栅筑成，其周围又全是树林、茅草，一旦起火，就会烧成一片。

果不其然，夜半时分，火焰凶猛扑来，蜀军顿时大乱。陆逊趁机发起反攻，迫使蜀军西退。吴军借助火势，很快就攻破蜀军营寨40余座，并且用水军截断了长江两岸蜀军的联系。刘备大军全线崩溃，不得不乘夜向夷陵西北方向逃去。

几经周折，部将拼死保卫，刘备才得以摆脱追兵，逃入永安城中。但他逃得过追杀，却逃不过自己的心结，无论众人如何劝解，刘备始终对这次惨败无法释怀，一病不起。次年4月，刘备在对夷陵之战的悔恨和不甘中，病逝于白帝城。

夷陵之战，就这样结束了，它以数十万人的性命作为代价，奠定了数十年未变的“三分天下”。不知数千年后，在夷陵这片土地上，当人们对这场战役津津乐道之时，是否会有人为这数十万将士的牺牲感到惋惜，也不知，他们的英魂，又是否会对主公当初的莽行感到怨恨。

趣味故事·INTERESTING STORY

嫘祖养蚕

夷陵产桑，所以也是古老的桑蚕产地，《夷陵州志》、《东湖县志》和《宜昌县志》，都记载了这一带产“垭丝”和“贡丝”。而宋代文学家欧阳修曾任夷陵县令，当他被召回京拜参知政事，与宋祁编修《新唐书》时，也在书中详载了夷陵养蚕缫丝之事。而在这里，我们将为孩子讲述一个有关远古先民养蚕的故事。

相传，黄帝的正妃嫘祖是桑蚕发明人，她曾在夷陵一带教授百姓种桑养蚕取丝。故事要从黄帝战胜蚩尤说起。

嫘祖养蚕

黄帝胜利之后，便建立了部落联盟，带领大家发展生产，而他的正妃嫘祖，则带领大家学做衣冠。为了找到适合做衣服的原料，嫘祖带领妇女们上山剥树皮，织麻网，还将男人们猎获的野兽的皮毛剥下来，进行加工。在嫘祖的努力下，各部落的大小首领都穿上了衣服和鞋，戴上了帽子。嫘祖却因为过度疲劳而病倒了。

生病之后，嫘祖不想吃饭，看见她一日又一日地消瘦下去，大家都急坏了。负责照顾嫘祖的几个女子想了很多办法，做了许多她平时爱吃的东西呈上来，可嫘祖总是摇摇头，一点儿胃口也没有。

为了让嫘祖吃下东西，这几个女人决定上山去摘些野果回来给她试试。到了山里，她们跑了许多地方，摘了许多果子，可是尝了之后，都不太好吃。正当她们失望至极，准备回去的时候，一个姐妹突然在桑林里发现了一种白色的小果。大家以为找到了好鲜果，就忙着去摘，谁也没顾得尝一小口。

回来后，这些女子尝了尝白色小果，没有什么味道；又用牙咬了咬，怎么也咬不烂。正在这时，造船的共鼓走了过来，大家便把她们为嫘祖上山摘回白色小果的事说了一遍。共鼓一听，笑着说："咱们有火有锅，咬不烂就用水煮嘛！"

听了他的话，女人们连忙把摘回的白色小果都倒进锅里煮了起来。可是，煮了好长时间，却发现还是咬不烂。有个性急的女子，便拿过一个小木棒，插进锅里乱搅起来。没想到，当她将木棒拉出来的时候，却发现木棒上缠着很多像头发丝细的白线，这些白线看上去晶莹夺目，柔软异常。

大家没辙了，只好将这件事告诉嫘祖。嫘祖一听，马上就要去看，这些女子便把缠在棒上的细线拿到她身边。嫘祖详细看了缠在木棒上的细丝线，又询问了白色小果是从哪里摘的。接着她高兴地对大家说：“这不是果子，却有大用处。你们无意之中为天下百姓立下一大功啊！”

嫘祖自从看了这白色丝线后，病情一天比一天减轻，胃口也开始变好了。病好之后，嫘祖便要亲自上山看个究竟，她在桑树林里观察了好几天，才弄清这种白色小果，是一种虫子口吐细丝绕织而成的。她回来将此事报告黄帝，并要求黄帝下令保护山上所有的桑林。

从此，在嫘祖的倡导下，人们开始了栽桑养蚕，并学会用蚕丝做衣服。而后世人为了纪念嫘祖这一功绩，就将她尊称为“先蚕娘娘”。

风景·SCENERY

带着孩子边走边看

夷陵古地，今属宜昌，位于湖北境内。古人曾云：“山至此而陵，水至此而夷。”意思是说，山到了这里就变成了小的丘陵，而水到了这里就能化险为夷。夷陵之名由此而来。

雍正十三年（公元1735年），夷陵州被清王朝升为宜昌府，取“宜于昌盛”之意。如今，这座城市就像它的名字一样，适宜人居，繁荣昌盛。美景与江水的滋润，巴楚文化的浸染，让这里从古至今一直美丽。

三峡大坝

来到宜昌，不带孩子去看看三峡大坝，实在是种遗憾。三峡大坝位于宜昌市的三斗坪，距下游葛洲坝水利枢纽工程38千米，大坝建成后，整个水库长达600千米，是当今世界上最大的水利枢纽工程。

若想观得大坝全貌，站在坛子岭上是最好的选择。整个坝区拥有三峡展览馆、坛子岭园区、185园区、近坝园区及截流纪念园5个园区，泄洪观

三峡大坝

景区则是波澜壮阔、雷霆万钧。在185米水位线观景区，大坝上游的高峡平湖与下游滔滔江水形成鲜明反差。而在截流纪念园内，我们则可以观赏到丰富多彩的歌舞及其他节目表演，这里同时也是景区内部交通的中心。

柴埠溪大峡谷

夷陵地区自古以险、奇著称，若想亲身体验这种感觉，去柴埠溪大峡谷看看是最合适不过的。柴埠溪大峡谷是一条带状的大峡谷，其以幽野、险峻、原始、神奇四绝著称，是罕见的喀斯特地貌。

柴埠溪大峡谷

走进峡谷，你和孩子偏头侧目，便会看见两岸石林密布，绝壁千重，就仿佛走进了一片石壁森林一般。石林是柴埠溪一绝，其中最奇特的是大湾口的神笔峰，如一支御笔孤傲直立，上粗下细，屹立万年不倒。

若想让孩子体验一下何为险峻，则可以看看柴埠溪的五大崖口，在那

里，孩子会感受到什么才是真正的天梯。梯子口古老的石阶高悬，土家人称其为“上天梯”，而蛟口岩壁通天，只见蓝天一线，在这里，像“十字天”“一线天”一样的绝景比比皆是。

接着，进入溪谷杜家堡之后，只见四周千峰矗立，奇山、奇石、奇树、奇水和古老的土家民居、磨坊浑然一体，林间清泉飞瀑直泻，沟壑溪水时隐时现。这里有美景，也有野趣，家长带着孩子来到此地，不仅能让他们放松身心，感受大自然的美妙，也能让他们知道，在这个世界上，有一群人，他们与城市近在咫尺，却和我们过着完全不同的生活。

清江画廊风景区

清江画廊风景区位于宜昌的长阳土家族自治县，因人称“水色清明十

清江画廊风景区

丈，人见其清澄”，故名“清江”。清江是土家人的母亲河，它发源于利川市龙洞沟，流经恩施、长阳、巴东，在宜都市注入长江，就好像一条蓝色飘带，穿山越峡，逶迤西来。

清江两岸，独特的喀斯特地貌直刺苍穹，湖内数百翡翠般的岛屿星罗棋布，因此，清江也被人称赞为有“长江三峡之雄，桂林漓江之清，杭州西湖之秀”。

诗词延伸

晓来密雪如筛，望中莹彻还如洗。
梅花过了，东风未放，满城桃李。
碎翦琼英，高林低树，巧装匀缀。
更江山秀发，田畴清润，满眼是、丰年意。
谁念危楼独倚。
共飘零、茫茫天外。
毫端句涩，杯中酒减，欢情难寄。
天为凄凉，暂时遮尽，黄茅白苇。
但神州目断，珠宫玉阙，缈三千里。
——管鉴·《水龙吟·夷陵雪作》

【第二辑】留给孩子的旅行思考题

1.“赤壁之战”到底是场怎样的战争?

2.开动脑筋思考一下，如果刘备没有请诸葛亮出山，历史是否会因此被改写?

3.查阅史书，找出三国时期发生在荆州的历史故事。

第三辑

看多情潇湘——蓦然抬首，今朝已是灯火阑珊地

武陵 风景选秀，我是最佳“世外桃源地”

风住尘香花已尽，日晚倦梳头。
物是人非事事休，欲语泪先流。
闻说双溪春尚好，也拟泛轻舟。
只恐双溪舴艋舟。
载不动、许多愁。
——李清照·《武陵春·春晚》

宋词故事·STORY

武陵春

呼啸了一夜的大风终于停止了，院内花落遍地，而尘土里却散发出一阵落花的香气。日头早已高高升起，屋内的美人却懒得梳妆打扮。现如今，物是人非，所有的事情都已完结，美人看着窗外，想要诉说自己的心事，还未开口，眼泪却早已先行滴落下来。她听闻双溪的春景十分美好，本打算泛舟前往，但只怕那蚱蜢般的小船，无法载动她的忧愁。

历史·HISTORY

史上那些年

当李清照写下这首《武陵春》时，她所承受的压力不言而喻，国破家亡，故乡渐行渐远，丈夫的遗物令她睹物思人，悲情喷涌而来。此时此刻，即便她身处之地，有如武陵桃花源那般的秀美景色，却也无法令她缓解压力，舒展愁眉。

武陵，传说中的桃花源之所在，晋代陶渊明的《桃花源记》提到："晋太元中，武陵人捕鱼为业。"据考证，这其中的武陵便在今天的湖南常德地区。此地位于湘西的北部，是一座洞庭湖畔的文化古城。据闻，自秦蜀郡守张若在此筑城起，迄今已有2300年的历史，因此，这里又被称为"张若城"。

自古以来，武陵既是南北的交通枢纽，又是江南闻名遐迩的世外桃源，因此，许多文人墨客对这里情有独钟，纷纷来此写下了流芳百世的诗词歌赋。孟浩然曾在此地留下赫赫有名的《武陵泛舟》，司空图写下了《武陵路》等，这些都是歌颂"桃花源"的典范，而武陵，也因此直接成

武陵美景

了“桃花源”的代名词。

趣味故事 · INTERESTING STORY

桃花源记

东晋太元年间，武陵有个人以捕鱼为生。有一天，他沿着溪水划船，划着划着便忘记了路程的远近。忽然，他遇到了一片桃花林，这片桃花林沿着溪流栽种，中间没有掺杂别的树。地面上的芳草鲜嫩美丽，坠落的花瓣繁多交杂，纷纷散落在地。渔人对这片突然出现的桃花林感到十分诧异，他顺着桃林继续往前行船，想要去往林子的尽头。

划着划着，渔人发现，桃林的尽头正是溪水发源的地方，这里有一座山，山上有个小洞口，洞里隐隐约约透出了一丝亮光。他下了小船，走进了洞口。起初，洞口十分狭窄，仅能容纳一个人通过。渔人往前走了几十

武陵溪水

步之后，眼前便一下子开阔明亮起来，他的眼前，出现了一片小村庄。村里的土地平坦开阔，房屋整整齐齐。这里有肥沃的田地、美丽的池塘，还有许多桑树竹林。田间小路交错相通，村与村之间传来鸡鸣狗吠的声音。人们在田野里来来往往耕种劳作，男男女女的穿戴都与外面不同，老人和小孩都在悠闲愉快地玩耍。

村里人看到渔人，都十分惊讶，他们问渔人是从哪里来的。渔人十分详细地回答了。村民听完回答，都纷纷热情地邀请渔人到自己家中，并准备酒，杀鸡做菜招待他。村里其他人听说有这样一个人，都跑过来看热闹。

人们告诉渔人，这里的祖先为了躲避秦时的战乱，率领妻子儿女和同县人来到这个与世隔绝的地方，不再出去，从此就与世隔绝了。说完之后，大家问渔人，现在是什么朝代？渔人回答完后，村民们面面相觑，他们竟然不知道外面的世界曾有过汉朝，更不知道曹魏和东西两晋。不得已，渔人又将自己在外面听见的事情一件一件说给村民们听。听完他的话，大家纷纷感叹惋惜。

在桃花源中逗留几天后，渔人向村里人辞行。临行前，村民严肃地告诫他说："请不要将这里的情况告诉外面的人啊。"渔人点点头，发下了誓言。

出来后，渔人找到他的船，沿原路返回，又沿途做上记号。到了郡城之后，渔人去拜见太守，报告了这番经历。太守立即派人跟着他去，寻找沿途的记号。然而，不知为何，他们在林中迷失了方向，再也找不到通往桃花源的路了。

风景 · SCENERY

带着孩子边走边看

诗词中时常提到的武陵，据说就在今天的湖南省常德市境内。这里地处洞庭湖水系，是江南著名的鱼米之乡，山幽水清，风景如画，用"世外桃源"来形容此地，最适合不过了。

桃花源风景区

传说，桃花源风景区就是曾经出现在陶渊明笔下的神秘山村，它在元代时毁于战火，到了明清时期才开始逐渐恢复。历代以来，李白、韩愈、苏轼等大文豪，都曾慕名寻来，并留下墨宝。

现如今，桃花源景区内有仙桃岭、桃源山、桃花山、秦人村等景点，其间古树林立，竹林闻风飒飒，《桃花源记》中"芳草鲜美，落英缤纷"那样的情景，至今仍然能够在此感受得到。

此外，桃源县还将每年的3月26日定为桃花节，在这一天里，大家可以欣赏到灯会、庙会等古老的场景。

桃花源

花岩溪

花岩溪

在桃花源的隔壁，也有一处美景不逊于它的地方，名为花岩溪。花岩溪国家森林公园面积不大，大约有45平方千米，但它的山水之美，自然清新，动人心弦。这里群山环绕，层峦叠嶂，闻名遐迩的五溪湖和龙凤湖分别镶嵌在其正北和西南。

但若此地仅有自然风光，也不会如此引人入胜，在这群山之中，还零零散散地分布着一些小村庄，村里气候宜人，空气清新，水质纯净，其民风淳朴，习俗古老，自古以来便是达官贵人以及文人墨客的隐居之地。游完桃源，再游此处，便更能真切体会到陶渊明笔下的意境了。

常德诗墙

常德诗墙位于常德市区，沅江防洪大堤之上，其以整个防洪大堤作为载体，千古诗文尽刻其上。整个诗墙全长4千米，其间刻嵌43篇精美的中外石壁画，选刻自先秦以来有关常德的诗作和中外名诗1530首。而所有的诗词又以书法形式表现，由1213名书法家书写，楷、行、隶、篆、草集于一墙。正因为这种种用心之作，常德诗墙被选入了吉尼斯大全，并被称为“世界最长的诗书画刻艺术墙”。

常德诗墙

■诗词延伸

泪眼转天昏。
去路迢迢隔九门。
角黍满盘无意举，凝魂。
不为当时泽畔痕。

肠断武陵村。
骨冷难同月下樽。
强泛菖蒲酬令节，空勤。
风叶萧萧不忍闻。

——李之仪·《南乡子》

武陵——衡阳——耒阳——郴州——永州

衡阳 这里的“风水”真奇妙

塞下秋来风景异。
衡阳雁去无留意。
四面边声连角起。
千嶂里。
长烟落日孤城闭。

浊酒一杯家万里。
燕然未勒归无计。
羌管悠悠霜满地。
人不寐。
将军白发征夫泪。

——范仲淹·《渔家傲·秋思》

宋词故事·STORY

秋思

塞下秋天的风景与中原全然不同，一群大雁向着衡阳方向匆匆飞去，看起来毫无留恋此地的情意。四面八方传来边塞悲壮的号角声，而在那重重叠叠的群嶂中，烽火直冲云天，落日的余晖斜照在紧紧关闭的孤城门上。

在这一天又一天悲怆的日子里，驻守在此的将军，只能喝上一杯浊酒，以怀念远隔万里的故乡，可战争还未结束，回归的时间也无法预计。羌笛悠扬，这里的天气一天比一天寒凉，渐渐地，寒霜洒满了大地。夜未央，凝望帐外片片霜地，征人无法入寐，将军头发花白，战士们的脸庞也流下了一滴男儿泪。

历史·HISTORY

史上那些年

宋仁宗时期，西夏是中原西北方向的强敌。公元1040年，范仲淹任陕西经略副使兼知延州（今陕西延安），据史载，在他镇守西北边疆期间，既号令严明又爱抚士兵，深为西夏所惮服。敌军皆称他“腹中有数万甲兵”，在边城的防御上起了很大的作用。然而，朝廷腐败，败多胜少，只能坚守以稳定大局。这首题为“秋思”的《渔家傲》就是他身处军中的感怀之作。

只是不知，范仲淹在感怀塞下时，他的心绪会不会也跟着大雁一起飞向那美丽又富饶的衡阳。传说，北方的大雁因惧怕塞外凛冽的寒风，每年一到秋天，便会成群结队向着南方迁徙，而它们最后的驻扎地，就是著名的古城衡阳。

衡阳万寿大鼎

据闻，衡阳城的建造，与传说中的火神祝融有关。相传，衡山为祝融氏的居所，有一次，祝融来到衡阳的时候，发现此地天有吉光，地有灵气，遂大喜。他赶紧派人来此勘山测水，并在衡阳选择吉地营造聚落。此后，各代均在这里建有较大规模的城池。

史料记载，公元前221年，秦始皇统一中国时，将衡阳地域划为长沙郡内，而到了公元220年，因为此地位于衡山之阳面，孙吴又在长沙郡的西部设置了衡阳郡，这便是历史上第一次出现以“衡阳”二字命名的郡。

衡阳及南岳衡山命名的来历，也和风水堪舆有着一定关系。古人将天上的星星划分为不同的区域，称之为星宿。据史料记载，在道家的天宫二十八星宿中，“南岳宿当翼轸，度应玑衡，光辅紫辰，称物平施”，此又有“丈量衡地”的意思，因此南岳被称为“衡山”，而它北面的那片地域，也被称为衡阳。

据闻，衡阳城的建制方式，也与风水有关。在衡阳城内，有三座宝塔分别锁住了其内的三个河眼，而这些河眼，便是衡阳城的龙脉穴眼，因此，这里也成了中国最著名的风水城市之一。

雁城的故事

衡阳历来被称为“雁城”，因此城内与大雁有关的传说比比皆是。据闻，这里的大雁最爱聚集在回雁峰下的湘江对岸，而这一绝景，便是潇湘八景之一的“平沙落雁”。在衡阳城内，曾流传着一个不准射杀大雁的故事。

据回雁峰公园内的一座石刻记载，有一年冬天，一只雄雁被猎人给射死了，而与它相随的雌雁，竟然一头撞死在山头之上，群雁见状，纷纷盘旋于衡阳城上空，不断鸣叫，即便过了寒冬，也不肯飞走，无论人们如何驱赶，也徒劳无功。

县令一见，大雁的叫声已经严重影响到了城内百姓的生活，只好贴出一张榜，招募能够驱逐大雁的人。一天，住在回雁峰的一位长者听出大雁的叫声十分悲伤，断定有人曾经射杀过它们，于是，他多方打听，终于找到了那位射杀过大雁的猎人。于是，长者去揭了榜。

县令得知情况之后，惩罚了那个射杀大雁的猎人，并颁布了一条法令：从今以后，衡阳城内不准再有射杀大雁的行为。接着，他又命人在山上雕刻大雁的塑像，立下石碑，又去往雁峰寺焚香三日，那群大雁这才飞走，不再终日哀鸣。

从此之后，每年大雁南飞的时候，飞至雁峰山就不再南去，都栖息在雁峰山上过冬。人们都说，那群大雁是在哀思它们的同伴。此后，不少文人墨客都纷纷来到寺内题写挽雁诗。

衡阳地处南岳衡山之南，因山南水北为阳，故有此名。其又因“北雁南飞，至此歇翅停回”，栖息于市区回雁峰，所以又被人们称为“雁城”。这里山高，水美，文化气息也极为厚重，带领孩子来到此处，爬爬名山，逛逛书院，接受一下古文化的熏陶和洗礼，实在是一件惬意至极的事。

衡山

五岳之中，四岳居长江以北，唯有衡山地处江南，气候更优于其余四岳，这也使得山上的植被长势比其余四岳更胜。这里的七十二群峰之上，处处长有茂密的修竹，终年翠绿，竹香沁人心脾。奇花异草在这里更是随处可见，四时飘香，令人陶醉其中，流连忘返。而祝融峰、藏经殿、水帘洞、方广寺更是被称作“衡山四绝”。

衡山

不仅如此，南岳衡山还是长江以南著名的道教圣地，素以“五岳独秀”“中华寿岳”著称于世。这里有道教三十六洞天之第三洞天——朱陵洞天，也有道教七十二福地之青玉坛福地、光天坛福地、洞灵源福地。因此，孩子来到这里就会发现，其实神仙的形象都有其历史依据，而非古人凭空杜撰，而小说中的“洞天福地”，也是真正存在于世间的所在。

石鼓书院

石鼓书院位于衡阳市石鼓区，为中国四大书院之一。这是一座历经唐、宋、元、明、清的千年学府，曾屡经扩建修葺，文脉绵延了千年之久。这里地势峻峭，风景奇异，苏轼、朱熹等文豪大家都曾在此执教，此

石鼓书院

地也培养了曾国藩、彭玉麟及齐白石等对历史产生过重大影响的名人。

因为书院名气非凡，学风甚好，加之又在名山衡岳脚下，除了在此长驻的执教文豪之外，还吸引了郦道元、杜甫、韩愈、柳宗元、刘禹锡、辛弃疾以及徐霞客等人接踵至此，或讲学授徒，或赋诗作记，或题壁刻碑，或寻幽览胜，这使得石鼓书院的名气越来越大。时至今日，当我们带领孩子前去瞻仰古人留下的这一文化胜境时，说不定孩子还能在书院的角角落落里，发现古代文豪们留下的蛛丝马迹。

衡阳保卫战纪念馆

踏访了衡山的名山古迹，我们不妨前往衡阳保卫战纪念馆，缅怀一下抗战时的国家英雄，给孩子上一堂爱国主义教育课，以增强他们的使命感，激发他们的爱国情。

衡阳保卫战纪念馆位于高新技术产业开发区。此处虽是抗战纪念馆，但馆内主要建筑却是清代振威将军陆成祖于1881年至1887年建造的，距今有百余年历史，是典型的湘南民居。

整座纪念馆依山傍水，坐北朝南，平面略呈长方形，房屋为砖木结构。最有艺术性的是，这里的山墙墀头、檐下、窗额等都分别施雕刻、彩

衡阳保卫战纪念馆

绘、堆塑，内容有“丹凤朝阳”“玉兔望月”“福禄寿喜”“博古八宝”及珍禽瑞兽、人物花卉、如意云纹等祥瑞图案，有的堪称艺术精品。

衡阳保卫战的陈列展览设在民居左厢房内，展出的是1944年衡阳保卫战的抗战史料和实物，重现当年衡阳军民英勇抗击日寇的壮举。

■诗词延伸

露寒烟冷蒹葭老，天外征鸿寥唳。
银河秋晚，长门灯悄，一声初至。
应念潇湘，岸遥人静，水多菰米。
乍望极平田，徘徊欲下，依前被、风惊起。
须信衡阳万里。有谁家、锦书遥寄。
万重云外，斜行横阵，才疏又缀。
仙掌月明，石头城下，影摇寒水。
念征衣未捣，佳人拂杵，有盈盈泪。

——苏轼·《水龙吟》

耒阳 蔡伦的故乡就是我

山前风雨欲黄昏。
山头来去雪。
鹧鸪声里数家村。
潇湘逢故人。
挥羽扇，整纶巾。
少年鞍马尘。
如今憔悴赋招魂。
儒冠多误身。
——辛弃疾·《阮郎归·耒阳道中》

宋词故事·STORY

推官赋

南宋议和派当权后，排斥忠良，陷害贤能，使得朝政黑暗，辛弃疾一心想抗金救国的理想就这样破灭了。他在调任湖南之时，途经耒阳，抬头仰望，发觉夜色将至，山中风雨欲来，天空中浮动的低云，好似夜色中的残雪一般，远处山村里鹧鸪的叫声，就仿佛在说“行不得呀哥哥”，令人胆战心寒。

行至山村之后，辛弃疾正欲投宿，却忽然遇见了老友张处父，他的心境刹那间明亮了起来。他心头一热，热上一壶酒，趁夜和老友倾诉衷肠，回首往事。

想当年，自己就好比三国时手持羽扇、头戴纶巾、指挥三军的周瑜，在战场上指挥将士，跃马扬戈，抗击金兵，不知那时有多么潇洒。然而，此后却屡遭排斥，频繁调任，抗金的奏策，如同废纸一样，无人问津，难道就因为自己是个儒生，才会屡屡遭人迫害，以至于弄到如此失魂落魄、疲惫不堪的境地？辛弃疾想到此处，不禁又开始心情沉重起来。

历史·HISTORY

史上那些年

对于耒阳来说，辛弃疾的词即便写得再好，也不过只是途经此地的行路人，而东汉时期的蔡伦，才是耒阳必将铭记于心的贵人。

据说，耒阳地名中的“耒”字，是因神农氏在这个地方“斫木为耜，揉木为耒”而来。耒阳从秦建制以来，历2200余年，它的名字从未变更。这里出现了一位被世界历史铭记的人物，东汉的造纸术改造者——蔡伦。

蔡侯纸

蔡伦是东汉桂阳郡人，其故居位置大约在今天耒阳市蔡子池办事处，13岁那年，他被逼入宫做了宦官。但即便如此，也没有阻挡他勤奋好学的心。

因为聪明好学，蔡伦于公元80年，就担任了小黄门一职，到了汉和帝的时候，升为中常侍，同时又兼任尚方令，主管皇室器物的制作。职位的便利，为蔡伦改进造纸术提供了人力、物力、财力的基础。

在担任中常侍的时候，蔡伦发现简牍、帛书搬运起来十分沉重，时常累得太监们腰酸背痛，腿都伸不直。而用来写字的丝绸虽然也叫作纸，但丝绸太贵，并无法反复书写，不便于人们使用。为了方便大家，也为了取悦皇帝，蔡伦便决心制作出质轻价廉的纸张。立下目标之后，蔡伦就没有了休息的日子，因为但凡空闲时，他都会亲自出宫，去民间搜寻造纸的办法。

几经查探之后，蔡伦发现竹帘上的蚕丝屑揭下可做纸，便想到，既然如此，那其他细而短的纤维，是不是也可以做成纸呢？想到这里，他更加用心去寻找可以造纸的材料。有一次，蔡伦在和朋友去往乡下的路上，发现一群小孩用木杆挑着水面上的沤变物嬉闹。蔡伦仔细观察，发现那些沤变物一离开水面，便迅即变干，他上前用手摩擦了一下，发现这些东西质地柔韧轻薄，于是，他便将水面上的沤变物都收集起来，并带回宫中晾干。

第二天，蔡伦用黑色的颜料，在每块沤变物上写了一个字，并拿给皇帝看。皇帝一见，非常高兴，就派蔡伦重返他发现此物的地方。蔡伦得令后，便在发现沤变物的附近，四处寻找麻、布、棉絮、树皮等一类的沤物，然后就地挖池沤制。

经过无数次试验后，在十多个春秋里，蔡伦终于制造出了理想质地的书写材料，而这种纸，后来也被人们称为“蔡侯纸”。直到今天，耒阳还有一个蔡侯祠，专门用来纪念蔡伦。因为他的勤奋和努力，人们才能用上物美价廉的纸张，从前被上层掌握的知识才因此慢慢被传到了民间。

趣味故事 · INTERESTING STORY

人不可貌相

在传说中，有这样一个故事。三国时期，庞统到了耒阳之后，心中闷闷不乐，不但大小案件一律压着不判，三年也不曾升堂理事。耒阳的百姓对他议论纷纷，百般不满，于是一纸诉状将他告到了刘备那里。

刘备见到状纸之后，立即派张飞去耒阳考察此事真伪。庞统闻此消息，怕张飞醉酒误事，就赶忙吩咐各家酒店，一律将酒中掺水后再卖给张飞，同时又传唤所有的案犯，全部去往县衙听候发落。

张飞到达耒阳后，果真四处喝酒，但酒店里的酒都被掺了水，因此他喝得肚皮滚圆，也没有醉倒。到达县衙之后，张飞便斥责庞统，问道："为何案件积压三年而不判？"庞统回答："区区小事，何足为奇？将军且明日再来，我定将所有案件都判罚清楚。"

庞统

第二天，张飞来到县衙后，发现公堂上跪着一大群原告和被告，黑压压的，将县衙塞了个水泄不通。大家吵吵闹闹，都争先恐后地要求诉讼。庞统坐定后，对这些人说："尔等不必争先恐后，只管将问题同时诉来。"

于是，堂下瞬间炸了锅，叽叽喳喳几百张嘴同时开口申诉。张飞在堂上听得头晕目眩，稀里糊涂一时不知所云，而庞统却一边闻听诉状，一边有条不紊地断案。就这样，三年积压的官司，就这样被庞统当着张飞的面，只花了三天就全部审理完毕。不仅如此，百姓们还都觉得庞统断案有理，人人心悦诚服。

张飞一见此景，断定庞统是个不世之才，在此当个县令，确实大材小用了，于是，他赶忙派人回去告诉刘备。刘备听闻，觉得自己过去太小看这个其貌不扬的庞统了，便立即派人将他接去，封为左军师。所以，直到今天，耒阳县依然流传一句俗语："庞统的官司，三年积案三日清。"

风景 · SCENERY

带着孩子边走边看

耒阳位于湖南南部大山腹地。这里植被茂密，物产富足，水源清澈充沛，是典型的湘南富庶之地。有趣的是，此地虽四面环山，却与外界毫无阻隔。然而，耒阳虽与外界无阻，知道此地的人却并不多，这大约是因为，"耒"字过于生僻。

蔡伦竹海

"蔡伦竹海"位于耒阳市黄市镇和大义乡境内，传说这里便是蔡伦研究并向人们传授造纸术的地方，至今，在竹海深处仍有两百多个土法造纸作坊。蔡伦竹海覆盖了200多个山头，是我国最大的连片竹海，被人们称为"亚洲大竹海""天然大氧吧"。

蔡伦竹海

在这里，耒水穿过竹林，形成了别具一格的水竹胜景。景区内还拥有竹林、石林、鱼化石、洞穴等自然景观，并保留了西汉名相张良的归隐之地——张良洞，明代旅行家徐霞客的考察停留之处，还有清末名臣曾国藩筹粮募饷之地。

蔡侯祠

蔡侯祠

蔡侯祠，原为蔡伦故宅，后人为了纪念他，就其宅基建祠。《水经注》曾载：“（耒水）西北经蔡洲，洲西即蔡伦故宅，旁有蔡子池。”蔡侯祠几经兴废，现存建筑为清代重修，其占地面积约有400平方米，坐南朝北，砖木结构。

这座祠堂分为三进两院，前厅三间单坡小青瓦顶，两侧有走廊，中轴为甬道，有屋盖与中厅相连，而中、后厅有三间建在山顶上，也有走道、甬道相连。

据《后汉书》及大量史料考证，蔡伦于公元63年生于耒阳，历任小黄门、中常侍加位尚方令、长乐太仆等职，封龙亭侯。公元105年制造出世界上第一张植物纤维纸，1000多年后被改进的造纸术经西亚传往欧洲，为传承文明作出了伟大的贡献。

■诗词延伸

玉管灰飞，云台珥笔，东君飙驭将还。
又正是、霜花巧剪，梅粉初干。
窈窕红窗髻影，添一线、组绣工闲。
潇湘好，雪意尚遥，绿占群山。
应思少年壮气，贪游乐、追随玉勒雕鞍。
更化日舒长，赢得觅醉谋欢。
老去桑榆趁暖，任从教、潘鬓先斑。
犹狂在，挥翰快写春寒。
——侯寘·《凤凰台上忆吹箫·耒阳至节戏呈同官》

郴州 隐匿人间的洞天福地

雾失楼台，月迷津渡。
桃源望断无寻处。
可堪孤馆闭春寒，杜鹃声里斜阳暮。
驿寄梅花，鱼传尺素。
砌成此恨无重数。
郴江幸自绕郴山，为谁流下潇湘去。
——秦观·《踏莎行》

宋词故事·STORY

郴州旅舍

公元1097年，朝中新旧党争愈发严重，秦观被卷入这场斗争之中，接连被贬，最后来到郴州。初抵郴州时，秦观的心情极为郁闷，凡事都提不起劲来。这日，他抬头遥望远方，看见弥漫的雾气遮没了楼台，暗淡而又迷惘的月色蒙住了津渡。

望见这般光景，秦观的心情更加沉重，不知如今自己在何处才能找到心中向往的桃源美景。这孤独的馆舍，现在正紧紧地将暖意挡在门外，以至于舍内一直春寒刺骨。夕阳西下，暮色将近，门外的杜鹃悲啼声声，一缕残阳将树的阴影拉得很长、很长。

此时此刻，即便远方的亲友寄来了安慰之信，秦观心中堆砌起来的凄苦与幽怨，却仍然一重压着一重，始终无法缓解。他抬眼望向郴江的方向，长叹一口气，心中不禁感慨：郴江啊郴江，你幸运而又悠然自得地环绕着郴山，现如今又是为了何人，要流向潇湘的方向呢？

历史·HISTORY

史上那些年

尽管秦观对郴州这个地方有着诸多不满，但毋庸置疑的是，郴州却因他的这首《踏莎行》而闻名于世。“郴”字最早见于秦代的典籍中，古时也称林邑，即林中之城。据闻，早在远古时代，神农氏便在此作耒耜，开启了郴州的农耕文化，令百姓的生活告别了茹毛饮血的时代。

郴州历史悠久，也曾历经战火洗礼。汉朝时，高祖刘邦就曾首置桂阳郡，郡治便在郴州，自那时起，郴州便成为南方重镇，湘南经济、政

郴州美景

治、文化中心。然而，由于其重要的地理位置，郴州自古就是兵家必争之地。史书便曾记载，项羽曾屠义帝于郴，赵子龙曾大战于此，洪秀全也曾屯兵郴州。

但历经战火的郴州，并没有因此而变得粗犷、市井，千百年来，这里成了一个能带给人万千灵感的地方。历代以来，都有众多骚人墨客在此留下绝句佳篇。除了秦观的这首《踏莎行》以外，周敦颐也在此写下了“出淤泥而不染，濯清涟而不妖”这种流芳百世的佳句。

自古以来，佳句之外，必有佳景，郴州除了蜿蜒绕城而过的郴江之外，还有被美国洞穴科考专家称为“世界洞穴奇观”的“洞穴福地”万华岩，更有名为“天下第十八福地”的苏仙岭在此坐镇。

苏仙岭可谓郴州最为神奇和美丽的地方，自然山水风光久负盛名，这里更是一处隐匿在人间的洞天福地。岭上有白鹿洞、升仙石、望母松等仙迹，山顶石壁上还有“寿山”大字石刻。苏仙岭的山下造石成山，其上刻有许多“福”字，其字体都出自唐太宗以来十八代名君之手。题名“万福山”，暗寓苏仙岭即为福地也。传说从此经过，摸一摸福字，数一数福字，则会洪福齐天。

趣味故事 · INTERESTING STORY

苏仙观的由来

早在唐代，苏仙岭就被列为道教“七十二福地”之一，而苏仙观更为这福地之福。据嘉庆《郴州总志》记载，早在公元731 年，苏仙观就坐落在了苏仙岭上。整座观宇坐北朝南，观内门额有汉白玉石盘龙御碑，为南宋理宗皇帝所赐，上面御书“敕封苏仙昭德真君”。

有关苏仙观的来历，还流传着一则有趣的传说。据闻，早在西汉文帝年间，郴州东门外住着一户姓潘人家。有一天，16岁的潘家姑娘来到郴江边上洗衣服，却不知怎的，从上游漂来一根红丝线，潘姑娘见这丝线来得蹊跷，正打算捞上来察看一番，却被这根红线缠住了手指，怎么解也解不开。

情急之下，潘姑娘想用牙齿咬脱红丝线，不料红丝线却溜进了她的肚子里。不久，潘姑娘怀孕了。尚未婚配过的她羞愤难当，却又无法解释这个孩子的来历，只得逃到离家不远的牛脾山桃花洞里，不久，她生下了一个男孩，给他取名苏耽。

生下孩子后，潘姑娘没有回去，就在桃花洞中将这个孩子养大。说来也怪，洞中的环境十分艰苦，苏耽没有衣服，洞外水池边的白鹤就用自己的双翼覆盖着他。苏耽没有奶吃，洞里就跑来一只白鹿，用自己的奶水哺育他。

13年过去了，苏耽长成了一个大孩子，他懂得孝敬母亲，尊敬呵护他的白鹤和白鹿，乖巧懂事。后来，在机缘巧合下，苏耽得到了一位异人传授仙术，最后终于修道成仙，乘鹤飞去。

人们听说了这件奇事之后，为了纪念苏耽，便把牛脾山改名为苏仙岭，把桃花洞改名为白鹿洞，并在苏仙岭顶上建造了苏仙观。直到今天，在苏仙岭山顶的“升仙石”上，还保留着苏耽登临太虚的最后一个脚印，而人们一到郴州就可看到广场上苏耽乘鹤而去的大型雕塑，它是郴州古城的标志。

仙人洞

郴州古时称为林邑，即为“林中之城”的意思。而郴州，也的确不负这个雅号，全市森林覆盖率极高，“一山、一湖、一泉”是此处精髓。

这里有号称“原始生态第一山”的莽山，有烟波浩渺的东江湖，更有水质堪称中国第一的清泉。在这儿，孩子在城中就能享受到山林的恩赐，而我们，则可以一边品着诗词、赏着奇石，一边欣赏这古典和现代的完美结合。

苏仙岭

苏仙岭位于郴州市苏仙区城区，其大门在苏仙南路上。这里因苏仙神奇、美丽的传说而驰名于世，又因自然山水风光久负盛名，岭上有白鹿洞、升仙石、望母松等仙迹，因此自古以来，也享有“天下第十八福地”“湘南胜地”的美称。西安事变后，张学良将军曾被幽禁于此，写下了“恨天低，大鹏有翅愁难展”的名句。

这里主峰不高，只有526米，所以孩子的攀爬难度也不高。如此，他们便可有更多的精力用来欣赏岭上的美景，或是找寻山上古人留下的遗迹。

三绝碑

若是想要找到古人留下的墨宝，还得前往苏仙岭上的白鹿洞，在洞东北方向的天然石壁上，有一块著名的“三绝碑”。这块三绝碑高52厘米，宽46厘米，11行，每行8字，碑文上的墨宝为行书书写。

起初，北宋词人秦观流放郴州期间作了《踏莎行》一词；接着，苏轼写了跋；而著名的书法家米芾则把词和跋写下来，摹刻在了这里，因此世称“三绝”。有了这三个人的名气，三绝碑的艺术价值难以估量。

有意思的是，在这块三绝碑上，一直为人熟知的“可堪孤馆闭春寒，杜鹃声里斜阳暮”，在此处却分明变成了“可堪孤馆闭春寒，杜鹃声里残

1. 苏仙岭　2. 三绝碑
3. 莽山　4. 狮子坦

阳树”。曾有学者分析，“斜阳”和“暮”在古文中是指的同一时刻，而以秦观的文学修养，应当不会犯下这种重复指代的错误，又加之摹刻三绝碑的时间离原词完成的时间较近，因而“斜阳暮”三个字，大概是被后世所谬传了。

莽山

莽山位于郴州宜章的南部，这里林木叠翠，雨量充沛，热带、亚热带、温带，还包括少数寒带的森林植物，都在这里欣荣杂居。因此，这里也被称为“第二西双版纳”。

在这里，绝景佳境，数不胜数，有飞流千尺的鬼子寨瀑布，令人头晕目眩的“万丈深坑”，端庄文静的“三姐妹”，巍巍雄浑的摩天岭，还有高山草原浪畔湖，神秘莫测的“猴王寨”。而悬崖上的怪石经过千万年的风吹雨洗，更是变成了各种各样的形态，如“金鞭神柱”“将军石”“童子拜观音”“木鱼石”等，每一块崖石都栩栩如生，令人遐思不尽。

而看罢了这些怪石美景，我们还可以带着孩子，前往“天南第一峰”的猛坑石主峰上，站在峰顶，让他们极目远眺，看是否能感受到“北望衡阳、南见韶关”的意境。

狮子坦

在郴州永兴，凡是有洞穴的地方，人们都把它叫“坦”。“狮子坦”便位于永兴县便江一侧的碧塘乡锦里村。坦内冬暖夏凉，地面干燥。坦中倚岸壁建房，住房因“洞”制宜。人们合理利用崖壁走势，砌墙于洞口并隔出内外，这样可以节省两堵墙，利用弧形，也不需要盖瓦。

“狮子坦”自建成以来，迄今已有400多年。明末清初之时，世人为了逃避抓壮丁和苛捐杂税，几经迁徙，终于寻找到这块世外桃源。目前这里还有四户人家，他们传承了祖先日出而作、日落而息的生存方式，而生活的来源主要靠种地，漫山的竹林是他们另一经济来源。

■诗词延伸

看花随柳湖边去。
似邂逅、水晶宫住。
刘郎笔落惊风雨。
酒社诗盟心许。
玉关外、不辞马武。
便好展、云霄稳步。
郴江自绕郴山路。
欲问功名何处。
——张孝忠·《杏花天》

永州 柳永笔下的诗意世界

望处雨收云断，凭阑悄悄，目送秋光。
晚景萧疏，堪动宋玉悲凉。
水风轻、蘋花渐老，月露冷、梧叶飘黄。
遣情伤。
故人何在，烟水茫茫。
难忘。文期酒会，几孤风月，屡变星霜。
海阔山遥，未知何处是潇湘。
念双燕、难凭远信，指暮天、空识归航。
黯相望。断鸿声里，立尽斜阳。
——柳永·《玉蝴蝶》

宋词故事 · STORY

玉蝴蝶

在这萧瑟的秋季里，柳永凭栏远眺，目光所及之处风吹云散，秋光正浓。傍晚的景色萧条疏旷，词人的心也像宋玉那般多愁善感，甚觉悲凉。柳永望着脚下的江面，风轻轻吹拂着水面，苹花渐渐开始枯萎，月光之下，露水微凉，梧桐树的叶子也开始变得枯黄。

柳永的心情渐渐沉重起来，昔日好友如今不知已去往何方，眼前除了一片烟水之外，再无他人相伴。实在难以忘记，当年与好友们一起填词赋诗、饮酒狂放的日子，那时该有多么快乐。可时至今日，自己却在这里辜负岁月，虚度时光。

山高海阔，那令人神往的潇湘究竟又在何方？那天上飞过的一双轻燕，也不可能凭借它们传送自己的思念之情。夕阳西下，暮色已渐苍茫，柳永眯着眼睛，辨认着那远处归来的船只，却没有一艘是自己期盼的。

他默默站在那里，黯然神伤，现在唯一能做的，也不过只是听着鸿雁的声声哀鸣，眼望夕阳西下，等待余晖散尽，夜幕来临。

历史 · HISTORY

史上那些年

柳永苦苦思念的“潇湘”，在今天的湖南省永州市，因其地有潇水和湘江汇合，故得此雅称。除了“潇湘”雅称外，这里也别称“零陵”。西汉司马迁的《史记 · 五帝本纪》中曾记载：舜“南巡狩，崩于苍梧之野，葬于江南九嶷，是为零陵”。

零陵是全国迄今沿用的36个最古老的地名之一，汉武帝元鼎六年（前111年），始置零陵郡，治所在今永州市的零陵区，属荆州，因此，零陵也

永州古街

为湖南四大古郡之一。至今这里还留有九嶷山、舜帝陵、舜皇山等上古圣迹。

自古以来，此地无论是别号零陵，还是雅称潇湘，都是历代文人的泼墨之地，南宋诗人陆游就曾写下“挥毫当得江山助，不到潇湘岂有诗”，而欧阳修也曾说“画图曾识零陵郡，今日方知画不如”。

潇湘，气质如诗景如画，这里的一草一木、一风一俗，都令人神往。这里是中国山水诗的发祥地之一，更有异于中原的瑶族文化。不过，在永州，最令人惊叹的，还是那世界上独一无二的“江永女书”。

江永女书是目前世界上唯一发现的性别文字。这是一种由女性创造，女性专用的文字，且仅在永州江永的上江圩一带流传。女书的字体呈斜菱形，其作品多为五言、七言诗体。江永的女子，用自己创造的文字，诗一般的语言，记录了闺中生活的点点滴滴。她们又用江永的方言土语吟唱这些美妙的诗篇，其韵味绝妙无穷。这更令潇湘之地多了一分诗一般的意境。

由于女书传女不传男，代代如此，因此即便是当地的男人，也无法了解这些文字的意思。据说，自古以来，江永潇水流域的女性不能上学读书，学习男性常用的汉字，她们为了把自己的苦难经历记下来，便在织布绣花图案的基础上，共同创造了这种文字。

不过，由于江永有着“人死书焚”的习俗，如今女书流传下来的作品并不多见。但今天，我们仍然可以带着孩子，走进江永的女书文化村，去一览那神奇的古文字。或许，当孩子看见那些优美的神话传说和文字时，会随之产生无尽遐想，继而产生探索大千世界的兴趣和爱好。

趣味故事 · INTERESTING STORY

捕蛇者说

柳宗元在永州的时候，曾经碰见过这样一件事。在永州的郊外，长着一种奇特的蛇，它有着黑色的皮质、白色的花纹，奇毒无比。据闻，任何草木碰见这种蛇都会枯萎死掉，如果有人不小心被这种蛇咬上一口，就只能等死，毫无医治的可能。

不过，这种蛇虽毒，却是极好的药材，将它晒干之后，可以用来治愈麻风、手脚蜷曲、脖肿、恶疮，消除坏死的肌肉，杀死人体内的寄生虫。因此，皇帝下令征集这种蛇，以便太医院使用。每一年，官府都会根据命令，分两次征集这种蛇，招募能够捕捉到这种蛇的人，并让他们用蛇来抵租赋。永州的百姓都争着干这差事。

有一次，柳宗元碰见一个姓蒋的农夫，他们家三代都是以蛇抵赋，想来对这种差事并不排斥。然而，当柳宗元问他的时候，他却悲伤地回答：“我爷爷死在捕蛇抵赋这差事上，我父亲也死在这差事上。现在我接着干这差事12年了，有好几次差点儿死掉。”

柳宗元听后，十分怜悯他，就说：“你怨恨干这差事吗？我打算去告诉主管官，让他更换你的差事，恢复你的租赋，你看怎么样？”

没想到，姓蒋的农夫更加悲伤了，他竟然哭了起来，说了一段长长的肺腑之言：“您想哀怜我，让我能够活下去吗？那么我告诉您，我干这差事遭受的不幸，远不如恢复租赋所遭受的不幸。如果以前我没有揽下这差事，那我早已困苦不堪了。

银环蛇

“我家住到这个地方已经三代，逾

六十年。这六十年间，乡亲们的生活一天比一天窘迫，大家把田里的出产全部拿出，把家里的收入全部用尽，也无法交齐租赋，许多人只能顶着狂风暴雨的袭击，哭号着迁徙到外地，大家受着严寒酷暑的煎熬，呼吸着带毒的瘴气，可路上依然多有乡亲饿死。

“从前和我爷爷住在一起的人家，现在十户当中难得有一户了；和我父亲住在一起的人家，现在十户当中难得有两三户了；和我一起住了十二年的人家，现在十户当中难得有四五户了。那些人家不是死绝了就是迁走了，而我却由于捕蛇存活下来。

“凶暴的官吏来到我们这个地方，四处狂喊乱叫，到处骚扰毁坏，气势汹汹，惊骇乡里，就连鸡狗都不得安宁啊。我心中惦记，起身看看那瓦罐，蛇还在里面，我又放心躺下了。我小心喂养蛇，到时候把蛇送上去交了差，回家后我就能有滋有味地吃着田地里长出的东西，来过完我的岁月。现在，我一年当中冒死的情况只是两次，而其余的时间都可以过上平安快乐的日子。哪像我的乡邻们天天都有死亡的危险。现在，我哪怕死在这捕蛇的差事上，比起饿死的乡邻已经是要晚了，我怎敢怨恨这差事？”

柳宗元听了他的话，十分痛心，他想起孔子说过的一句话：“残酷的政令比猛虎还凶暴。”他曾经怀疑过这句话的真实性，但现在看见了蒋氏农夫的遭遇，看来这句话必定不假。他没有想到，赋税的祸害居然大大超过毒蛇之害。

柳宗元思虑良久，提笔写下了这篇《捕蛇者说》，以等待考察民情的人看见它后，能感悟民间疾苦，为民解忧。

风景 · SCENERY

带着孩子边走边看

永州是中国瑶族文化和楚文化的发祥地之一，潇、湘二水在这里相聚。提起永州，人们便会想到那如诗如梦般的异族胜景。身穿别致服装、在山间对歌载舞的瑶族姑娘，挂在古老的红砖墙上的红彤彤的辣椒，吸引了全世界文字学家目光的江永女书，这一切的一切，都在这里等着孩子们去探索、去观赏。

阳明山

阳明山在湘水之东，地处湖南、广东和广西三省区的交界处。这里有流泉飞瀑，云山雾海。走入山间，就仿佛进入了“鸟鸣山更幽”的人间仙境。

传说，很久以前，这里终年云雾缭绕，也没有名字，后来有两个兄弟来到了这里，开创了一番洞天。这是一对孪生兄弟，哥哥叫郑一郎，弟弟叫郑二郎。他们来到这里后，发现这是块风水宝地，但使出了浑身解数，也无法闯进这云雾遮盖的山里。

于是兄弟二人便摆下了祭坛，向玉皇大帝祷告。他们不眠不休，祈祷了三天三夜，终于感动了玉皇大帝，他答应了兄弟们的请求，将太阳神派到了这里。太阳神下凡之后，将随身携带的一盏天灯挂在这一片土地的上空，并把这里命名为“阳明山”。从此，这座山不但能终年享受到太阳的照耀，还拥有了自己的名字。

江永

江永县位于永州市西南部，是全国少有的没有受到任何工业污染的净土，境内田园风光绚丽迷人。这里是一片古老而神奇的土地，古称永明，秦时立县，县内有瑶族古都——千家峒、千古字谜——江永女书、千年古村——上甘棠，还有历代形成的古陵、庙、楼、阁、塔、碑、桥等文化古迹。这里民风淳朴，瑶家习俗浓厚，盘王节、尝新节、敬鸟节、斗牛节等节日仍然盛行，节日活动丰富多彩。

永州古战场

永州古战场位于江永县千家峒峒口穿岩山顶，在这里，曾经发生过一场民与兵的激烈战斗。在山崖之间，石墙把千家峒峒口围得固若金汤，但这些砌墙的石头没有任何加工的痕迹，这是千家峒的瑶胞们在官兵来围剿时，匆匆修筑起来的。古战场四面均为海拔千米以上的大山，山下峒口只容一人而过，只要守住了峒口和峒口上这道关卡，就“一夫当关，万夫莫开”。

不过，这里最神奇的还是一块平地上凸立的石头，人们称它为“誓师石”，也叫“巨掌石”。它像一只向天起誓的大手掌，五指并列向上，手背向外，手心向内，手上的青筋肉块高高隆起，象征着无穷的力量和必胜的信心。

1. 阳明山
2. 江永
3. 永州古战场

■诗词延伸

万古崔嵬，二水涟漪。
此江山、天下之奇。
太平气象，百姓熙熙。
有文章公，经纶手，把州麾。

满斟寿酒，笑捻梅枝。
管年年、长见花时。
佳人休唱，浅近歌词。
读浯溪颂，愚谷记，澹岩诗。

——戴复古·《行香子·永州为魏深甫寿》

【第三辑】留给孩子的旅行思考题

1．《桃花源记》中的渔人为何会背弃诺言，将桃花源的秘密告知太守，他这样做对吗?

2．找找看，还有什么诗词与“衡阳雁”的典故有关?

3．蔡伦改进的造纸术对后世有什么影响?

第四辑

叹婉约江南——人间天堂纵安逸，无忘故国零星地

临安 我的坚强你不懂

东南形胜，三吴都会，钱塘自古繁华。
烟柳画桥，风帘翠幕，参差十万人家。
云树绕堤沙。怒涛卷霜雪，天堑无涯。
市列珠玑，户盈罗绮竞豪奢。
重湖叠巘清嘉。有三秋桂子，十里荷花。
羌管弄晴，菱歌泛夜，嬉嬉钓叟莲娃。
千骑拥高牙，乘醉听箫鼓，吟赏烟霞。
异日图将好景，归去凤池夸。
——柳永·《望海潮》

宋词故事 · STORY

望海潮

钱塘临安自古以来便是江吴的都会，形势重要，繁华无比。这里有如烟的柳树，布满彩绘的桥梁。街边铺面前，透过挡风的帘子，可以看见翠绿的帐幕。这里的房屋高高低低，看上去大约有10万户人家。

观潮的时候到了，只见那江边，高耸入云的古树围绕着沙堤，怒吼的波涛卷起白雪一般的浪花，大江绵延向东，无边无际。在这里的市场上，珠宝玉器陈列在店铺之中，许多人的家里都堆满绫罗绸缎，人们竞相攀比，无限奢华。

临安城外，重重叠叠的山岭也十分清秀美丽，这里秋天有漫山桂花，夏天有十里荷花。天气晴好的日子里，湖面上会传来欢快的乐声。夜幕降临之后，船上的歌女会一边采菱，一边高歌。这时，钓鱼的老翁和采莲的姑娘们都会喜笑颜开。而城内的长官，也由千名骑兵簇拥着，乘醉出来游玩。若有一日，长官回京升官，也好以这番大好美景作为谈资，向人夸赞炫耀。

历史 · HISTORY

史上那些年

据说，当初柳永的这首《望海潮》传到金国时，金国的皇帝便垂涎临安的“美色”，居然立即就产生了南下进攻此地的愿望。公元1138年之后，宋室南迁到杭州，并将其改名为临安府，虽称为行在，实际上却担当着都城的重任。

南宋灭亡后，世人皆以为，临安城的繁华与精彩消磨了南宋人抵御

临安城仿古建筑

外敌的意志。他们在此过着灯红酒绿、极其奢华的生活，却将失去开封京师的仇恨忘得一干二净。据史料记载，北宋时期，杭州人口约为20万，然而到了南宋建立临安府以后，人口的数字开始飞速上升。据咸淳《临安志》记载，临安府的人口约为124万人，当时跟随高宗赵构南迁的“四方之民，云集两浙百倍于常”。

到达此地之后，南宋朝廷倾尽全国之人力、物力、财力，精心营造临安，并极尽奢华，扩建这里原有的吴越宫殿，增建礼制坛庙，疏浚河湖，增辟道路，改善交通，发展商业、手工业，使之成为全国的政治、经济、文化中心。

当时的临安府，宫殿独占南部的凤凰山，而整座城市的街区在北边，是典型的“南宫北市”格局，而自宫殿北门向北延伸的御街贯穿全城，成为全城繁华区域。那时，临安的商肆遍及全城，据《梦粱录》记载，当时“自和宁门杈子外至观桥下，无一家不买卖者”，这正是御街的景象。

临安的繁华，由此羡煞了全世界，南宋的官民也因此痴迷于它，将它奉为心中的圣地。然而，如果因此就认为，临安府不过只是南宋偏安一隅，临时落脚并以此为满足的行宫，那临安城就实在太冤枉了。

自吴越国王钱镠时期开始，临安就一直在此，自强不息，直至南宋时，国家面临强敌无数，但临安城依然能够平安发展100多年，这个城市的韧性有多大，可想而知。

蒙古的铁骑踏平南宋，这并非临安繁华之过，至少在这100多年的时间里，它曾自强不息，并将南宋的富饶与发达尽数展现给整个世界。虽然南宋临安城富饶与繁华的痕迹，在今日不过只留下一些残垣断壁，但历史不会忘记这个坚强的都城，不会忘记南宋人民英勇抗击外敌、保卫家乡的光荣事迹。

趣味故事 · INTERESTING STORY

钱王的故事

对于临安城而言，钱王钱镠是个绝对不能忘记的人物。如果没有他，临安便不会被南宋定为都城，也不会有后世的万般繁华。

钱镠并非出生在帝王家庭，他原本出身贫穷，年轻的时候还做过盐贩。后来，浙西镇守将领董昌见他是个人才，将其纳入麾下当部将。黄巢起义之时，钱镠居然用一小股兵力就保住了临安城，李唐王朝认为他于社稷有功，就封他做这里的节度使。

或许因为早年贫穷，钱镠当官之后，便大摆阔绰。他不但在临安盖起了豪宅，出门的时候，无论远近，都要骑马坐车，由士兵护送。自那时起，钱镠认为自己是个有身份、有地位的人，但他的父亲却并不这样认为。

父亲对钱镠的做法很不满意，却又不便直言。于是，每次钱镠出门的时候，他都刻意避开儿子的车马，坚决不与其碰面。几次之后，钱镠发现

钱王

父亲是在刻意回避他，心中十分不安。思虑良久之后，他徒步来到父亲家中，询问缘由。

父亲见他似有悔改之意，便语重心长地对他说："我家世世代代都是靠打鱼种庄稼过活的，没有出过有财有势的人。现在你有这个地位，周围都是敌对势力，还要跟人家争城夺池，我怕我们钱家今后要遭难了。"

钱镠闻言，细想了一番，顿时冷汗直冒，他知道，父亲此言有理。从那以后，钱镠做事小心翼翼，只求保住临安这块地盘。那个时候，地方军阀割据，战争频发，钱镠所镇守的临安是个小国，而北方比他强大许多的国家却不胜枚举。

由于长期生活在动荡的战争环境中，钱镠养成了一种时刻警惕的习惯。他不但对自己严格要求，对将士们也是如此。一天夜里，钱镠为了考察将士们是否尽忠职守，便想了个法子。他穿上便服，先溜出城外，待城门关闭之时，看看是否还能进城。

钱镠先站在北城外高声喊叫："我是大王派出去办事的，现在急着要回城，请你速开城门！"然而，守北门的士兵却回答："夜深了，别说是大王派的人，就是大王亲自来也不能开。"钱镠见北门不能进城，又在城外绕了半个圈子，打南门进了城。

天亮之后，钱镠将管北门的士兵找来，极力夸赞了一番，并加以赏赐。而对于南门不守将令的士兵，则狠狠责罚了一顿。就这样，靠着赏罚分明、小心谨慎的处事作风，钱镠将吴越地区治理得井井有条，并一次又一次躲过了战乱的破坏。

风景·SCENERY

带着孩子边走边看

历史变迁，沧海桑田，就连城市的名字，也历经了几度变迁。虽然今天的临安市与南宋时期的临安府治地并不完全重合，但在这里，我们依然可以从一部分古迹之中，窥见当年临安城的蛛丝马迹。探罢古迹之后，孩子或许还能从这里的山山水水，读出当年柳永写下《望海潮》时的澎湃心情。

钱王陵

钱王陵，是唐末五代吴越王钱镠的陵墓，它坐落于浙江临安市的锦城太庙山上。钱镠是临安城的奠基人，而这座陵墓，也是浙江省内唯一保存完好的帝王陵墓。

钱王陵

钱王陵背靠太庙山，与功臣山遥遥相对，其左右更有龙虎两山合抱，风水极佳。钱王陵区内筑有牌坊、钱王祠、州祠、凌烟安国楼等景点。这里四处是苍翠的松柏、凄迷的芳草，登高远眺，美景尽收眼底。

天目大峡谷

天目大峡谷地处临安市，它的旁边便是号称“原始森林大树王国”的西天目山。在这里，我们可以看见一片奇特的石谷地貌，奇石、飞瀑、碧潭、冰川遗迹在此组成了美妙而又壮观的山野长廊。

天目大峡谷

在天目大峡谷里，还有着华东地区唯一的火山口。这个神奇的火山口，因为“数宗最”，曾屡次被列入吉尼斯世界之最。这里有全世界数量最多的火山岩巨石奇观，有最长的火山岩溪、最长的木长廊以及最长的花岗岩火烧板山坡游步道。因此，当孩子来到天目大峡谷时，便会惊奇地发现，他们正置身于一个神奇的童话世界中，而这个童话世界，正是他们探索、猎奇的极佳去处。

浙西大峡谷

浙西大峡谷位于临安市清凉峰国家级自然保护区内，这里的山为黄山延伸的余脉，整个峡谷旅游区全长80千米，共分三个景段。

第一景段自龙岗地塔起至鱼跳八仙潭止，俗称“龙井峡”，峡内奇峰秀瀑，危岩多峭。第二景段自鱼跳华光桥起至上溪太子尖止，名为“上溪峡”，峡谷地势高峻，水流湍急，是国宝鸡血石的唯一产区。第三景段是“浙门峡”，自太子尖起至马啸狮石垅村止，全长近30千米，峡谷内主要以各式形态的飞瀑景观为主。

■诗词延伸

梦中北去又南来。

饱风埃。

鬓华衰。

浮木飞蓬，踪迹为谁催。

自笑自悲还自误，一杯酒，鼻如雷。

晓舆行处觉春回。

屑琼瑰。

糁□苔。

病眼冲寒，欲闭又还开。

近水人家篱落畔，遥认得，一枝梅。

——李弥逊·《江神子·临安道中》

灵岩 夫差赠我"世间第一"

但秋风、年又一年深，不禁长年悲。
自景阳钟断，馆娃宫闭，冷落心知。
千树西湖杨柳，更管别人离。
看取茂陵客，一去无归。
都是旧时行乐，漫烟销日出，水绕山围。
看人情荏苒，不似鹧鸪飞。
听砧声、遥连塞外，问三衢、道上去人稀。
销凝久，残阳短笛，似我歔欷。
——刘辰翁·《八声甘州·和萧汝道感秋》

宋词故事 · STORY

感秋

秋风萧瑟，年景如常，每到此时词人便觉悲伤，心境总也无法好转。想自从景阳钟断，灵岩山上夫差为西施所建的馆娃宫不再开启，世间冷暖又有谁人知晓。西湖边上的千株古木，万株杨柳，它们静静伫立，不知见证了多少人间别离事。看那司马相如，也曾抛下苦苦求来的卓文君，一去不复返。

都是旧时行乐，太阳每天依旧从漫山的迷雾中冉冉升起，江水依然每天围绕着大山流淌。看人情如光阴般渐渐流逝，不似鹧鸪飞。现如今，想找人嘘寒问暖，却如同身在塞外一般，而通往三衢县的道路更是人烟稀少。斜阳之下，词人立定良久，听着远方的笛声，只能在这秋风之下，唏嘘几声聊以慰藉。

历史 · HISTORY

史上那些年

灵岩山上的馆娃宫，素来都是“悲伤”的象征。吴王夫差为西施在灵岩山建成此宫之后，本以为能讨得美人欢心，却不料最终落得国破家亡的境地。这里面还有段悲戚的故事。

灵岩山一景

灵岩山是吴越争霸的见证人。春秋时期，吴越夫椒一战，越国大败，越王勾践和大夫范蠡被押为人质，囚禁于灵岩山的石室之中，并向夫差献上越中美女西施。吴王夫差为西施在灵岩山上建造行宫，铜钩玉槛，奢侈无比。因吴人称美女为娃，故名“馆娃宫”。公元前473年，越王勾践从水路攻进吴国，把这富丽堂皇的馆娃宫付之一炬，烧成断壁残垣。

然而，“馆娃”虽悲，灵岩山却是苏州一等一的好地方。灵岩山位于古城苏州西南的木渎镇上，山高182米，山上巨岩嵯峨，怪石嶙峋，旧时便曾有“十二奇石”之说。因为山上灵岩塔前有一块“灵芝石”十分有名，因此唤名“灵岩山”，又因为山上有种深紫颜色的石头，可以制砚，又被称作“砚石山”。

馆娃宫虽被勾践付之一炬，但它是中国历史上最早的山上园林。相传现在的灵岩寺大殿，便是建在馆娃宫昔日的旧址上。东晋时有人在灵岩山吴宫遗址修建别业。后舍宅为寺，南朝梁天监二年（公元503年）扩建为寺院，名“秀峰寺”。唐代改称灵岩寺。唐朝著名诗人刘禹锡曾有诗云：“宫馆贮娇娃，当时意大夸。艳倾吴国尽，笑入楚王家。”

几经历史沧桑，灵岩山上的现存殿宇多数已是清末民初时的建筑，只有那“千柱擎天、俯视万有”的灵岩塔建于南宋绍兴年间，也就是900多年前。它与装饰精美的大雄宝殿和翘角飞檐的钟楼相映成趣，不仅是灵岩寺风景最突出的一个部分，也是木渎的标志性建筑物。

据说，明代文人顾炎武曾数次游历此地，并写下《重登灵岩》一诗：重来绝岩一攀援，怀堵崔巍起暮烟。山静鼯猱游佛地，堂空龙象散诸天。芰林果熟红椒后，入定僧归白鹤前。莫问江南身世事，残金兵火一凄然。”

明代另一位文学家袁宏道也称灵岩为“山不甚高而幽奇甲于吴中”。看来，馆娃宫的悲剧并没有影响历代文人游览灵岩山的好兴致。如今，馆娃宫虽毁，但灵岩山的风韵却在历史的变迁中不断沉淀、升华。

趣味故事·INTERESTING STORY

卧薪尝胆

春秋末年，吴国和越国进行了一场你死我活的兼并战争。吴王阖闾在攻打越国之时，被越国大将砍去了一个脚趾头，回去之后因伤势过重，不治而亡。他的儿子夫差继承王位之后，为报杀父之仇，发愤图强，最终打败越国，将越王勾践和他的家眷都抓来吴国为奴，并将他们全都囚禁在灵岩山的石室里。

为了羞辱越王勾践，夫差专派他做些奴仆才做的工作。勾践表面上装出忠心顺从的样子，只为令夫差放松警惕。

夫差出门时，勾践走在前面牵着马；夫差生病时，勾践便在床前尽力伺候。夫差看他如此尽心伺候自己，觉得勾践对自己非常忠心，于是，他不顾大臣的极力反对，将勾践放回了越国。

回到越国后，勾践立志报仇雪耻。他唯恐国内的安逸消磨了志气，便在每次吃饭时，命人挂上一个苦胆，吃饭之前，就先舔一舔这个苦胆，边舔边问自己：“你忘了在吴国时的耻辱吗？”除了舔食苦胆外，勾践还把铺在床上的席子撤去，用柴草当褥子。

为了使越国从战争中尽快恢复过来，勾践还亲自参加耕种，叫夫人亲自织布以作示范，以此鼓励生产。除此之外，他还订立鼓励生育的政策，虚心听从大臣的意见，并缩减财政，救济穷苦百姓。

越王勾践

就这样，在勾践的不懈努力之下，越国渐渐恢复了以往的强盛。公元前475年，越王勾践做好了充分准备，再次大规模进攻吴国。由于越兵强盛，吴国接连打了败仗。吴王夫差被逼得走投无路，就用衣服遮住自己的脸，自杀了。

就这样，越王勾践北上中原与诸侯会盟，终于成为春秋时期最后一个霸主。而他“卧薪尝胆”的故事，也就此流传了下来。

风景 · SCENERY

带着孩子边走边看

家长带着孩子来到苏州，必然要去灵岩山一游。灵岩山上吴风浓郁，其上一草一木乃至一幢小屋，都是吴地特色的代表。不过，在去往灵岩山的路上，我们会经过木渎古镇，这是江南最有名的古镇之一。木渎古镇和灵岩山，二景相辅相成，皆被环抱于姑苏城外的群山之中。

木渎古镇

人们在去往灵岩山的途中，若是不顺道去往木渎镇瞧瞧，就好似到了北京，却不去故宫转转一般。木渎古镇位于苏州城西南方向，背倚灵岩山，镇中有香溪、胥江潺潺流动，是江南著名的古镇。

木渎古镇

相传，木渎古镇之名，还与灵岩山上的馆娃宫有关。据说，夫差在为西施修建完馆娃宫之后，又在紫石山上加建姑苏台，因工程庞大，源源而来的木材堵塞了山下的河流港渎，而木材堵塞的这个地方，便被唤作“木渎”。

既然木渎古镇为著名水乡，那游览这里的最佳方式，便是乘着乌篷木船顺水而行。这里有气派豪华的严家花园、乾隆下江南时的“民间行宫”

灵岩山

虹饮山房，还有雕刻精细的古松园与榜眼府第，每个园林都古朴典雅。此时此刻孩子定会发现，自己就好像进入了一幅写意山水画中一般，人在画中，融情于景。

灵岩山

游过木渎镇，再往西行，便来到灵岩山。这里因盛产奇石，又尤其以灵芝石为最多，故名“灵岩山”。登山之后，沿着小径由娄姑岭蜿蜒至山顶，整条路均由石砌砖铺而成，相传这是康熙当年走过的御道。而沿着这条御道笔直行走，即可直达山巅。

整个御道，沿路景色迷人，且有一径穿亭、苍翠迎人、落红夕照、塔院松风、醉僧待渡、越女遗踪、太湖在望、箭泾采香、秀峰古刹等十八景。历代名人李白、韦应物、白居易、刘禹锡、苏东坡、范仲淹、范成大等均曾登临，留下了400多首脍炙人口的诗篇。

天平山

在苏州城的市郊，还有一座“吴中第一山”——天平山，它位于苏州古城西南方，素有“江南胜景”之称。

天平山虽然海拔不高，仅高201米，但它山势峭峻奇险，是北宋名臣范仲淹先祖归葬之地。整座山以“红枫、奇石、清泉”三绝著称，山腰有口白云泉，泉水醇厚甘冽，相传茶圣陆羽品尝之后，将其评为“吴中第一

天平山

水”。此外，每到深秋时节，天平山上红叶若红霞缭绕，层层片片，蔚为壮观，有“天平红枫甲天下”之誉。

穹窿山

穹窿山风光旖旎，气势雄伟。晴朗时，此山巍然屹立，郁郁葱葱，犹如一群“力拔山兮气盖世”的勇士。整座山的山道蜿蜒盘旋，曲折伸向山巅，如果你站在山的南坡，向远处眺望太湖风光，便会看见湖光浩瀚，渔帆点点，七十二峰犹如出没云际一般，美如画卷。

但穹窿山不仅仅以美景闻名，它还是古代大军事家孙子的隐居地，据闻，孙子在此写出了中国历史上的第一部兵书《孙子兵法十三篇》。

■诗词延伸

万岩灵秀，拱崇台飞观，凭陵千尺。
清磬一声帘幕冷，无复宫娃消息。
响屧廊空，采香径古，尘土成遗迹。
石间松老，断云空锁愁寂。
专宠谁比轻颦，楚腰吴艳，一笑无颜色。
风月荒凉罗绮梦，输与扁舟归客。
舞阕歌残，国倾人去，青草埋香骨。
五湖波淼，远空依旧涵碧。
——高观国·《酹江月·灵岩吊古》

穹窿山

溧阳 送给妈妈的礼物

千里行秋，支筇背锦，顿怀清友。
殊乡聚首。
爱吟犹自诗瘦。
山人不解思猿鹤，笑问我、韦娘在否。
记长堤画舫，花柔春闹，几番携手。
别后都依旧。

但靖节门前，近来无柳。
盟鸥尚有。
可怜西塞渔叟。
断肠不恨江南老，恨落叶、飘零最久。
倦游处，减羁愁，犹未消磨是酒。
——张炎·《月下笛·寄仇山村溧阳》

宋词故事·STORY

寄仇

在一个萧瑟的秋季里，词人拄着拐杖，背着锦包，步履蹒跚地在路上行走，顿时怀念起以往的老友来。他盼望着昔日的好友们能在异乡聚首，一同吟唱往日的诗篇。不解风情的隐士问他：“昔日那个名叫韦娘的女子，现在还在否？”

这句话使词人不禁回忆起当年的长堤画舫，曾经，自己与那里的美人几番携手，只可惜后来都一一分别了。但见靖节门前，近来连一棵柳树都没有了。湖面上，只有那只只鸥鹭尚在。

只是可怜那西塞的渔翁，如今孤零零一人，国破家亡，落叶无法归根。如今，人老体乏，早已厌倦了四处飘零的日子，只是忧愁没有丝毫要离去的意思，只能日日以酒浇愁，消磨时日。

历史·HISTORY

史上那些年

这首词的作者张炎出身世家，曾过着贵公子般的生活享乐了多年，直到1276年元兵攻破临安，他的祖父被元人磔杀，家财悉数被抄没，他才落魄下来，四处漂泊。由于不愿意为元朝政府效力，张炎就长期寓居临安。

但落魄之后，张炎多年的文人习性却并未改变，他恃才傲物，几乎日日在花前饮酒，挥墨诗词，以至于有人评价他说：“鼓吹春声于繁华世界，能令后三十年西湖锦绣山水，犹生清响。”

这首词中的溧阳，在笛声之中载满了凄苦与悲伤的情绪。溧阳人民是否也曾像张炎那般悲伤，在此不必细细考证，只是，这座古城的确与乐器

有着不解之缘。据史料记载，东汉著名音乐家蔡邕亡命江海之时，其间隐居在吴楚交界的溧阳观山、黄山湖一带。据说他曾在这里一农家的灶膛内，抢出了一段尚未烧完的青桐木，然后依据这段青桐木的长短、形状，制成了一张七弦琴，其音色奇绝美妙，又因琴身曾被烧过，琴尾尚留有焦痕，因此这把古琴也被称作“焦尾琴”。而这把焦尾琴，最终成了中国四大古琴之一。

至今，溧阳的观山一带仍有片片青桐，而在观山与羡山之间的一座小山上，还有蔡邕读书台的遗址。

除了与古琴有着不解之缘外，溧阳历史上还有过另一位令人耳熟能详的人物驻足，他与他的母亲，曾演绎过一段慈母孝子的动人故事。这个人就是《游子吟》中的主人公，唐代苦吟诗人孟郊。

孟郊苦读半生后，终于在年逾半百之时考上进士，并任职溧阳县尉。孟郊到任后第一件事，就是迎奉母亲到溧阳，以尽孝心。他有感于其母裴氏平时辛勤劳作，并曾三次亲自送他赴京赶考，在溧阳写下了千古绝唱《游子吟》：“慈母手中线，游子身上衣。临行密密缝，意恐迟迟归。谁言寸草心，报得三春晖。”

溧阳古建筑

这首诗是孟郊发自肺腑之言，也是他在溧阳送给母亲的绝好礼物。孟郊或许不曾想到，他因感恩慈母关怀所作的这首《游子吟》，会在1000年后举办的一次“最受欢迎的唐诗评选”中名列榜首。

溧阳，是一座有爱的城市，张炎在这里爱着故国，蔡邕在这里爱着他的音乐，而孟郊则在这里深爱着他的母亲。

趣味故事 · INTERESTING STORY

伍子胥和史贞女

司马迁的《史记》、袁康的《越绝书》、赵晔的《吴越春秋》都曾记载了这样一件事：春秋年间，楚平王冤杀了伍子胥的父兄，伍子胥一怒之下，逃出楚国，投奔吴国而去。当他路过如今溧阳境内的濑水边时，又饥又饿，却遍寻不到人家。走着走着，他在水边看见了一个浣纱的姑娘。于是，伍子胥只得向这个浣纱的姑娘讨口吃的。

浣纱姑娘看见伍子胥一副风尘仆仆的样子，便回到家中，将自己所有的饭食都拿了出来，给他充饥。吃饱喝足之后，伍子胥不忘向这位姑娘道谢，临走时，又再三嘱咐她，如果后面有追兵赶来，向她询问自己的情况，请务必不要告诉追兵自己的行踪。说完，伍子胥又赶忙一路向吴国的方向跑去。

伍子胥

然而，令他没有想到的是，这位姑娘为了表明自己绝对不会将这个秘密说出去，居然在伍子胥走后，抱着一块石头，投河自尽了。

伍子胥逃到吴国之后，才听闻了这个消息，他不禁悲痛万分，深觉是自己害了这位姑娘。后来，当伍子胥实现自己的报仇愿望之后，他再次来到溧阳境内，着人准备了三斗三升金瓜子，撒进了濑江之中，以示自己有“千金报德”之诺言。

而后，伍子胥又打听得这位姑娘姓史，他便又于这位史姑娘溺水的地方造了一座庙，名为“史贞女”庙。

风景·SCENERY

带着孩子边走边看

溧阳位于江苏省南部，这里群山环绕，翠竹成荫，湖水清冽。看罢了江南城里的小桥流水之后，家长再带着孩子来到溧阳，可以享受到一种与江南小城决然不同的山林之美。

南山竹海

在溧阳南部的山区里，有一处令人神往的“世外桃源”——南山竹海。这里是一处集生态保护、资源利用及旅游观光于一体的AAAA级景区。这里不仅有万亩竹海，更有距今2500年的春秋时期的古兵营遗址。

在竹海一旁，新落成的“寿星广场”是国内目前唯一体现寿文化的主题广场，这是南山竹海的一大特色，暗喻“不老南山”之意。

瓦屋山

瓦屋山，位于溧阳、句容两市的交界处，又与金坛、溧水相连，茅山及天目湖在其两侧。这里是鸽子花的故乡，杜鹃花的王国。登上瓦屋山的山顶，溧阳北山区的风光一览无遗。这里群山起伏，云雾缥缈，山涧清

冽，泉水潺潺，山下水库湖面如镜。

在这里，松涛声声，竹波阵阵，置身其中，恍入仙境。瓦屋山包融群山之灵气，古代即为旅游胜地，李白、汤显祖等历代名家都曾在此留下美丽诗篇。明代汤显祖就曾在《溧阳洞山》中如此写道：“瓦屋如云春作花，华阳绛气属青蛇。中开百尺仙人掌，摇漾金光落紫霞。”

天目湖

天目湖是江浙一带的名湖，它距溧阳市区仅8千米。整个景区内坐落着沙河、大溪两座国家级大型水库，素有“江南明珠”之称，又因其位于天目山余脉，故名“天目湖”。这里不仅有太湖烟波浩渺之势，更有千岛湖星罗棋布之局。此地水甜、茶香、鱼头鲜，是为天目湖“三绝”，历来为游客所称道。

■诗词延伸

遍插茱萸。
人何处、客里顿懒携壶。
雁影涵秋，绝似暮雨相呼。
料得曾留堤上月，旧家伴侣有书无。
谩嗟吁。
数声怨抑，翻致无书。
谁识飘零万里，更可怜倦翼，同此江湖。
饮啄关心，知是近日何如。
陶潜尚存菊径，且休羡松风陶隐居。
沙汀冷，拣寒枝、不似烟水黄芦。
——张炎·《新雁过妆楼·乙巳菊日，寓溧阳，闻雁声，因动脊令之感》

天目湖

湖州 苕溪，苕溪，芦花飘洒之地

参差竹。

吹断相思曲。

情不足。西北有楼穷远目。

忆苕溪、寒影透清玉。

秋雁南飞速。

菰草绿。

应下溪头沙上宿。

——张先·《忆秦娥》

宋词故事·STORY

忆秦娥

参差不齐的斑竹，被主人做成了一支别致的短笛，但主人用此笛吹奏出的乐曲，却饱含着断肠一般的相思之情。可相思又有何用，深深思念的身影，今夕却远在千里之外的西北方。

回想起苕溪那清澈如寒玉一般的水面，映得倩影惹人怜。只是年复一年，秋雁一只接一只向南飞去，湖州城旁的菰草又绿了一茬。主人长叹一声，还是放下手中的短笛，赶路要紧。

历史·HISTORY

史上那些年

水清如镜，天蓝如幕，雪白的芦花漫天飞舞，落在溪中，又被水流带着向远方奔去，这就是苕溪风光，美得惹人心醉。宋代诗人陈若虚便曾在《余杭景》中这样描写："跋屐溪桥一望中，青山绿水景无穷。芦花两岸晴山雪，苕水一溪春涨红。"

然而，在这仙境般的苕溪之畔，却有一个不可不提的城市——湖州。曾有人说："上有天堂，下有苏杭，湖州宛在天堂中央。"元代"东南文章大家"戴表元曾在《湖州》一诗中如是说："山从天目成群出，水傍太湖分巷流。行遍江南清丽地，人生只合住湖州。"

据闻，楚考烈王十五年（公元前248年），著名的春申君黄歇徙封于此，在此筑城，始置菰城县，因这里湖泽之畔多菰草而得名。隋朝时此地置州治，以在太湖之滨而名湖州。湖州素有"丝绸之府、鱼米之乡、文物之邦"之称。这里是世界丝绸文化发祥地之一，在钱山漾遗址出土的蚕丝织

物，是迄今为止发现的世界上最悠久的蚕丝织物之一，有4700多年的历史。

当孩子看见湖州的美景之时，或许不会想到，曾经住在这苕花飘散、天堂中央的男儿，却历来是以骁勇著称。湖州有个吴兴区，这里是项羽起兵反秦起点，也是东吴政权的发祥地。吴兴人彪悍好战的风气，对曾经的江东政权有着非常重要的影响。

吴兴自古好战，因此尤其崇拜项羽，汉末时，吴兴人特别希望能复兴当年项羽带领江东大军称霸中原的伟业。后来，随着孙吴政权“江东化”，大批吴郡、会稽大族进入政权，而吴兴大族虽比他们更晚进入政权，却以其剽悍之风不断蓄积力量，并很快在东吴产生影响，成为左右江南政局的一大政治势力。

然而，居住在此的人们虽然好战，却仍然不忘习文舞墨，能文能武绝对算得上是湖州的一大特色。湖州盛产毛笔，“湖笔”之名盛天下。湖笔产自湖州善琏镇，是毛笔中的佼佼者。这些毛笔制作精湛、品质优异，是上好毛笔的代名词，其特征是笔尖端有一段整齐而透明发亮的“湖颖”，此为湖笔所独有，故而也有“湖颖之技甲天下”之赞。

趣味故事 · INTERESTING STORY

百叶龙的传说

据说，在很久很久以前，在苕溪岸边有个小村庄，名为荷花村。村前有一个长满荷花的池塘，每到夏季，便有无数碧绿的荷叶层层叠叠，无数娇艳的荷花屹立其上，整个村子荷香扑来，简直羡煞神仙。

在这个荷花池边住着一对青年夫妇，男的叫百叶，女的叫荷花，夫妻俩男耕女织，小日子过得和和美美。有一年，荷花怀孕了。这原本是喜

事，可是过了两年，孩子还没有生下来，一直到第九百九十九天，才生下一个男孩。

百叶龙

一开始，百叶见孩子生得端正健壮，心里十分开心。但当他仔细一瞧，却吃了一惊。只见孩子的身上长着细细的龙鳞，数一数，有九百九十九片。接生婆一见，大吃一惊，叫嚷着说："哎呀，了不得，你们家里生了个龙种！"

消息立即传遍了村子，村民们都来道喜。可老族长一听到百叶家里生下龙种，便立刻手持钢刀要来砍杀。乡亲得到消息，马上给百叶报信，大家一致决定，先将孩子放在脚盆里，再悄悄把他藏到门前的荷花池中，等老族长走了再作商议。

老族长来到百叶家后，没有找到龙种，便将百叶杀死，把荷花抢到了家里。老族长认为，荷花既然会生龙种，那以后也会给自己家生一个龙种，到时，自己家便可以依靠龙种，得到天下。

荷花被抢到老族长家后，整日悲伤不已。有一天，她来到池边淘米，忽然吹来了一阵凉风，只见荷花的叶子纷纷倒向两边，而自己的儿子就坐在脚盆里向她漂来。荷花又惊又喜，连忙给儿子喂饱奶水，再放回脚盆，推回水中。从那天起，荷花知道儿子还在人世，心里十分高兴。

从那之后，她每天都要到池中淘米三次，然后给儿子喂上三次奶水。就这样，当喂到九百九十九天的时候，荷花的儿子渐渐长大了，到了夜里，他的满身龙鳞就开始闪耀着金色的光芒。村子里的老百姓发现龙种还活着，都非常高兴，老族长为了除掉龙种，又心生毒计。

一天傍晚，老族长偷偷尾随着荷花来到水池旁边，只见一阵凉风吹来，荷塘深处缓缓漂来一只脚盆，盆中坐着个满身金色的孩子。荷花见到儿子，满心欢喜，正要伸手去抱，只见老族长从一旁窜了出来，举起钢刀直向孩子砍去。说时迟，那时快，只见孩子从盆里跳了起来，化成一条小金龙，向池中跃去。可是，那一刀还是砍着了小龙的尾巴。

小龙长吟一声，村庄上空顿时狂风大作，满池的花瓣也飞旋起来。乌云之中，小龙渐渐化成数十丈长的巨龙，翻起一阵龙卷风，飞入云端。这阵龙卷风将老族长卷到半空，抛得无影无踪。

荷花看见儿子化成一条蛟龙飞上天空，大声呼喊，但蛟龙已经飞得无影无踪。据说，自此之后，苕溪两岸每逢干旱，小龙就来散云播雨。而当地百姓为了感谢它，就从荷花池中采下七七四十九朵荷花，用了九百九十九叶花瓣，制作成一条花龙。因为不到一千叶，所以取名百叶龙。

风景·SCENERY

带着孩子边走边看

湖州地处浙江省北部，是环太湖地区唯一因太湖而得名的城市。著名的南浔古镇就在此地，这是一个罕见的巨富之镇，镇中保存着大量的古民居建筑，是江南六大古镇之一。明初至清中叶时，南浔古镇的经济空前繁荣，民间曾有“湖州一个城，不及南浔半个镇”之说。现在，就让孩子的湖州之旅从这传说中的巨富之镇开始吧。

南浔古镇

南浔古镇位于湖州市南浔区的东部，是江南六大古镇之一。这里古迹众多，有小莲庄、嘉业堂藏书楼、明清古建筑群、古桥之乡、善琏镇等富有灵气的江南古迹。

小莲庄是清光绪年间南浔首富刘镛的私家园林，以亦庄、家庙和园林三部分组成，是刘镛三代用40多年时间建造而成。

嘉业堂藏书楼，隔溪与小莲庄毗邻，它因清帝溥仪所赠“钦若嘉业”九龙金匾而得名。该楼规模宏大，藏书丰富，藏书楼与园林合为一体，以收藏古籍闻名，是中国近代著名的私家藏书楼之一。

“古桥之乡”双林镇，据闻更是现今古桥保存最集中、最完整的地区之一。而善琏镇则以能制作最精良的“湖笔”闻名全国。

待游遍这些江南名迹之后，再寻一天清晨，早起漫步在南浔古镇的石板路上，眼望身旁蜿蜒的小河、浣纱的女子，再坐下细细品尝路边的早茶，那更是一种别样的情怀。远离喧嚣的都市之后，南浔古镇令人恍然若梦，来到这边，就仿佛穿越回曾经宁静且悠闲的时代。

莫干山

在湖州的德清县境内，有一处闻名遐迩的“清凉世界”，名曰莫干山。这里虽距杭州只有60千米，气温却比杭州要低6℃~7℃。

莫干山属天目山余脉，这里竹绿、泉清、云静，漫山清凉扑面而来，更有近千年的古树丛生。此地曾有句地方谚语：“三胜竹云泉，三宝绿净静。”“三胜”指竹胜、云胜、泉胜，“三宝”指绿宝、净宝、静宝。

在这至清至静的莫干山中，还有风景秀丽的芦花荡公园、清幽雅静的武陵村、荡气回肠的剑池飞瀑、史料翔实的白云山馆、雄气逼人的怪石角以及野味浓郁的塔山公园等游览胜地。孩子来到此处，不但可以修习到一些关于大自然的知识，更能在此中寻得不少幽趣。

1. 南浔古镇 | 2. 莫干山

安吉

安吉县邻近上海、杭州、南京等大都市，素有“中国竹乡”之称，也被誉为“都市后花园”。这里有世界上散生、混生竹种最为齐全的安吉竹博园，孩子在这里可以领略人类五六千年的竹文化史。这里的大竹海还曾是《卧虎藏龙》《像雾像雨又像风》等影视剧的外景拍摄地。

安吉历史悠久，人文气息浓郁，有不少名人都自这里走出。南朝梁文学家吴均是此地人，著名林学家陈嵘也诞生在这里。安吉也是近代艺术大师吴昌硕的故乡，县内至今还存有其故居、衣冠冢和十年耕读的“芜园”。

■诗词延伸

山雨潇潇过，溪桥浏浏清。
小园幽榭枕蘋汀。
门外月华如水、彩舟横。
苕岸霜花尽，江湖雪阵平。
两山遥指海门青。
回首水云何处、觅孤城。
——苏轼·《南歌子·湖州作》

安吉

金华 你的美色在山间，在水边

我本方壶客，飘逸离凡尘。
胸中万卷，谈笑挥翰墨通神。
不慕巢由隐迹，不羡皋夔功业，出处两无心。
坦荡灵台净，廛隐胜云林。
念生平，喜旷达，事幽寻。
登临舒啸，惟有风月是知音。
雅爱金华仙洞，一派苍崖飞瀑，四序景常新。
遐想赤松子，来为醒冲襟。
——曹冠·《水调歌头·游三洞》

宋词故事 · STORY

游三洞

我愿是蓬莱的世外仙人，飘逸一生远离凡尘俗事。我愿此生胸藏万卷书，只爱谈笑之下写就的俊秀文章。我多么希望自己从不羡慕人世间的功名利禄，只愿心中坦坦荡荡，归隐山林自得其乐。念我一生，喜好旷达，偏爱幽静。

寻一日，登高长啸，只有清风和明月是我的知音。现如今，游遍金华，这一方仙洞最为受我喜爱，那山间的飞瀑，苍苍郁郁的悬崖，四时美景如常，都深得我心。遥想那赤松子，也不过是这样旷淡的胸怀罢了。

历史 · HISTORY

史上那些年

正如曹冠词中所说：雅爱金华仙洞，一派苍崖飞瀑，四序景常新。金华城被群山所绕，城中雅迹甚多，城外飞瀑苍崖数不胜数。家长若是带着孩子从杭州坐车前往金华，便会发现，途中会穿越数个山洞，然后于高山峻岭之中突然冒出一座现代化的城市，就好似现代版的《桃花源记》一般。

金华虽然建于山中，但它的建城时间并不短暂，历史上也曾数次变更治所。金华在春秋时期属于越国，战国后期属于楚国，秦汉时期属于会稽郡。到了三国时期又名东阳郡，属扬州。直到南朝时期，东阳郡才改名为金华郡。那时，因古人夜观星象，发现此地正立于金星与婺女分野争华的地方，故此名为“金华”。明朝时期，因金华府领金华、兰溪、东阳、义乌、永康、武义、浦江、汤溪八县，故又有“八婺”之称。

金华美景

金华市是一座名副其实的山水城市，这里的自然风光极富特色。义乌江和武义江在金华城南汇流为一，俗称婺江，雅号“双溪”。双溪溪水清澈无比，仿佛一条玉带绕城向西流去，沿岸山清水秀，城外有南山和北山相峙对立，气势雄伟。康熙时期的《金华府志》曾这样描述这里：“蜿蜒起伏，势如游龙，腾空驾云，高为潜岳，云压万峰，左右分支，回峦列峰，连屏排乾，拱卫四维。”

著名的双龙洞距金华市区大约15千米，明代的徐霞客曾根据这里“外有二门，中悬重幄，水陆兼奇，幽明凑异”的独特景观特点，将双龙洞列为“金华山八洞”的第一位。

双龙洞分内、外两洞，外洞高大明亮，洞高66米，洞内陈放着一排排石桌、石椅，可容千人品茶避暑。这里最奇妙的是，外洞与内洞之间，有一块巨大的岩石覆盖在一泓清泉之上，水道宽丈余，岩底仅离水面一尺左右，进出里洞，只得用小船，人直躺在船底，小船从岩底的水面穿引而入，当穿到岩底中间时眼前一片漆黑，似乎周围的岩石一齐朝身上挤压过来，岩石几乎擦着鼻子。

然而，进两三丈之后，洞内却又豁然开朗起来。双龙洞的内洞有2000多平方米，在小船上岸处，抬头仰望，有一条青色钟乳岩纹自东北洞顶蜿蜒而来，另有一条黄色钟乳石自西北俯冲而至，人们称为“双龙”，龙状清晰可辨，形象逼真。

趣味故事·INTERESTING STORY

金华火腿的来历

一提到金华，人们最先想到的，也许并非是这里的美景，而是令人垂涎欲滴的“金华火腿”。据说，有关这道美食的来历，还有一段有趣的故事。

故事还得从北宋末年金兵南下说起。当时有位将军名叫宗泽，他在家乡义乌招了一支“八字军”，因每个士兵的脸上都刺有“赤心报国，誓杀金贼”八个字而得名。这八字军攻无不克，战无不胜，令金兵胆战心惊。

然而，朝中的奸臣看见这支部队如此厉害，也心生害怕，他们从中捣鬼，私下扣留了“八字军”士兵的家书，又将宗泽打败金兵的消息改作宗泽投降了金兵，诬陷他谋反。然后，奸臣们将这些信分别寄到金华、义乌，“八字军”士兵的亲人们读了之后，心里都吃了一惊。

宗泽的表哥听闻这个消息，便对乡亲们说：“宗泽从小正直仗义，现在有人说他投敌变节，我绝不相信。大家请帮我备好冬衣、粮食，我亲自去打探一下。要是他真的投靠金兵，我就拼死砍下他的头带来给大家看！”

金华火腿

乡亲们听了之后，都说好，接着按照当地的风俗，杀猪宰鹅，由他带着探亲的人马，挑着全鹅和猪腿上路了。然而，山路难行，随行的人看猪腿日晒雨淋，怕在路上坏掉，就给猪腿擦上一层盐。他们走了九九八十一日，被盐腌过的猪肉发出阵阵异香，熏得大伙直流口水，却又舍不得吃。

一路上，宗泽的表哥和随行的人问了许多人，他们都说“八字军”英勇善战，从未听说有投靠金兵的事。过了朱仙镇后，刚好是元宵佳节，“八字军”看见家乡来了亲人，都高高兴兴来到宗泽元帅的帐下。

“八字军”的士兵们吃着乡亲送来的猪腿肉，只觉“色、香、味、形”俱佳，个个乐得合不拢嘴。从那以后，金华的百姓便照着这个样子将猪腿腌起来，过一段时间再吃，果然味道不错。再后来，猪腿越腌越讲究，而金华就以火腿扬名于世了。

风景 · SCENERY

带着孩子边走边看

金华地处山腹，自然美景众多，但对于年龄稍小的孩子来说，他们并没有办法分辨这许多自然景色的不同之处，幸好在金华地区还有其他更加适合孩子游玩并有助于他们开阔视野的景区，如著名的横店影视城、李清照曾题诗的八咏楼等。

横店影视城

横店影视城是亚洲最大的影视拍摄基地，又被称作“东方好莱坞”，它位于金华辖属的东阳市内，是浙中地区的黄金旅游景点。

整个影视城内共有八大景区，其分别是秦王宫景区、清明上河图景区、江南水乡景区、大智禅寺景区、广州街香港街景区以及明清宫苑、屏岩洞府景区、明清民居博览城。在影视城内，一年四季无论刮风下雨，都有各大剧组在此拍戏，因此，在这儿随时都能看见穿着戏袍的明星们穿梭来去。

八咏楼

李清照曾作过一首诗，名为《题八咏楼》：“千古风流八咏楼，江山留与后人愁。水通南国三千里，气压江城十四州。”而这八咏楼，至今仍矗立在金华城区的东南角。

八咏楼原名玄畅楼，它坐北朝南，面临婺江，楼高数丈，共四进，依次为楼阁、前厅、二厅和楼屋。八咏楼于南朝时期首建，南宋时曾扩建，几番毁于战火之后，明清时期再次重建。

八咏楼虽命运坎坷，但历代文人依然对其情有独钟。如唐代的严维，宋代的李清照、吕祖谦、谢翱，元代的赵孟頫等人都曾慕名前来登临题咏，留下不少脍炙人口的诗文名篇。

诸葛八卦村

传说，诸葛亮死后，他的第十四世孙诸葛利在浙江寿昌县任县令，死在寿昌。诸葛利的儿子诸葛青于北宋天禧二年（公元1018年）迁居兰溪，而诸葛青之子诸葛承载在兰溪传了十代，而后，他的后代都逃到了南方的一个神秘小山村，而这个聚集了诸葛亮后裔的地方，就是今天金华兰溪的

诸葛八卦村。

站在高处，从上往下看，诸葛村中的建筑格局皆是明清时代的古民居，整个村内房屋的排列，均按“八阵图”样式布置。而村中的地形，则是中低四高的盆地形状，正中有一口池塘，据说，这个小池塘便是诸葛八卦村的核心所在。

据村中老人讲述，八卦村的整体布局，是诸葛亮的第二十七代嫡孙按照九宫八卦图设计的，因此整个村子以中心池塘为核心，有八条小巷延伸向外，此为内八卦。而村外也正有八座小山，环绕八卦村，为外八卦。

难得的是，村中建筑皆为明清古居，现虽已历经几百年，但整个村子依旧保持着墙面青砖光洁，屋顶灰瓦无残缺的样子，这让城市里只建造了数十年便面目全非的高楼大厦汗颜不已。

郭洞

金华山多，因此群山幽岭之中，古朴幽静的小村也特别多。郭洞，便是金华武义县的一处小山村。这里“山环如郭、幽邃如洞”，所以名为“郭洞”。

郭洞地形独特，三面环山，双溪汇注，从风水上看，此地天赋灵性，实为福地一块。而其北面留一平地，远处又有左右青山相拥，恰好应了“狮象把门”之说，将风水宝地包裹得严严实实。

古人曾云：“郭外风光凌北斗，洞中锦绣映南山。”这里不仅有幽静的山林奇景，也有耐人寻味的文化内涵。在群山环抱之中，郭洞也留存着大片的明朝至民国的古建筑群，其有古朴的明代廊柱，精雕细琢的清代牛腿，还有受到西洋影响的民国门窗，这些建筑个个保存完好，堪称一部从明代至民国的建筑编年史。

郭洞虽在深山，但世代崇尚教育，培育子孙立志读书，这成了郭洞的民风之一。早在400多年前，郭洞就由第8代祖荆山公创办了私塾“啸竹斋”。清康熙年间，扩大规模改为“凤池书院”并作读书歌一首，世代相传。

1. 八咏楼　2. 诸葛八卦村　3. 郭洞

诗词延伸

风梳雨洗。
玉阙琼楼何处是。
万里秋容。
唤起嫦娥酒未中。
相逢且醉。
忙里偷闲知有几。
况自丰年。
须信金华别是天。
——韩元吉·《减字木兰花·次韵赵倅》

【第四辑】留给孩子的旅行思考题

1. 宋朝政治中心为什么会从开封迁到临安?

2. 如果没有西施，吴国的命运会发生改变吗?

3. 除《游子吟》外，你能想到其他描写母爱的诗吗?

第五辑

望齐鲁大地——“膏壤千里”的文化胜地

青州——密州——济南——莱州——蓬莱

青州 海岱之间，惟吾青州

急雨回风，淡云障日，乘闲携客登楼。
金桃带叶，玉李含朱，一尊同醉青州。
福善桥头。
记檀槽凄绝，春笋纤柔。
窗外月西流。
似浔阳、商妇邻舟。

况得意情怀，倦妆模样，寻思可奈离愁。
何妨乘逸兴，甚征帆、只抵芦洲。
月却花羞。
重见想、欢情更稠。
问何时，佳期卜夜，如今双鬓惊秋。
——杨无咎·《长相思》

宋词故事 · STORY

长相思

这一天，一阵急雨过后，风吹云散，天气舒爽无比，词人杨无咎趁闲带客人登楼玩赏。金桃带叶，玉李含朱，在这大好的时光里，但愿与客人同醉青州。半醉之中，隐约记起，在福善桥头，那声声悲戚的琵琶曲，那纤柔小脚的美丽姑娘。词人自醉中抬眼，只见窗外月已西斜，此时的情形，多像曾经与商妇邻舟时所见的那般，只是这样的好日子，不知还会持续多久。

历史 · HISTORY

史上那些年

青州的历史比我们想象中的还要悠久。上古时期，青州为东夷之地。传说大禹治水后，按照山川河流的走向，把全国划分为青、徐、扬、荆、豫、冀、兖、雍、梁九州，青州是其中之一。《尚书 · 禹贡》中便曾有记载："海岱惟青州。"海即渤海，岱即泰山，并注释说："盖以土居少阳，其色为青，故曰青州。"史料亦记载，夏商时期这里就已建城，到了周朝时，这里属于齐国管辖之地。历春秋战国之世，均为齐属。西汉时期，汉武帝在此设青州刺史部。

青州历史上有许多著名人物，如贾思勰、范仲淹、李清照等。贾思勰的《齐民要术》是中国最早的农业专著。而现在青州城内的"范公亭公园"，则是为了纪念范仲淹而修建的。

据说，历代为官之人到了青州，都会去拜一拜这里的第一清官范仲淹。传说，范仲淹在青州任职时，时逢天旱，他便日日为民请命祈雨，

范公亭公园一景

后来在一个亭子处一脚踏出了泉水，甘芳清洌，喷涌而出。也许有关圣人的故事总是带着神话的色彩，据说范仲淹踏出泉水的亭子，在三贤祠内，名为“澧泉亭”，亭中之井，便是当年冒出甘霖的地方。

著名女词人李清照，也是青州城内最著名的“过客”之一。那一年，她和赵明诚来到青州，并在城中的归来堂居住。在此期间，李清照创作了大量脍炙人口的诗词，夫妇二人亦在此精心研究金石，校对古籍，整理碑拓。

据说，夫妇二人在院内修建书库十余间，并分类存放收集的古籍。为了不让自己倦怠学习，二人时常互相考试，饮茶取乐，一人说出哪一条目，另一人则要答出该条目在某架某书某卷第几页中的第几行，答出者即举杯喝茶。其间，赵明诚屡屡答对，饮茶不断，李清照只得甘拜下风。不过，赵明诚虽博闻广记强于妻子，他的诗作却不及李清照。

只可惜，靖康元年（公元1126年），青州发生兵变，李清照曾住的归来堂被火焚烧，古玩、书籍等全部化为灰烬。李清照虽然只在青州待了10年时间，但她对青州却怀有无限的爱意，她曾在诗中写道：“欲将血泪寄山河，去洒青州一抔土。”

后人为了纪念李清照，在顺河楼北建了李清照纪念馆，与范公亭隔湖相望。此馆重建了归来堂、金石斋、易安室、人杰亭、词廊等建筑，归来堂内还有李清照与赵明诚抚琴咏唱的塑像。

"寿"字的传说

在今天的青州，最有名的景点便是云门山，而云门山上最有名的则是山上那个大大的"寿"字。尽管今天"寿比南山"中的"南山"所在争议颇多，但云门山却绝对有足够的理由证明自己就是最优秀的"南山"。

云门山上，有一个全国最大的摩崖石刻"寿"字，而云门山的地点又正好位于青州城南2.5千米处。关于这个大大的"寿"字，至今还有一个有趣的说法。

据说，云门山上的寿字刻于明嘉靖三十九年（公元1560年）九月初九。当时正值衡王生日，衡王府内掌司周全为巴结他，请来了全国最有名的石匠，在衡王府南的云门山顶的大岩石上刻了一个大约高7.5米、宽3.5米的巨大"寿"字。

寿字刻完的那天，衡王来观看，却发觉整个寿字都被涂成了鲜艳的红色，唯独"寸"字的一点没有颜色。衡王以为这是工匠疏忽，正待发火，周全一见，赶忙解释说，这一点是故意留白的，因为要由"寿星"衡王亲笔"点睛"，整个寿字才算完整。

衡王听了之后，怒气顿消，他点点头，拿起笔将"寸"字下的一点涂红。没想到，衡王收笔之后，这个巨大的"寿"字突然大放光芒，将整个青州城都照亮了。衡王一见，大悦，立即将青州以北的地方命名为"寿光"。而这个"寿"字所在的云门山，也成为青州地区最有名的地方。

云门山

青州有2200年的建城史，其位于山东半岛中部。城区内先后建过广县城、广固城、东阳城、南阳城四座古城。青州境内并无名山大川，但孩子来到此地，却可以充分感受齐鲁大地浓郁的文化气息。

昭德古街

在青州，有一处十里古街，这些街道首尾相连，均为明清时所建，它们的名称分别是“棋盘街”“昭德街”“偶园街”“北门街”“北关街”“卫街”等。

这些古街两边多为旧时遗存的老店铺，街旁青砖小瓦、古式的木质活插板门随处可见，依稀可见当年这里商贾云集、游人如织的繁华。

与市府大楼接邻的北门街，是条青石板古街，街旁多为近年仿建的古建筑，而街边店铺内多卖古玩、字画等。

北关街则是青州最古老的街道之一，它从万年桥起，往北至镇武庙止，街旁多是明清时的原有古建。这些古老的店铺和民房交杂而立，店铺前有出檐的梁柱和明代特有的弯脖斗拱、古老的窗棂和斑驳陆离的木门，显出街道的古老和沧桑。

偶园

偶园，地处偶园街上，也被称作“冯家花园”，此处原是清代大学士太子太傅冯溥的私家花园。这座花园建于康熙初年，而它的“康熙风格”如今在中国早已不多见。

偶园规模不大，但布局得体，别有一番情趣。小小的园林里，亭阁楼台，怪石嶙峋，泉水叮咚。园内现存四株明朝时的桂花已有400余年历史，三株明代时的迎春花每年仍会绽开满枝黄花，迎接春天的到来。

偶园假山也十分有趣，这些假山共有三座山峰，分别依序沿偶园东、

1. 昭德古街 | 2. 偶园

南两墙环列，每座假山分“坪”“峰”“涧”“台”四部分，每部分都能体现各自的主题，特色分明。整个假山繁而不乱，静中有变，境界高雅，于一园之内显出千里之势。据闻，青州的偶园假山，如今已是中国唯一幸存的“康熙风格”的园林假山。

范公亭公园

范公亭公园位于山东青州城西门，其中包括范公亭、李清照故居、洋溪湖、永济桥墩和满心亭等景致。这里虽与城里只有一墙之隔，但由于地处盆地之中，气温与城里相差3℃～5℃摄氏度，据闻严冬不结冰，盛夏无酷暑，常年绿树成荫，是一个难得的好去处。

据闻，公元1050年，范仲淹为政青州时，青州一带正在流行“红眼病”。这种病蔓延很快，甚至危及老百姓的生命。为此，范仲淹在此地亲自汲水制药，发放民间，很快制止了瘟病的流行。恰在这时，南阳河畔有泉水涌出，且水质纯净，甘甜可口，饮用制药都相宜。青州城的百姓们以为这是范仲淹的德行感动了苍天，就将此泉取名“醴泉”，并在泉上建造凉亭。后人为了纪念范仲淹，就把“醴泉”改名为“范公井”，并把这座亭子叫作“范公亭”。

■诗词延伸

明月几万里，与子共中秋。
古今良夜如此，寂寂几时留。
何处胡笳三弄，尚有南楼馀兴，风起木飕飕。
白石四山立，玉露下平洲。
醉青州，歌赤壁，赋黄楼。
人间安得十客，谭笑发中流。
看取横江皓彩，犹似沉河白璧，光气彻天浮。
举首快哉去，灯火见神州。
——刘辰翁·《水调歌头》

密州 雪漫隆冬，却是“出猎”好时节

老夫聊发少年狂。左牵黄。右擎苍。锦帽貂裘，千骑卷平冈。
为报倾城随太守，亲射虎，看孙郎。
酒酣胸胆尚开张。鬓微霜。又何妨。
持节云中。何日遣冯唐。
会挽雕弓如满月，西北望，射天狼。
——苏轼·《江城子·密州出猎》

宋词故事·STORY

密州出猎

隆冬时节，大雪纷飞，密州太守左手牵着黄犬，右臂托起苍鹰，正欲在这大雪纷飞之季，施展一下少年时打猎的豪情壮志。打猎的众将领都戴着华美鲜艳的帽子，穿着貂皮做的衣服，带着众多的随从，马蹄疾风般席卷了平坦的山冈。

太守为了报答大家的盛情厚意，为了不枉费将士们趁着寒风暴雪跟随他出猎，他便要亲自射杀猛虎，就像昔日的孙权那样威猛。

出猎结束，大伙满载而归，太守痛饮美酒，微醉之中，心胸仿佛更加开阔，胆气仿佛更为豪壮。尽管此时的他早已两鬓微白，但这又如何？只希望有一天，自己能手持符节到云中，而皇帝亦能再次信任自己。到那时，他愿使尽力气，拉雕弓如满月，朝着西北瞄望，射向如天狼一般的西夏军队。

历史·HISTORY

史上那些年

苏轼在写下这首词的时候，一定怀着满腔热血，内心亢奋不已。能于大雪纷飞之中，身着皮裘，纵马狂奔，搭弓引箭，这是古今多少男儿的豪情之梦，苏轼自然也不例外。然而，我们或许不曾知晓，苏轼在写下这首《江城子·密州出猎》词之时，内心所想，却并非完全都是“隆冬出猎”的男儿梦。在他的内心，密州是一个充满各种复杂情感的地方。

苏轼与密州的渊源甚深，他在密州做太守时，留下了200多首诗词歌赋，除了这首《密州出猎》外，千古名句“但愿人长久，千里共婵娟”也在此地诞生。然而，在这些脍炙人口的词句背后，却不是风光无限的官场生涯，而是苏轼坎坷的一生。

诸城（古密州）一景

事情还需从苏轼入朝为官时说起。在朝时，苏轼得罪了朝中的掌权派，屡遭排挤，为了躲避政治暗箭，他只好自请出京，做了杭州通判。没过多久，当他得知胞弟苏辙在山东济南任职的消息后，“淡妆浓抹”的西湖美景便再也无法留住他的心。为了尽早见到多年不曾谋面的胞弟，苏轼斗胆向朝廷请求调任山东，与亲人团聚。

官场无情人有情，苏轼本来只是抱着试一试的心态上书，却没有想到，自己的请求意外得到了恩准。然而造化弄人，苏轼虽千辛万苦来到密州，却依然没有见到弟弟。就这样，那一年的中秋之夜，一句“明月几时有，把酒问青天”在苏轼对弟弟的无比思念中诞生了。我们现代人也许能够熟背此句，却未必会知晓，在这千古第一咏月词的美名背后，苏轼曾在暗地里流下了多少思亲之泪。

在密州，苏轼不但思念弟弟，也思念已经亡故10年的发妻王弗。王弗16岁就嫁与苏轼为妇，她不识字却能吟诗，深得苏轼宠爱。然而，红颜薄命，王弗不到30岁就亡故了，苏轼为此悲痛不已。而到了密州之后，苏轼在百般寂寞之中，也总是想起亡妻的孤坟远在千里之外，因此写下“千里孤坟，无处话凄凉”“相顾无言，惟有泪千行”等千古名句。

或许，因为种种思念之情太过真切，寒冷的冬季来临之时，苏轼唯有用“出猎”的方式，缓解自己心中的郁闷、纠结以及种种负面情感。出猎之时，那种奔驰的快感，收取猎物时的满足与喜悦，都可以将他内心的郁结暂且释放、打开。只是不知，当苏轼狩猎归来，隆冬长夜再次降临时，他会不会又重新想起过往种种伤心之事。

趣味故事 · INTERESTING STORY

公冶长背诺

公冶长

据说，春秋时期，密州有个叫公冶长的人，能听懂各种鸟的语言。有一天，他听见老鹰在对他说：“公冶长，公冶长，南山有只死獐，捡到之后，你来吃肉，我吃肠。”公冶长听到老鹰的话，赶忙跑到南山，果然找到一只獐。

然而，捡到獐的公冶长却动起了坏心思，他想独吞这只獐，不想将肠子拿出来分给老鹰。老鹰没有吃到肠子，怀恨在心，决定要报复一下这个背信弃义的人。

不久之后，老鹰得到了一个报复公冶长的机会，便再次找到他，对他说：“公冶长，公冶长，南山又有只死獐，捡到之后，你来吃肉，我吃肠。”公冶长一听，暗笑这只老鹰是个傻子。这一次，他又赶紧跟着老鹰跑到了南山，看见几个人围着一个东西，指指点点，议论纷纷。

公冶长熟知“鸟语”，心想老鹰应该不会骗他，觉得那些人围住的东西，一定是只死獐无疑。于是，他冲着那些人大声喊道：“你们都别抢，那是我打死的！”然而，等他气喘吁吁跑近一看，却惊得差点儿尿了裤子，原来，人们围着的并不是死掉的獐子，而是一具尸体。见此情景，公冶长悔得肠子都青了，正想逃跑，可人们已经听到他的喊声，便不由分说将他扭住，送到官府去了。

县令听完人们的叙述，觉得十分奇怪，便向公冶长问了详细案情。公冶长将老鹰欺骗他的事情一一向县令道明，县令却没有相信。正在此时，刚好县衙外来了几只鸟雀，叽叽喳喳叫得很急，县令就问公冶长：“如果你懂鸟语，那你告诉我，这几只雀鸟都在说些什么呢？”

公冶长仔细听了一会儿之后，胸有成竹地说："那些鸟儿说，东乡有一车粟米翻车，粟米撒了一地，赶快叫大伙儿去吃啊。"县令一听，便立即派人到东乡去考察。过了好一阵子，去考察的人才跑回来，回禀县令事情果真如公冶长所说。县令听完后，觉得公冶长不像说了谎话，就立即释放了他。

然而，公冶长虽然没有受到牢狱之灾，却明白就连禽兽也讨厌背弃诺言的人，自那以后，他再也没有做过背弃诺言的事情。

风景 · SCENERY

带着孩子边走边看

古密州即是今天的山东诸城市。密州因苏轼的诗词名句闻名天下，但苏轼未必最爱这个令他愁思百倍的地方。家长带着孩子来到诸城，可以去看看苏轼当年的狩猎之地——常山，还有那最可能吸引孩子的地方，一座满是恐龙化石的公园。

诸城常山

诸城常山

在诸城南部约10千米处，有个地方名为"常山"，因山北有座小山冈，名曰"黄毛冈"，因此也有人说，这里便是苏轼《江神子·猎词》所提到的狩猎之地。

常山又名"卧虎山"，山中有一山洞，山洞中有一汪古泉，泉水终年不断，名曰"雩泉"，泉边有亭，名为"雩泉亭"，苏轼似乎尤其喜欢此山，更曾在此写过一篇《雩泉记》。如今，雩泉亭历经沧桑，已经重修，并且被姑子庵村的村民们在其中建井取水。其井底呈方形，凿痕至今犹在。

诸城恐龙公园

在诸城市的密州路上，有一座跟大峡谷一般的恐龙公园。公园中分为六个大区，分别是恐龙馆科普科研区、恐龙苑文化娱乐区、恐龙岛密林休闲区、恐龙园阳光花房观赏区、恐龙湖水上游览区以及恐龙塔登高鸟瞰区。据闻，这里是中国北方现有最大的恐龙文化主题公园。

据说，在亿万年前，当恐龙们感觉自己快不行的时候，就会选择一个风水宝地，慢慢老去。而密州诸城，大概就是这些史前怪兽为自己选择的坟场。几亿年过去了，这里的地质经过无数次沉积、冲刷、改变之后，这些恐龙的化石，就被后来的人们找到、挖掘、修整，最后陈列在了这里，被人们臆想着它们那遥远的身形、体态以及生活的时空。

而我们的孩子，也将在这里展开他们的想象之旅，他们的思绪也将被馆中的高科技所引领，飞往恐龙生活的谜一般的时代。

■诗词延伸

十年生死两茫茫。
不思量。
自难忘。
千里孤坟，无处话凄凉。
纵使相逢应不识，尘满面，鬓如霜。
夜来幽梦忽还乡。
小轩窗。
正梳妆。
相顾无言，惟有泪千行。
料得年年断肠处，明月夜，短松冈。
——苏轼·《江神子·乙卯正月二十日夜记梦》

济南 这里是舜帝的花园农场

柳花飞处麦摇波。
晚湖净鉴新磨。
小舟飞棹去如梭。
齐唱采菱歌。
平野水云溶漾，小楼风日晴和。
济南何在暮云多。
归去奈愁何。
——苏轼·《画堂春·寄子由》

宋词故事 · STORY

寄子由

济南城内美景多，柳花纷飞的地方，麦子随风摇摆，如金色的波浪一般。风平浪静之后，夜晚的大明湖犹如新磨的镜子一般锃亮照人。湖上的小舟双棹齐飞，就好比织衣服的梭子那般在湖面上飞快来去。船上的采菱女们一齐唱着采菱歌，歌声动听悦耳。平原之上，水云相接之处，水天一色，碧波荡漾；小楼之外，风和日丽，天气晴好。济南风光如此大好，但依然难解苏轼对弟弟的相思之情，归去，为何就这般难呢？

历史 · HISTORY

史上那些年

济南是苏轼弟弟任职的地方，也是他朝思暮想之所在。济南的美景将苏轼深深吸引，他时常在梦中看见济南城的大好风光，也恨不得立即去那里与弟弟团聚。

济南古建筑

历山之下的济南城，传说吸引了舜帝的目光。据史料记载，大约在公元前22世纪时，舜便曾“渔于雷泽，躬耕于历山”。据考证，历山就是今天济南城内的千佛山，至今城内还有着各种用“舜”命名的地方，比如“舜井”“舜耕路”等。

不过，在舜躬耕于此时，这里并不叫作“济南”。据考证，商代末期，纣王克东夷时，甲骨文卜辞中的“泺”即今日的趵突泉，而《春秋左传》也曾记载，济南城最早出现在史册上时，叫作“泺”，因为这里所有的泉水都汇于泺水。后来，又因这里位于历山之下，因此齐国又将此地改为历下。直到汉代时，这片土地因位于济水之南，才正式有了“济南”的称号，并一直沿用至今。

济南被舜帝看中是有其道理的，这里就像一处绝好的花园农场，四周群山环抱，其地泉水众多，四季风调雨顺。在这种地方农作，舜实在无须费心过多，因为大自然已将它最好的礼物恩赐在了这里。

济南被称为“泉城”，自古享有“家家泉水，户户垂柳”之美誉。济南拥有的泉水之多，流量之大，景色之美，独步天下。这里既有趵突泉、黑虎泉、珍珠泉、五龙潭四大泉群，又有郊区泉群散落各处，誉称“七十二名泉”。这些泉水汇流成护城河，流淌到大明湖，这使济南成为世界少有的集“山、泉、湖、河、城”于一体的魅力城市。

趣味故事·INTERESTING STORY

趵突泉的传说

未见济南喧，但闻趵突泉。趵突泉可谓济南城内最有名的胜迹，关于它的来历，还有个非常有趣的小传说。

不知在多少年前，济南城内有个名叫鲍全的青年樵夫，尽管他天天手不离斧地砍柴卖钱，却仍养活不了年迈的双亲。有一天，鲍全的双亲突然得了重病，但他实在太穷了，没钱请医生，只能眼睁睁看着父母相继去世。

趵突泉静景

鲍全是个孝子，这件事对他打击极大。从那之后，他便放下柴刀，拜一位和尚为师，向他学习医术。鲍全天性聪明，不出几年，便将和尚的医术学了个十之八九。在学习医术的这几年中，他还努力用自己学习的知识，救活了许多济南城里的老百姓。

在那个时代，济南城还没有如今这许多泉水，倘若遇上干旱的年头，老百姓们便连煎药的水也没有。为了解决病人的煎药问题，每天早起，鲍全都会跑去很远的山上挑水，回来之后再帮买不起水的穷人们煎药。

有一天，鲍全在挑水的路上救了一位老者。老者看鲍全一天到晚为穷人治病，忙得连饭也没空吃，就告诉他说："泰山上有个黑龙潭，潭里的水能够治疗瘟疫，如果你能挑一担黑龙潭的水回来，只需往每个病人的鼻子里滴上一滴，他们的病就会好了。"

听完长者的话，鲍全决定上黑龙潭取水。他拿了一根拐杖，历尽千辛万苦，才来到泰山的黑龙潭。可当他来到这里之后，却发现黑龙潭的底下原来是座龙宫，而他救下的长者，其实是龙王的哥哥。龙王为了感谢鲍全对他哥哥的救命之恩，便挑了一件礼物送给他，这件礼物是个白玉壶，里面的水永远也喝不完。鲍全回到济南城后，用这个白玉壶治好了很多百姓的病。

然而，州官听说鲍全有这么个宝贝，顿时有了抢夺之心。他派人将鲍全抓了起来，命他说出宝贝的下落。鲍全虽然不肯开口，但官差们还是在他家的院子中挖出了白玉壶。然而，尽管官差们的铁锹已经挖到了白玉壶的底部，可当他们想将壶搬起的时候，却怎么也搬不动。

为了将白玉壶搬回州官府交差，官差们只得多叫了几个人，一起用力将壶抬起。没想到，正当他们用力时，只听见地下传来“咕咚”一声，平地突然冒出了一大股清泉，这股清泉源源不断地向外喷溅，水花溅到哪里，哪里便又出现一眼泉水。

自那以后，济南城便不再干旱，而是成了有名的泉城。人们为了纪念鲍全和他拿回的白玉壶，便将最初的那口泉水叫作宝泉，又过了许多年，人们根据这口清泉咕嘟咕嘟向外冒的样子，又将它改名为“趵突泉”。

风景 · SCENERY

带着孩子边走边看

济南是山东省会，“趵突泉”“大明湖”“千佛山”是此地的三大名胜。老舍曾多年居住于此，并著《趵突泉》一文盛赞趵突泉。我们的行程就自趵突泉始，以千佛山终。家长可以带着孩子好好看看，这传闻中的“山水济南”是否名副其实。

趵突泉

趵突泉位于济南城的中心地段，其南靠千佛山，北望大明湖，并与千佛山、大明湖并称为济南三大名胜。古往今来，趵突泉是最早见诸古代文献的济南名泉。据闻，清代康熙皇帝南游时，曾观赏了趵突泉，兴奋之余题了“激湍”两个大字，并封其为“天下第一泉”。

趵突泉水分为三股，昼夜喷涌，水盛之时，喷涌之势高达数尺。而“趵突”之意，也从泉水的喷涌方式得来，即跳跃奔突之意。北魏郦道元的《水经注》中曾记载：“泺水出历城县故城西南，泉源上奋，水涌若轮，觱涌三窟。”

元代著名画家、诗人赵孟頫在《趵突泉》诗中也如是赞道："泺水发源天下无，平地涌出白玉壶。"清代诗人何绍基将趵突泉喻为"万斛珠玑尽倒飞"。《老残游记》中也曾说："三股大泉，从池底冒出，翻上水面有二三尺高。"《历城县志》中对趵突泉的描绘最为详尽："平地泉源觱沸，三窟突起，雪涛数尺。"

大明湖

大明湖是繁华的济南城中一处难得的天然湖泊，素有"泉城明珠"的称号。早在唐宋时期，其就以撼人心弦的美景而闻名四海。据说，大明湖有四大怪，即"蛇不见，蛙不鸣，恒雨不涨，久旱不涸"，非常有趣。

大明湖位于济南市区中心，济南号称"泉城"，有泉水百余处，其中名泉七十二处。大明湖即是由众泉汇流而成的天然湖泊。济南城的泉水由南岸流入，水满时便从宋代修建于北岸的北水门流出。因为大明湖底是由不透水的火成岩构成，所以湖水能够"恒雨不涨，久旱不涸"，常年保持较固定的水位。

现今，整个大明湖上有历下亭、汇泉堂、湖心岛等大小岛屿六处，公园自然景观优美宜人。湖水波光粼粼，鸢飞鱼跃，游船穿行。这里自古遍生荷莲，湖畔垂柳依依，花木扶疏，"四面荷花三面柳，一城山色半城湖"形象地将大明湖之美，融于诗中，令人铭记在心。

千佛山

游罢趵突泉和大明湖，岂能不顺道去一趟千佛山。千佛山位于济南城南部，因山上有数不清的佛像，因此得名。千佛山海拔仅有285米，但山中林木森森，层峦叠嶂，十分适合孩童攀爬。花费半个上午，爬上山顶，凭栏北望，只见大明湖水面如镜，济南城的大好美景一览无遗。

据今人研究，千佛山是历山的余脉。大约距今5亿年前，济南地区为海域，1.8亿年前，发生了造山运动，沉积的石灰岩跟泰山一起上升，造成了巨大穹隆构造，于是形成了千佛山。到了隋代开皇年间，人们依山势凿窟，镌佛像多尊，始称千佛山，并建千佛寺。唐贞观年间，千佛寺被重新修葺，千佛寺也被改称为“兴国禅寺”。自那时起，千佛山便逐渐成为香火胜地。

1. 趵突泉
2. 千佛山
3. 大明湖

诗词延伸

济南春好雪初晴。
才到龙山马足轻。
使君莫忘霅溪女，还作阳关肠断声。
——苏轼·《阳关曲·李公择》

青州——密州——济南——莱州——蓬莱

莱州 此情莫谈久长时，我只愿与你共享朝暮

泪湿罗衣脂粉满。四叠阳关，唱到千千遍。

人道山长山又断。萧萧微雨闻孤馆。

惜别伤离方寸乱。

忘了临行，酒盏深和浅。

好把音书凭过雁。东莱不似蓬莱远。

——李清照·《蝶恋花》

宋词故事 · STORY

蝶恋花

李清照自青州去往莱州途中，住在驿馆之中，忽然想起家乡姐妹，离别已久。当初分别之时，眼泪沾湿了罗衣，脂粉也被冲刷，想起来真是无限伤感。阳关离别曲，哪怕吟唱千千遍，昔日的好姐妹，也不知要待到何时才能重逢。

忆临别之际，姐妹们说此行路途遥遥，山长水远，而今，自己却已行至“山断”之处，不仅离姐妹们更加遥远，更值如今又逢上了萧萧夜雨，淅淅沥沥烦人心境，再加独处孤馆，更是愁上加愁。

再记离别之时，自己伤心不已，心绪不宁，不知在饯别宴席上喝了多少杯酒，如今就连酒杯的深浅也不记得了。但转念一想，现今自己只是去往东莱而已，那里并不像蓬莱那般遥远，尚可频传书信，姐妹们接到信后，也能如同往常在一起时一般无二了。

历史 · HISTORY

史上那些年

莱州四季分明，景色宜人。据历史记载，夏朝时，东夷族寒浞封子浇在此，治所“过城”在今莱州市城区北20千米的过西村东，是当时胶东半岛最早的封国。后被夏灭掉，仍归夏朝，属青州。商朝时，莱州名为莱侯国，周朝时为莱子国、夜邑，在此后2000多年里，莱州始终是胶东地区重要的政治、经济、文

莱州庙会

化中心。

但在莱州，最令人动容的却并非美景古迹与其悠久历史，而是来到这里便会想起李清照与赵明诚短暂又悲情的爱情遭遇。一首《蝶恋花》与其说是李清照在赴莱州途中与家乡姐妹互通情谊，不如说这首词暗含了她对赵明诚的深深思念。

18岁那年，李清照嫁给了赵明诚。婚后，她与丈夫情投意合，并一同研究金石书画，过着幸福美好的生活。北宋末年，被朝廷重新起用的赵明诚曾做过莱州太守，时间大约5年。在这段不太长的时间里，李清照也来到莱州，二人相濡以沫，在这块“天地造化玄机深”的土地上，写出了辉煌的诗词篇章和不朽的金石名著。

一年重阳节，李清照作了那首著名的《醉花阴》，寄给在莱州做官的丈夫：“薄雾浓云愁永昼，瑞脑销金兽。佳节又重阳，玉枕纱橱，半夜凉初透。东篱把酒黄昏后，有暗香盈袖。莫道不销魂，帘卷西风，人比黄花瘦。”

据《嫏环记》载，赵明诚接到这首《醉花阴》后，叹赏不已，却又不愿甘拜下风。他废寝忘食，于三日三夜内写出五十阕词，并将李清照的这首词也杂入其间，又请来友人陆德夫品评。陆德夫品味再三，笑道：“只三句绝佳。”赵问是哪三句，陆德夫答曰：“莫道不销魂，帘卷西风，人比黄花瘦。”

在莱州时，李清照非常喜爱阅读唐朝及五代以来的诗词，并写下了一首被后人赞为“绝似苏、辛派”的《渔家傲》：“天接云涛连晓雾，星河欲转千帆舞。仿佛梦魂归帝所。闻天语，殷勤问我归何处？我报路长嗟日暮，学诗谩有惊人句。九万里风鹏正举。风休住，蓬舟吹取三山去！”这是一首豪放的词，李清照赋予这首小令上的情感，令人想到了《离骚》，在北宋的词中，绝少有人能够写出这样的情怀与境界。

然而，好景不长，公元1126年，金兵大举入侵，李清照夫妇为保护多年收藏的文物和学术成果，随逃难的队伍渡过淮河，来到南京。而遗弃在山东青州的文物书籍却都因战火而化为灰烬。3年后，赵明诚在去湖州上任的途中身患疟疾，不治身亡。李清照接家书后日夜兼程由水路赶去，却再也见不到丈夫睁开的双眼。从此，李清照便陷入纷繁的战乱中，举目无亲，漂泊无依。或许，在李清照的记忆中，自己一生最美的爱恋，大部分都留在了莱州。而莱州，也成了她和赵明诚的见证之地。

趣味故事·INTERESTING STORY

莱州人七月初六过七夕

世人皆知，农历七月初七是牛郎织女鹊桥相会之日，此日即是人间的七夕节。然而，在山东莱州，却有个奇怪的风俗，那便是，此地的“七夕”并非七月初七，而是七月初六。这里面又有何典故呢?

其中渊源还要从崇祯时期说起。崇祯四年（公元1631），登州将领李九成、孔有德在今天的吴桥发生兵变，一直从河北登州向山东莱州方向袭来。莱州知府朱万年得知此信后，连夜准备粮草武器应战。

第二年，叛军连破数县，打到了莱州城下。此时，朱万年早已将各方面部署完毕，他命令城内的官绅、将领恪守其门，自己单独坐镇莱州南门，只待叛军到达，誓死守住莱州城。不出朱万年所料，叛军果然开始攻打莱州城。

莱州古建筑

在朱万年的誓死守卫下，任叛军采用炮轰、火烧、掘隧道、搭云梯等种种伎俩，却依然没有攻克这座坚固的城池，莱州城依然在炮火之中巍然屹立。在守城过程中，巡抚徐从治中炮身亡，消息传到京城，震惊朝野。

朝廷里立即炸开了锅，主战、主和两方为了如何应对叛军，吵得

面红耳赤，争执不下。而朱万年却无心理会外界流言纷飞，依旧奋力坚守孤城。叛军久攻莱州城无果，便想出了一条诈降的计策。此时，朝廷的招安使臣也正好到达叛军军营，叛军要投降，看起来也像千真万确之事。

那一天，正值农历七月初七，是民间的乞巧节。朱万年见叛军要降，心想，百姓的苦日子终于要到头了，于是不听众人劝阻，执意要出城受降。没想到，他刚走到叛军军营门前，便被一拥而上的敌军绑了个结结实实。

朱万年这才知道上了叛军的当。但他并未慌张，而是引诱叛军牵着他来到莱州城下，并忽然大声向城上喊叫："我现在被俘，已没有生还的可能，叛贼在此，你们不要顾及我，赶紧放箭将他们击杀！"

莱州城的守军听见太守的喊声，又见他被绑于城下，都面面相觑，心中不忍。朱万年一见，急了，他心一横，挺身顿足大骂叛军，语言极尽侮辱，叛军见此情景，大怒，遂即乱刀砍下，将朱万年砍死在阵前。

这时，莱州城的守军见太守已为国捐躯，死得壮烈，心中一股热血直冲而上。他们再也没有任何顾忌，大家众志成城，拼死拒敌，又在城上点燃了炮火，发射了弩箭，将敌人击毙过半。

朝廷之中，一祖籍莱州的大臣接到家乡军情急报，当即便要面奏皇帝，却被主和派的人给拦下。为了让家乡的急报赶紧传到皇帝的耳中，这位大臣居然一头撞死在了金銮殿外。殿外闹出了如此大的响动，这军情自然是瞒不住了。皇帝得知事情真相，当即震怒，立即将兵部主事打入牢狱，并急发关宁兵直赴莱州。

八月十九，莱州之围被解。死去的太守朱万年也被朝廷追赐太常寺卿，赐祭葬，皇帝还特命人在朱万年的殉难处建忠烈祠。据说，叛军将领投降之时，纷纷叹气感慨："这小小的莱州城，难道是铁打的不成？"

直到今天，"铁打的莱州"一语还在这里的民间流传，而莱州百姓也将七月初七的七夕节改到了七月初六过，为的就是避开太守朱万年的殉难日。

莱州古迹繁多，秦始皇、汉武帝、宋太祖等人都曾经到过这里，并留下诸多民间故事。苏东坡路过莱州时，在此游山观水，见景生情，留下多篇诗词，赵明诚、李清照夫妇的《金石录》也是在这里辑成。不过，这里最能吸引孩子的地方，或许会是“全真七子”曾留下的足迹。

神仙洞

神仙洞

刘禹锡说：“山不在高，有仙则名。”在莱州东南方向，就有这么一座山，海拔高度虽然只有500余米，却灵秀出奇。它的名字，叫作寒同山，又名“神山”。据说，这座山中藏有远近闻名的古迹——寒同山道家石窟。传说开洞之时，忽然大雾遮山，貌不可辨，只闻凿锤之声，传至数里。40天后，雾散天晴，洞府、神像奇迹般地出现。人们以为这是神仙所为，故又称其为“神仙洞”。

这个洞窟还跟“全真七子”有关。看过《射雕英雄传》的孩子们一定还记得这七个道士吧。实际上，“全真七子”在历史上确有其人，是北宋末年道家王重阳在胶东半岛弘扬道教时所收的七个徒弟。

王重阳死后，“全真七子”分别到外地传教。其中最著名的丘处机，建立了龙门派。而这个神仙洞，也是因为丘处机和刘长生曾来此活动、修炼，而得名“神仙洞”。

笔架山

在莱州，有一座笔架山，山上怪石嶙峋，幽谷深潭。春天的时候，漫山遍野开满了百花，艳丽非常。夏天到了，这里又布满白色的刺槐花，有如夏雪一般神奇，给人阵阵清凉之意。到了秋天，这里又是一片“霜染枫红”的景象，美不胜收。

笔架山景美，古迹更是数不胜数。在这里，自山麓到山顶，有历代刻石多达37处。中国独有的书法艺术，一向有“南帖北碑”之分。南方盛行帖学，北方盛行碑学，并由此分为中国书法的两大流派。一般来说，帖派笔锋流媚婉丽，碑派则雄奇方朴。而在北碑中，又以魏碑为鼎盛时期。魏碑又为后世的楷书奠定了基础。

在笔架山上，著名的北魏书法家郑道昭曾于公元511年在此留下了宝贵题刻17处，且均刻在山内险峻的摩崖之上。郑道昭被誉为“北方圣手”，其留下的《荥阳郑文公之碑》高2.8米，宽3.6米，为魏碑之冠。其字体谨严浑厚，苍劲飘逸，历来为金石家、书法家所推崇。而历代学者也因此蜂拥而至，像朝圣一般来到这里观摩。

■诗词延伸

笔架山

常记溪亭日暮。
沉醉不知归路。
兴尽晚回舟，误入藕花深处。
争渡。争渡。
惊起一滩鸥鹭。
——李清照·《如梦令》

蓬莱 神仙世界，我誓与昆仑较高下

晓云开。
睨仙馆陵虚，步入蓬莱。
玉宇琼甃，对青林近，归鸟徘徊。
风月顿消清暑，野色对、江山助诗才。
箫鼓宴，璇题宝字，浮动持杯。
人多送目天际，识渡舟帆小，时见潮回。
故国千里，共十万室，日日春台。
睢社朝京非远，正如羹、民口渴盐梅。
佳景在，吴侬还望，分阃重来。
——张先·《喜朝天》

宋词故事·STORY

喜朝天

破晓云开，“我”挑看仙馆，踏凌空虚步，缓步踱入蓬莱仙境。只见琼楼玉宇，仙林遍布，一群仙雀左右徘徊。清风明月在前，暑气顿时烟消云散，但见脚下原野春色，大好江山正好助人诗兴大发。

走进仙阁，只闻箫声悠扬，鼓声震耳，美玉在前，美酒在手。俯首下看，仙界下面的人们，纷纷抬头仰望天空，湖面之上，舟帆渐行渐小，潮水涨涨落落。但见故国有千里江山，十万户人家，日日可见春日登览之处。

从睢县到达京都并不遥远，驻守在这里的部队，对于京城的百姓来说，却如望梅止渴一般遥不可及。那故国佳景尚在，昔日吴国的大好河山还可看见，只待朝廷分兵再来救我黎民百姓。

历史·HISTORY

史上那些年

蓬莱港，旧时也称作登州，它在唐代时期非常兴盛，与泉州、扬州以及宁波并称为中国四大古港。据考察，此地早在新石器时代便有人类聚居。汉元光二年（公元前133年），汉武帝东巡，“于此望海中蓬莱山，因筑城以为名”。唐贞观八年（公元634年），始置蓬莱镇。

早在秦汉时起，蓬莱便继昆仑之后成为世人向往的神仙宝地。据记载，徐福曾向秦始皇上书入海求仙，并于公元前219年带了数千童男童女去往海上仙山，一去不复返。后来，世人皆说，徐福的最终目的地就是东方仙境蓬莱仙山。

或许因为政权的不断东移，不知从何时起，蓬莱开始取代西方昆仑，

蓬莱古建筑

成为长盛不衰的仙人家乡，以至于民间一提仙境，人们大多知道蓬莱，却没有几人知晓昆仑。传说汉武帝为了能够在活着的时候就去往神仙世界，还专门在甘泉宫造了一座人工的太液池，上面便有传闻中的蓬莱仙山，耗资甚巨。

不过，据《拾遗记》和《史记》中记载，第一个去往蓬莱海上求仙的人并非秦始皇，而是齐威王。当时齐国的海港在登州一带，也就是后来的蓬莱，而此地正是齐威王入海求仙的出发地。

孩子们可能听过，汉武帝曾派张骞出使西域，开辟了通向西方的丝绸之路，其实在当时，东方也同样存在一条这样的商路，即以蓬莱为起点，经庙岛群岛，穿过渤海海峡，后经旅顺老铁山、鸭绿江口、朝鲜西南海岸，经对马海峡到达冲之岛、大岛、北九州。这条商路甚至更早于通向西方的丝绸之路，而日本当时前来朝贡，也大多走这条路。

蓬莱还拥有中国的第一个水军基地，这里背山面海，从两侧向对面的辽东半岛包抄，就好像一对蟹螯一样，是历代海上重要的军事要塞。曹魏时期，这里是海上对外用兵基地。北宋时，这里建造了刀鱼寨，更是我国早期军港的雏形。

“铜井金波”的来历

在蓬莱，有一个著名的景点名叫“铜井金波”。关于铜井，有这么一个传说。

有一年，铁拐李周游四方，来到蓬莱的一个渔村。当时正值三伏天，铁拐李热得满身大汗，异常口渴，就去找了户渔民，想讨瓢水喝。一位七旬老太太见他穿得破破烂烂，嘴唇都干得裂开了，便连忙请他进屋坐下，又从自家水缸里舀出半瓢混浊的水，不好意思地说：“客人你别嫌弃，这点儿水还是我从十里外的悬崖下一滴滴接来的。”铁拐李听完老人的话，一仰脖，几口就把水喝光了。

喝完水后，铁拐李谢过了老人，来到海边，口中念念有词，又将手中的铁拐朝下猛地一戳，只听得脚下传来一声巨响，直震得海中龙宫东倒西歪，摇摇欲坠。渤海龙王大怒，急忙率领虾兵蟹将浮出龙宫，怒喝道：“何方狂徒？竟敢惊扰龙宫！”

铁拐李愤愤回答：“渤海龙王，你枉为一方水神，却让此地渔民世代忍受无水之苦。今日不给你些教训，实在难消我心头之恨！”他一边说着，一边舞起手中铁拐，向龙王的方向挥去。龙王一见，急忙调兵遣将，海上顿时波涛滚滚，杀声连天。

打了好一阵之后，龙王不敌铁拐李，又理亏在先，干脆一头逃回海底龙宫，任凭铁拐李在海上叫骂不停，却再也不曾露头。

铁拐李骂了半天也不见效，当即勃然大怒，一纸诉状将渤海龙王告上了天庭。玉帝得知原委之后，沉思了一会儿，便将渤海龙王拘上天宫，钉在锁龙柱上，又另派了小白龙下界，镇守渤海。

铁拐李走后，海上波涛渐渐消退，而他站立的地方，却突然现出了一眼水井，清澈的泉水源源不断地往外流淌，品尝之后，甘甜无比。蓬莱的人们得此消息，纷纷兴高采烈，奔走相告。一天，有人突然发现敲击井壁会发出铜钟般的响声，于是就把这口井取名为“铜井”，而这个小渔村也因此改名叫“铜井村”。

如今，但凡天晴之时，待到落潮，都会看见碧波之中现出一口水井，其中不断溢出泉水，这些泉水在阳光的照射下，闪耀着金色的光芒，甚为耀眼，而这就是“蓬莱十大景”之一“铜井金波”的名称由来。

风景 · SCENERY

带着孩子边走边看

蓬莱有中国古代四大名楼之一的蓬莱阁，有迄今保存最完整的中国古代水军基地蓬莱水城，再加上海市蜃楼的奇观和“八仙过海”的美传，这里自古以来就是人们最好奇，也最向往的旅游胜地之一。

蓬莱阁

蓬莱阁古建筑群是蓬莱市最显眼的建筑之一，它位于蓬莱城北面的丹崖山上，是中国四大名楼之一。整个蓬莱阁建筑群由弥陀寺、龙王宫、天

蓬莱阁

后宫、蓬莱阁、三清殿、吕祖殿六部分组成。它背山面海，下方有结构精美、造型奇特的仙人桥，传说那是神话中八仙过海的地方。

蓬莱阁东南建观澜亭，为观赏东海日出之所，西侧海市亭，因为观望海市蜃楼之境而名，又因其三面无窗，亭北临海处筑有短垣遮护，亭外海风狂啸，亭内却燃烛不灭，故又名避风亭，亭内墙壁上嵌有袁可立《观海市》诗石刻九方。而站在蓬莱阁的最高处，还能看见黄海和渤海的分界线，举目远望，远处列岛时隐时现，海风拂面吹来，即便在炎热的夏季，也十分惬意。

历史记载，秦始皇、汉武帝都曾为寻求仙药来过此地，传说徐福受秦始皇之遣由此乘船入东海去求仙丹。蓬莱阁自古以来就是文人墨客雅集之地，亦是道士修真之境。蓬莱阁附近现存留历代文人雅士观海述景题刻有二百余处。

蓬莱水城

蓬莱水城在蓬莱阁的东侧，是宋代用来停泊战船的刀鱼寨。明朝时，这里又修筑成了水城。整个水城南宽北窄，是个不规则的长方形。这里背山面海，地势险峻，其中的水门、防浪堤、平浪台、码头、灯塔、城墙、敌台、炮台、护城河等海港建筑和海防建筑均保存完好，是国内现存最完整的古代水军基地。

蓬莱极地海洋世界

蓬莱有一个亚洲地区最大的极地海洋馆，这里有北极熊、白鲸、海豚、海狮、海豹等世界各地近千种海洋生物，还有亚洲最大的人造热带雨林，国内最大的海龟馆、鲨鱼馆，以及极地动物馆、海底世界、水下剧场、海豹馆、科普馆、海豚海狮表演馆等多个场馆。这里还是中国海洋学会重要的“海洋科普教育基地”，是山东大学海洋学院“实践教学基地”。

1. 蓬莱水城 | 2. 蓬莱极地海洋世界

■诗词延伸

渐觉芳郊明媚，夜来膏雨，一洒尘埃。
满目浅桃深杏，露染风裁。
银塘静、鱼鳞簟展，烟岫翠、龟甲屏开。
殷晴雷。
云中鼓吹，游遍蓬莱。
徘徊。
隼旟前后，三千珠履，十二金钗。
雅俗熙熙，下车成宴尽春台。
好雍容、东山妓女，堪笑傲、北海尊罍。
且追陪。
凤池归去，那更重来。
——柳永·《玉蝴蝶》

【第五辑】留给孩子的旅行思考题

1. 范仲淹与青州究竟有何渊源?

2. 济南为什么会被称作“泉城”?

3. 蓬莱岛还有哪些故事与神仙有关?

第六辑

行太行之西——无法忘却的千年沧桑地

太原 千古并州，这里风光凝翠如画

山光凝翠，川容如画，名都自古并州。
箫鼓沸天，弓刀似水，连营十万貔貅。
金骑走长楸。少年人一一，锦带吴钩。
路入榆关，雁飞汾水正宜秋。
追思昔日风流，有儒将醉吟，才子狂游。
松偃旧亭，城高故国，空余舞榭歌楼。
方面倚贤侯。便恐为霖雨，归去难留。
好向西溪，恣携弦管宴兰舟。
——沈唐·《望海潮·上太原知府王君贶书》

宋词故事 · STORY

上书

湖光山色犹如翡翠凝脂，山川的模样好似从画中浮出。这座美丽的城市，便是自古以来便名扬天下的并州城。远远望去，演练场内战鼓连天，刀弓舞动的样子就好似行云流水一般，驻扎在此的营地一片连着一片，看上去好像有十万瑞兽守护。金骑经过长楸树旁，马上的少年个个配吴钩，着锦带，精神抖擞。

榆关道内，大雁已纷纷向南飞去，此时正值秋高气爽，景色宜人之时。词人收回思绪，遥想大伙当年的风流岁月，有儒将醉中吟诗，亦有才子狂游。现如今，城内从前的松树早已倒下，凉亭也已破旧，城高故国，只余下跳舞歌唱时的亭台楼阁，词人不得不在心中长叹，真是岁月蹉跎。

历史 · HISTORY

史上那些年

沈唐的一首《望海潮》，虽并不直接言景，却将人们的思绪带向那遥远的时空、遥远的并州。山光凝翠，川容如画，如果是生活在南方的孩子，一定想象不到，在太行以西，还有如此令人如痴如醉的景色。

太原是一座有着2500年历史的文化名城，这里几度兴衰，战乱时而有之，整个太原古城，随着中国前进的脉搏一起跳动。历代以来，太原曾经有过六个不同的名称，晋、大卤、太原、大夏、夏墟、晋阳。据《水经注》记载："一地六名，其实同也。"

或许，今天的人们早已把太原城的这些别名给忘记了，但太原城那高贵而显赫的身份，却早已被牢牢地定在了历史中，无法小觑。据《山西通

太原古建筑

志》记载，太原最早的原住民，是轩辕黄帝的五世孙实沈。实沈则是帝喾的次子，是他带领一支游牧部落最早来到了古大夏之地。在黄帝后裔的不懈努力下，这个水草丰茂的地方，第一次在历史上被记载下来。

在今天太原城南的清徐县境内，尚有一处不起眼的村落——“尧城村”，据说这里曾是帝尧故城。《史记·五帝本纪》记载：“帝尧者，名放勋。其人如天，其知如神。就之如日，望之如云。富而不骄，贵而不舒……百姓昭明，合和万国。”《清源乡志》也曾记载：尧王初为部落首领时，曾旅居在此，后来随着部落逐渐壮大，才迁都到了晋南的平阳。所以，古老的太原城也可称作唐尧故都之一。

或许因为太原是唐尧曾经生活过的陶唐故地，因此李渊父子亦以“唐”为国号，显示其传承了圣人之衣钵，能够名正言顺建立起新的帝国。在唐尧盛名之上建立的唐王朝日渐强大，“唐”这个字也继“汉”之后，成为中华民族的又一代称。

趣味故事·INTERESTING STORY

赵武灵王改革

战国时期，在今天太原城的西北和东北方向，是北方游牧民族的地盘，他们经常骚扰位于东边的赵国。每一代赵王都因此深感烦恼。因为每当太原城的官兵出城迎战时，那些轻装骑射的游牧民族就会退到大漠深处，等大军撤回太原时，他们便又卷土重来，继续危害赵国的边境。赵军每一次都只能被游牧民族折腾得筋疲力尽，而徒劳无功。

赵武灵王继位之后，他决心改变屡吃败仗的局面。在多次和游牧民族接触后，赵武灵王发现敌人在军事服饰上有一些十分便利的长处。比如，他们的服装十分轻便，对打仗行军十分有利，而他们作战时用的骑兵和弓箭，也比中原国家常用的兵车和长矛更具备机动性。

赵武灵王思虑良久，提出了“着胡服”“习骑射”的看法。然而，这个命令还没有颁布下去，却先遭到了贵族们的反对。贵族们认为，大王改变了自古以来便传下的旧法，这使得国之不国，老百姓是不会同意的。

听了这些，赵武灵王十分生气，他对反对派说：“敌人的骑兵来如飞鸟，去如绝弦，是当今之快速反应部队，带着这样的部队驰骋疆场哪有不取胜的道理。再者，德才皆备的人做事都是根据实际情况而采取对策的，只要对富国强兵有利，何必拘泥于古人的旧法。”

说完，赵武灵王没有再理会贵族们的苦苦劝阻，毅然发布了“胡服骑射”的政令。他不仅号令全国着胡服，习骑射，自己还带头穿着胡服去会见群臣。接着，赵武灵王又在军队中大力推行这种行装，让士兵们也学着胡人的样子，骑马射箭，并结合围猎活动进行实战演习。

赵武灵王

贵族们见大王如此无视他们的意见，都十分生气，于是，他们纷纷在私下散布谣言说：“大王平素就看我们不顺眼，这是要罢我们的官，羞辱我们啊。”赵武灵王听见这些谣言后，并没有发怒，而是召集满朝文武大臣，当着大家的面用箭将百步以外的一根枕木射穿，然后厉声说道：“以后有谁再敢阻挠变法的话，此木

就是他的下场！”贵族们面面相觑，再也不敢妄发议论了。

就这样，在赵武灵王的坚持下，从“胡服骑射”的第二年起，赵国的国力就逐渐强大起来。后来更是向北方开辟了上千里的疆域，并设置云中、雁门、代郡行政区，管辖范围达到今河套地区。

风景·SCENERY

带着孩子边走边看

太原的“太”字，古时也通“大”，但比大更甚，而“原”则指宽广平坦的地形。它位于山西省中北部的晋中盆地，其地北接忻州，东连阳泉，西交吕梁，南邻晋中，果如其名，极大的平原之地。

太原是山西的省会，这里风光凝翠，文化渊源淳厚，与全国任何一个古都相比都毫不逊色，就连大诗人李白也曾盛赞太原“天王三京，北都其一”。“无端更渡桑干水，却望并州是故乡。”据说，只要来过太原的人，都会被它深深吸引，并沉醉在它的怀抱之中。

晋祠

晋祠

晋祠，位于山西太原市西南悬瓮山麓的晋水之滨，是为纪念周武王的幼子唐叔虞及其母后邑姜而建的。到了太原而不去晋祠，就好比到了北京而不去紫禁城一样可惜。

晋祠集中国古代祭祀建筑、园林、雕塑、壁画、碑刻艺术为一体，以其雄伟的建筑群、高超的塑像艺术闻名于世。其中，难老泉、圣母像、周柏唐槐被誉为“晋祠三绝”。

晋水有三个源泉，善利泉、鱼沼泉及难老泉。难老泉是其中的主泉，晋水的源头就从这里流出，无论天有多旱，难老泉都从未干涸。难老泉的水温常年保持在17℃，无论冬夏都是如此。圣母像是宋朝时期的彩塑，千年以来，这尊圣母依然色彩艳丽，栩栩如生，是中国雕塑史上的精品。而第三绝中的周柏，据说是北周时代种植的柏树，唐槐是唐代时种植的槐树，两株树龄都超过了1000年，至今仍茂盛葱郁。

除此之外，晋祠内还有唐太宗李世民亲自撰写并手书的《晋祠之铭并序》碑，非常珍贵。

天龙山石窟

天龙山石窟在太原市的西南方，被群山环绕，并分布在天龙山东西两峰的悬崖腰部，在中国十大石窟中排名第六。这座石窟始凿于1400多年前的北朝东魏时期，由高欢在天龙山开凿，其子高洋建立北齐时，将晋阳，也就是今天的太原定为别都，并继续在此开凿石窟。后来，隋代杨广为晋王时，也曾在此凿建佛像，而唐代李渊父子起家晋阳时，这座石窟的凿建达到了顶峰。

天龙山石窟有东魏、北齐、隋、唐开凿的24个洞窟，东峰上有8窟，西峰有13窟，山北另有3窟。可以明显看出，这里的东魏石雕比例适度，形象写实、逼真，生活气息浓郁；而唐代的雕像则更加严谨、精湛，其石雕体态生动，姿势优美，刀法洗练，衣纹流畅，比之东魏时期更具有丰富的质感。

天龙山石窟

山西博物院

山西博物院

四处旅行时，带着孩子参观各地的博物馆，不但有助于他们直观

地了解当地的文化历史，馆中所藏之物更能丰富他们的知识储备。山西博物院在太原市的汾河西岸，由主馆和四角辅楼组成。

博物院中，以“晋魂”为主题的展区有七个部分，分别用不同形式展示了太原地区从史前文明一直到明清时期的发展状况，这七个部分为“文明摇篮”“夏商踪迹”“晋国霸业”“民族熔炉”“佛风遗韵”“戏曲故乡”“明清晋商”。孩子们在这里可以看见2000年来太原地区人们的吃、穿、住、行等各方面的状况。

太山龙泉寺

太山在晋阳古城的西边，这里的山势突兀峥嵘，古柏苍翠欲滴，而龙泉寺就藏于其中。这座寺庙坐北朝南，殿阁楼台依山势而建，高低参差，层层铺开。其山门左右的钟、鼓楼均为砖木结构，门檐之下的椽柱头上还保留着道家“八卦”痕迹。

进入山门之后，便是寺庙前院，大雄宝殿便在其中。殿阁面宽五间，进深两间，底层是砖砌的窑洞，里面供奉着观世音菩萨，而上层却是砖木结构的殿堂。殿顶的天棚上悬塑彩绘着二龙戏珠，二龙昂首欲飞，活灵活现，栩栩如生。

太山龙泉寺

■诗词延伸

几番问竹平安，雁书不尽相思字。
篱根半树，村深孤艇，阑干屡倚。
远草兼云，冻河胶雪，此时行李。
望去程无数，并州回首，还又渡、桑乾水。

笑我曾游万里。甚匆匆、便成归计。
江空岁晚，栖迟犹在，吴头楚尾。
疏柳经寒，断槎浮月，依然憔悴。
待相逢、说与相思，想亦在、相思里。

——张炎·《水龙吟·寄袁竹初》

大同 驻守是我的职责，艺术是我的追求

榕叶桄榔驿枕溪。
海风吹断瘴云低。
薄寒初觉到征衣。
岁晚可堪归梦远，愁深偏恨得书稀。
荒庭日脚又垂西。
——张元幹·《浣溪沙·书大同驿壁》

宋词故事·STORY

书大同驿壁

在这温暖如春的地方，榕叶和桄榔随处可见，小溪潺潺流淌，看似别有一番意境。然而，词人驻足眺望，却见远处海风咆哮，瘴云低垂，心中不禁泛起一丝凄楚。一年的时光将尽，转眼又到了岁暮，寒意渐起，此时此刻，他本应和亲朋好友一起在家享受天伦之乐，可现在却孤身漂泊，不得不独自忍受逆旅的凄凉。

常理而言，远行的游子总会收到亲人寄来的书信，但直到如今，词人的亲朋好友却似乎将他遗忘一般，没有寄来一封可以安慰的书信。在这荒废的庭院之中，他抬头仰望，日头又将西垂，黑暗又即将笼罩大地，在他的心中，又渐渐弥漫起一股绝望来。

历史·HISTORY

史上那些年

太行之西，古都众多，大同亦是其一。因其地理位置特殊，古人曾这样描述此地："三面临边，最号要害。东连上谷，南达并恒，西界黄河，北控沙漠。实京师之藩屏，中原之保障。"早在公元前3世纪的时候，赵武灵王就曾在此"北破林胡、楼烦，筑长城，置云中、雁门、代郡"，并在大同城西筑城，以防游牧民族入侵。

公元4世纪的时候，鲜卑拓跋氏控制了黄河以北的大部分地区，并迁都于此，始营宫室，建宗庙，立社稷，修长城，凿石窟，从此时起，大同在历史上第一次出现了繁荣和鼎盛。它从一处重要的军事要塞，变为一国之都，尽管历时不久，却也曾经创造辉煌。

大同一景

在此之后，大同又先后成为辽金的陪都，元朝的西京。只是，尽管江山几经变更，但大同却始终担负着北方“咽喉重镇”的职责。据说，马可·波罗来到大同时，正是忽必烈建国之时，大同此刻空前繁荣，他毫不吝啬言语，极力盛赞“大同是一座宏伟而美丽的城市”。

明朝时期，朱元璋第十三子镇守大同，他在北魏平城（今大同）旧址以南的地方建立云中城池，即今大同古城，这座古城的规模为我国北方所少见。后来，明王朝又对蒙古各族采取怀柔和亲政策，在大同三设马市，数辟月市，久立小市，应允鞑靼“通贡”，促进了长城内外社会生产力的恢复和发展。从那时起，大同便成为北方游牧民族与中原地区经济交往的集散地和塞外商埠。

大同驻守在这儿长达几千年之久，其间这里战火烽烟不断，大同从此背上了“西方将军”之名。但这位“千年将军”，却并非是一个只晓征战的莽夫，在履行驻守职责之余，它还有十分高雅的艺术追求。

直至今天，大同市境内仍存古建筑2万余处，驰名中外的云冈石窟便在此地，而属于辽代木构建筑的上、下华严寺也在大同绽放光彩，更不要说北岳恒山那令全世界惊叹的悬空寺。大同今存的这些艺术作品，每一样在世界上都属于巅峰之作。孩子来到大同，就好似来到一座艺术的博物馆，馆中的每一件作品不但有着极高的欣赏价值，更是一本无言的史书，等着孩子去阅读、去探索。

趣味故事·INTERESTING STORY

凤凰城的传说

大同还有一个美丽的名字，叫作“凤凰城”。据说，这个名字的来历和朱元璋有关。朱元璋做了皇帝之后，有一天，梦见张果老来见。在梦

大同古建筑

中，张果老给朱元璋讲了个故事。

很久以前，在凌霄宝殿上有只金凤凰，深得玉帝宠爱。有一次，它跟随玉帝去赴瑶池仙会，众仙酒醉之后，将人间美景说得绘声绘色。金凤凰听了之后，便动了凡心，它想："我在天宫，虽锦衣玉食，但孤单寂寞何日是头，干脆找个机会跟随八仙，去往人间探上一探。"

它想到这儿，便衔住张果老的衣襟，求张果老带它去往人间。张果老说："去往人间，若你能为民造福，我定鼎力成全。"金凤凰连连点头，回答道："这个不成问题，只是你看人间哪方宝地可以落脚？"

张果老沉思了一下，说："大同是块风水宝地，民风淳厚，遍地梧桐。且我在恒山修身炼丹，你在大同落脚，相隔不远，有事也好互相照应。"听了张果老的话，金凤凰便趁凌霄宝殿无人之际，摇身变作一只蜜蜂，朝南天门飞去。出得南天门之后，它立刻现出凤凰原形，展翅朝大同飞去，并下界落在梧桐树上。

次日，玉皇大帝早朝时，不见金凤凰，方知它已下界，震怒之下，急令二郎神杨戬下界捉拿金凤凰。杨戬来到大同上空后，找到金凤凰，便立即喝令，让它赶紧回转天宫，金凤凰执意不从。

杨戬对它说："你私自出宫，违犯天条，若再不回宫，我就要责罚你了。"金凤凰不屑地回答："我情愿受罚，也不愿再回那死寂的天宫。"杨戬闻言，沉默不语，随即忽然搭箭射中金凤凰的右翅。

金凤凰受伤之后，忍着剧痛，逃到恒山。它找到张果老，要了些止疼仙药。痊愈之后，它告诉张果老，自己想要为百姓做些事情，希望张果老帮忙牵线。张果老听了金凤凰的话，便跑来给朱元璋托梦。他告诉朱元璋，若能将大同城建成凤凰单展翅的形状，必能福泽这一方百姓。

朱元璋醒后，认为这是上天的安排。于是，洪武五年（公元1372年），他便命令大将军徐达于辽金"云中土城"的旧址增筑大同城。

到了景泰年间，他又令巡抚都御史年富于大同城北筑“北小城”。到了天顺年间，朱元璋又令都御史巡抚韩雍于城东筑“东小城”，于城南筑“南小城”。

大同城修好后，城楼环列，阁楼对称，牌坊林立。其主城高大雄壮，东、南、北三座小城倚角相连，整个布局，高低错落有致，犹如一只金色凤凰舒展单翅，昂首朝阳，养精蓄锐。大同城中，南关为金凤之头，主城为金凤之身，北关为凤尾，东关为金凤展翅，城西为金凤合翅，因负箭伤而未伸展，这种城堡建制之奇特布局，在我国更属罕见。

可惜的是，经过历代沧桑变迁，这雕梁画栋的大同古城，大部分已毁于历代兵火之中，如今，虽山川地貌依旧，历史遗迹犹存，但过往行人也只能凭借臆想，凭吊这里曾经精心布局的美好建筑。我们可以带着孩子去瞻仰一二，观其风貌，抚今追昔，遥想当年的繁华盛景。

风景·SCENERY

带着孩子边走边看

大同市位于山西省最北端，与内蒙古自治区的丰镇市、凉城县毗邻，这里是北方游牧民族早期进入中原的通道，驻守在此，是大同千百年来的职责。来到大同，古迹一处接着一处，它们都在无言地诉说着这里的历史，都在向我们和孩子展示着这里的沧桑与倔强。

九龙壁

九龙壁位于大同城内大东街路南，其方位坐南朝北。每当天气晴好，晨曦浮现时，九龙壁上便好似涂了一层耀眼的光辉，那九条巨龙仿佛冲破

九龙壁

雾霭，腾身游动起来。当太阳完全升起时，九龙壁便显得更加绚丽，龙身抖动，盘绕弯曲，在海波上翻腾，在流云中穿行，犹如真龙再现，宛然如生。

九龙壁是影壁的一种，即俗称照墙、照壁，是建筑物大门外正对大门以作屏障的墙壁，古人常用来驱邪避凶。大同九龙壁建于明代洪武末年，是明太祖朱元璋的儿子代王朱桂府前的照壁，也是中国现存规模最大、建筑年代最早的一座龙壁，堪称中国九龙壁之首。

云冈石窟

云冈石窟位于山西省大同市西郊武州山南麓，是中国三大石窟之一。石窟依山开凿，现存主要洞窟45个，大小造像51000余尊，也是我国规模最大的古代石窟群之一。

云冈石窟始建于公元5世纪北魏时代，纯粹是沿武州山整体开凿的。据文献记载，云冈石窟原名武州山石窟寺，明代时才改称云冈石窟。它从北魏文成帝复法启开凿之始，到北魏正光年间终结，大致历经了70年之久。

云冈石窟

据闻，开凿云冈石窟集中了当时北魏全国的技艺和人力、物力。这是由当时无数能工巧匠创造出的一座佛国圣殿，也是新疆以东最早出现的大型石窟群。

土林

土林

来到大同，岂能不一睹黄土高坡的风采，而土林，则是最能体现黄土高坡特色的地方。土林位于大同市大同县杜庄乡，方圆1千米，被当地人称作“石板沟”。

在这里，受桑干河支流日久天长地侵蚀，黄色的土地形成了一处处似古堡而非古堡、似雕塑而非雕塑的奇异景观。在光线的“魔法”下，这片奇异的土林会呈现出各种不同的色彩，有时金灿灿，有时红彤彤，展现出黄土高原恢宏的气势以及苍凉肃穆之美。

浑源

浑源

浑源县位于山西省东北部的大同盆地东南边缘，地处桑干河支流浑河中上游。这里古称崞县，因临近崞山，也就是现在的恒山而得名，其名最早见于唐代，又因浑河发源于县境内，故又名浑源县。

浑源境内除了恒山之外，还有众多史前遗址，如李峪青铜器遗址、李峪庙坡彩陶文化遗址、麻庄汉墓群等，如有想培养孩子对考古产生兴趣的家长可以在游罢恒山之后，来此一观。

诗词延伸

挂席泛安流。
细雨斜风到渡头。
万叠云鬟真似画，云州。
自古诗人几个游。

旌旆去悠悠。
别驾无功愧食浮。
却忆五湖烟浪里，扁舟。
第四桥南云水秋。
——李洪·《南乡子·监田渡》

雁门关 千年孤寂谁人知，风云变幻我独醒

雪晓清笳乱起。
梦游处、不知何地。
铁骑无声望似水。
想关河，雁门西，青海际。
睡觉寒灯里。
漏声断、月斜窗纸。
自许封侯在万里。
有谁知，鬓虽残，心未死。
——陆游·《夜游宫·记梦寄师伯浑》

宋词故事 · STORY

记梦

下过雪的清晨，有清幽笳声响起，陆游睁开眼睛，努力回想着梦中所游之地，却不知那究竟是何方。梦中铁骑无声，望过去如水流淌一般绵延不绝。他猜想，这样的关河，应该是在雁门关的西边，靠近青海边际的地方。

在寒灯的照射下，梦醒时分，更漏声早已滴断了，月光斜斜透过窗纸，照在房间的地面上。陆游不禁暗自神伤，他曾自许可在万里之外的战场封侯。如今不知有谁知晓，自己虽鬓发残败灰白，可在战场杀敌立功报效祖国的心却并未死去。

历史 · HISTORY

史上那些年

雁门关位于山西省忻州市代县以北的雁门山中，这里是长城上的重要关隘，与宁武关、偏关合称为“外三关”。只要对中国古代的军事有些许了解的孩子，便一定听过它的大名，尤其是在宋朝时期，这里简直成了著名的历史标志。一说起雁门关，人们可能马上便会想到当时为国血洒沙场的杨家将。

雁门山古时也称勾注山，群峰挺拔、地势险要，自建雁门关后，更有“一夫当关，万夫莫开”之势。相传每年一到春季，南雁北飞时，大雁们都会口衔芦叶，飞到雁门山盘旋半晌，直到叶落方才过关，因此这里也有“雁门山者，雁飞出其间”的说法。

秦始皇统一六国后，为了防止北方游牧民族南下骚扰，派遣大将蒙恬

率兵30万，从雁门出塞，把匈奴赶到阴山以北，并且修筑了万里长城。传说，蒙恬死后便葬于雁门附近。现在此地尚有一座蒙恬墓遗址，其断碑尚存，还可看清“秦蒙恬将军墓”及“清嘉庆”等字样。

雁门一带山峦起伏，其势蜿蜒，这里东接平型关、紫荆关、倒马关，直抵幽燕之地，西边有轩岗口、宁武关、偏关，直达黄河岸边。雁门关的东、西二门则皆以巨砖叠砌，气度轩昂，门额之上分别雕嵌有“天险”“地利”二匾。唐代诗人李贺的《雁门太守行》写出了这座雄关的豪迈与壮丽：“黑云压城城欲摧，甲光向日金鳞开。角声满天秋色里，塞上胭脂凝夜紫。半卷红旗临易水，霜重鼓寒声不起。报君黄金台上意，提携玉龙为君死。”

北宋初期，雁门关一带是宋朝与辽国激烈争夺的战场。公元979年，北宋将领杨业曾在这里多次以少胜多，大败辽兵，被当时的人们誉为“杨无敌”。然而，公元986年，由于统帅潘美的指挥失误和挟嫌报复，使杨业全军覆没，在朔州的陈家谷，这位一代名将身负重伤被辽兵所擒，但他宁死不屈，最终绝食身亡。后人为纪念他的战功和忠贞精神，在雁门关北口立了“杨将军祠”。而他的故事，后来被人改编成了著名的《杨家将》。至今，杨令公和佘太君的彩塑还稳稳地静坐在雁门附近的杨家祠内。

雁门关远景

趣味故事·INTERESTING STORY

傅山拒写“雁门关”

雁门关题词

明末清初时，有个著名的书法家名叫傅山。他出身书香世家，书法造诣登峰造极，当时许多官绅士族都不惜千金，求他墨宝。清王朝定鼎后，傅山一身硬骨，不忘旧国，并致力反清复明，坚决不与新政权合作。他隐姓埋名，以行医为生，常年避居于乡间。

这一年，雁门关的重修快要完成了，清朝皇帝听说傅山的书法极好，就命令当时的代州知府去请傅山出山，撰写雁门关的门匾。傅山不愿和清朝合作，借故推辞了。然而，皇帝的命令不可违抗，代州知府见傅山不肯合作，正急得团团转的时候，却发现自己的手下王石正是傅山的外甥。知府心想，攀上了这层亲戚关系，傅山再不会拒绝写匾了吧？于是，他急忙叫来王石，命他务必说服傅山，为雁门关的匾额题字。

然而，王石虽是傅山的外甥，但他非常清楚舅舅的脾气，硬得像块石头，只要是他认准的事，任谁去说都不行。那么，要想叫傅山写下“雁门关”这三个字，唯一的办法只有想个妙招，骗他写来。说起来，这王石也是个书法爱好者，从小就拜在舅舅傅山门下学艺。不过，让他描画几下还行，但要和傅山比起来，功夫还远远不到家。

几天之后，王石提着礼物去看望舅舅傅山，拉扯几句之后，便开口请舅舅给他写帖子练字。王石装作很认真的样子，拿出纸来，先叫舅舅写了个“雁”字。傅山没有多想，拿起笔就给外甥写了。

过了几天，王石又去看傅山，闲聊之后，又装着顺便的样子，叫舅舅写了个“门”字。又过了一段时间，正逢傅山过寿，王石便带上厚礼去拜寿，乘傅山酒后雅兴时，王石端上笔墨纸砚，笑着说：“舅舅，今天我还

想练字，你就给我写个关字吧。”傅山一时没反应过来，还高兴地说：“还是外甥像舅舅，爱写字。”然后拿起笔就准备写“关”字。

那时，“关”字跟现在不一样，是繁体，即“關”，这个字结构复杂，笔画繁多。傅山挥笔写完“門”字之后，正想接着写里面的结构，却突然发现有点儿不对劲。他想起，王石第一次让自己写了个“雁”字，第二次写了个“门”字，这次又叫自己写“关”字，连起来岂不是“雁门关”？他突然明白过来了，顿时大为恼火，放下笔就开始跳着脚骂王石。

王石一见舅舅发现了自己的阴谋，顿时有些心虚，他立即卷起那个“門”字，一溜烟跑回了家。回到家后，他仔细端详了一下舅舅写的字体结构与笔法，然后拿来笔墨和砚台，提笔将“關”字补完。就这样，王石拿着这半伪造的“雁门关”三个字向知府交了差。知府一见，大喜过望，赏给了他一笔非常丰厚的报酬。

雁门关落成后，这个傅山写了前半截、王石写了后半截的“雁门关”三个字被雕刻成石匾，镶嵌在城门上，许多文官武将都赞美“雁门关”三个字写得有气魄。然而，后来却有人发现，如果站在很远的地方看“雁门关”三个字，能看清的却只有“雁门门”，而门里的“关”却看不清，不知这是不是和王石仿写了里面的“关”字有关呢？

风景·SCENERY

带着孩子边走边看

雁门关在临忻州市代县以北。要到雁门关，必须走过山路十八弯，这十八弯在山腰间盘旋而过，路面虽是水泥铺就的，却弯多路急，不好行走。孩子们也许很难想象，在没有水泥路面的古代，人们不知要耗费多大精力，才能抵达雁门关的关口。所以，当我们今天带着孩子重走雁门关时，一来可以考验他们的耐心和毅力，二来也可以让孩子真切体会今天来之不易的幸福生活。

古雁门关

古雁门关

古雁门关也称“铁裹门”“西陉关”，《唐志》曾载：“西陉，关名也，在雁门山上，东西山崖峭拔，中有路，盘旋崎岖，绝顶置关，谓之西陉关，亦曰雁门关。”这里是中国北境重镇要隘和重要的戍边军所。“汉高祖北征”“昭君出塞”“宋徽钦二帝北掳”“杨家将镇守三关”等重大历史事件都和古雁门关有关。

雁门寨

雁门寨位于古雁门关东西两侧的山脊平台上，为北宋时期设立，是当时的军事驻防要地。它与西陉寨、胡峪寨并称为“雁门三寨”。雁门寨所处的地势十分险要，扼关山，拒漠原，御关内，曾有诗如此形容这里：“危峰千丈界南北，岩岩堆云雁得过。此日振衣临朔漠，何时归翼伴阳和。席依上界侵睛汉，水落人间作大

雁门寨

河。何时殷勤苦修筑，汉迁飞将本无多。”

隘口

隘口便是古雁门关北口，也被称为“白草口”，是雁门十八隘之一。早在春秋战国时期，“白草口”就是连南接北的要道。当时，沿着雁门古关道过往的商旅源源不断，都必须要经过这里，别无他路。

这道隘口跨河而建，设3道隘墙、6座隘门、6座堡台，其东西与长城连为一体。如今这里仅存有隘门1座，其上有额匾书刻“容民畜众”；还有堡台1座，其额匾书刻“猴岭”。

隘口

■诗词延伸

凉飙轻散余霞绮。
疏星冷浸明河水。
欹枕画檐风。
秋生草际蛩。
雁门离塞晚。
不道衡阳远。
归恨隔重山。
楼高莫凭栏。

——李弥逊·《菩萨蛮·新秋》

临汾 平阳尧都，汾水岸边最低调的奢华

雁塞说井门。
郡枕西汾。
山形高下远相吞。
古寺楼台依碧嶂，烟景遥分。
晋庙锁溪云。
箫鼓仍存。
牛羊斜日自归村。
惟有故城禾黍地，前事消魂。
——裴湘·《浪淘沙》

宋词故事·STORY

浪淘沙

雁门关是晋地的重要门禁，郡地一直绵延到西汾的边上。这里的山势极其凶险，地势落差极高。碧绿植被覆盖的山峰之下，古寺楼台藏于其中，雾气蒙眬，这大好美景看上去就好似从神仙世界浮现出来的。这里潺潺流动的小溪，天边浮动的白云，自从晋朝时起，就一直静待于此，从来不曾改变。耳边似乎依稀还能听到那时战场上的箫鼓之声。暮色将至，山脚下的牛羊都纷纷回了村子，唯有这破败的故城犹在，看了惹人徒自心伤。

历史·HISTORY

史上那些年

裴湘的这首《浪淘沙》，让我们的目光从雁门关移到了汾河两岸。而临汾，则是汾河岸边一颗令人无法忽视的夺目明珠。大约在4500年前，这里迁来了一支部族，他们在中原地区确立了统领诸方国的特殊地位，这就是威名赫赫的陶唐民族。

据史籍记载，尧“封于唐”“游于陶”，又称陶唐氏，“尧治平阳，统天下四方”。现在，考古学家在襄汾陶寺遗址发现了一处占地4万平方米，包括若干氏族葬区的墓地，并从葬制、葬具、殉葬品显示出当时已步入文明社会阶段。这里还发掘出了部分先民的大型

临汾第一门

聚落遗址群，以及烧陶作坊、大城和小城遗址，出土了成套的礼乐器物、玉钺、石磬、鼍鼓和象征王权的彩绘蟠龙陶盘，表明这里不仅是尧、舜、禹活动的中心，而且已经出现了中央国家政权。

这一次考古发掘证明，陶唐氏的时代相当于古史上的尧舜时代，也是先秦史籍中出现的最早的“中国”。据《帝王世纪》载，帝尧元年为甲辰年，今天的科学家们运用不同的科学方法推定出：帝尧元年为公元前2357年。

金元时期，临汾一带也被称作平阳，这里的地位仅次于大都北京。由于这里盛产雕版印刷的白麻纸、墨锭、枣木，因此官民雕印作坊在这里发展迅速，中央也在此设立经籍所，委派书籍官，并逐渐形成家置书楼的盛况。当年，这里出版的书籍主要有编集经史、道教经卷、民间文艺和农医杂书。其中最著名《平水韵》，曾一时风行全国，亦成为历代诗人做诗押韵的依据，因而也被称作《诗韵》。

趣味故事 · INTERESTING STORY

咕咕鸟的传说

在汾河边上有个丹子山，山下有个朱村，在它们附近，埋藏着一个“丹朱墓”。这里讲的故事，就与墓的主人丹朱有关。

临汾城郊

传说，丹朱是尧王的大儿子，他长得人面鸟嘴，有翅膀却不会飞，当他把嘴伸到河里时，便能像个钓鱼的竿子一样，钓上鱼来。丹朱从小不务正业，论品行，也远远比不上他的父亲尧王。

尧王坐天下的时候，住着茅草屋，穿着粗布衣，吃着粗米饭，喝着野菜汤，就连用的器皿都是黄土做的。在他

的心中，满满装的都是百姓，只要国内有一个百姓挨饿受冻，或是犯了错误，尧王的心里都十分难过，他觉得，这都是自己的错，是自己没将国家治理好。

然而，就在尧王没日没夜为百姓办事的时候，他的儿子丹朱却每天带着一群狐朋狗友，到处吃喝玩乐，如果他在家里吃喝腻了，还会带着手下出城去。不仅如此，丹朱的脾气还很坏，人们若是稍有一些不顺着他，他便大发雷霆，不是打这个，就是骂那个，这使得人们对他憎恨不已。

有一年，尧王治理的国家洪水成灾，丹朱却不管百姓死活，光顾着自己痛快。他成天坐着船东游西逛，觉得特别好玩。后来，尧王费了九牛二虎的力气把洪水治住之后，原先的河道便有好些开始干涸，不能再行船。可丹朱不管这些，他偏偏非坐船不可。到了水浅的河里，他还叫人拉着船走，而到了没水的地方，他不坐车，也不骑马，还是要坐船。他的手下没有办法，只得想办法拉着船在旱地上走。丹朱的这种行为，令他的仆人们怨声载道。

埋怨声传到尧王的耳朵里，尧王非常生气，他本想狠狠责罚一下丹朱，却又想给他个机会，让他认识到自己的错误。于是，尧王做了一副围棋送给丹朱，希望他从棋中悟道，改邪归正。然而，丹朱并没有领会父王的苦心，没过几天，他便扔下围棋，又到处吃喝玩乐去了。

尧王彻底失望了，他觉得丹朱没有做帝王的资质，如果自己以后将天下传给他，老百姓一定会受苦。于是，尧王便绝了将天下传给儿子的念头。他到处寻访贤人，希望将王位禅让给有才能的人，但他又担心，禅位之后，丹朱会因不服气而出来胡闹。于是，尧王便将丹朱送到了汾河边，让他管理那儿的百姓，再不许回到都城。

果然不出尧王所料，当他将王位禅让给舜之后，丹朱怀恨在心，他觉得是舜夺了他的王位。为了将舜从宝座上赶下来，丹朱招兵买马，决心要和舜一拼高下。退位后的尧王得知消息，气愤不已，他亲自领兵，来到丹朱管辖的地方，摆开战场。然而，丹朱哪里是父亲的对手，才几个回合，他就败下阵来，向山上逃去。

被父亲打败之后，丹朱又气又急，然而他知道，这谋反的罪名一旦扣上，横竖都逃不过被剿灭的命运，看看手下的残兵败将，再想想父亲对待自己的态度，丹朱绝望了。他已没有退路，只得在丹子山上跳河自尽。

丹朱死了以后，人们在丹子山上发现了一种从来没有见过的鸟，它的样子像猫头鹰，鸟爪却跟人的手差不多。传说那怪鸟是丹朱的灵魂所变，他活着不顺心，死了不服气，成天“朱、朱、朱”地叫唤，就像是在申诉自己的满腹冤屈，时间长了，人们就把这种鸟唤作“咕咕鸟”。

风景·SCENERY

带着孩子边走边看

临汾是山西境内汾河之滨的一座古老城市，地处太原、郑州、西安三个省会城市连接的中点，是黄河文明的摇篮。尧帝在此建立都城，黄河在此咆哮着翻腾，而那已存活千年的大槐树，更像在对我们诉说着中华民族历经了上千年的苦难与坚强。

尧庙

据传，临汾是尧王的都城，尧庙自然也成了这里最有名的建筑。尧庙始建于晋代，后经唐、元、明、清历代重修增建，规模不断扩大。现今，尧庙内还存有十多座石碑，上面记载着尧王的丰功伟绩。

尧庙

进了尧庙，最先映入眼帘的是五凤楼，它始建于唐代乾封年间，距今已有1300多年的历史。楼高3层，有12处飞檐，楼底是一条砖建的窑廊，廊内有直通顶层的角柱13根，十分雄伟。最有趣的是，楼顶有30多个直立的陶人，中间有个陶狮子，有风轻轻吹过时，这些陶人还会呈现上下走动的样子，十分精巧别致。

出得五凤楼，就能看见尧井亭。这座亭子始建于东晋太宁年间，距今已有1600多年。尧井亭是一座六角的高檐楼阁，据说亭中的水井还是当年尧王亲手所掘。这口井直径8寸，有两层井壁，外层有卯榫砖九块一圈，叠圈砌成。

庙内的主体建筑为广运殿，这座大殿也称尧宫，其始建于唐显庆三年（公元658年），距今已有1300多年。殿内有12米通顶立柱42根，柱子下面的石基座雕刻精细，其上有狮子、麒麟及各式花卉。大殿龛内供着高达2.8米的唐塑尧王像，两边站着两位宰相和两位阁老。

壶口瀑布

壶口瀑布位于临汾市吉县壶口镇，是黄河上最有名的瀑布，也是世界上最大的瀑布。黄河奔流至此，两岸石壁峭立，河口收束狭如壶口，黄河奔过的声势如同在巨大无比的壶中倾泻而出，故名壶口瀑布。这里的两大著名奇景“旱地行船”和“水里冒烟”，实属世界罕见。明代陈维藩曾写过一首名为《壶口秋风》的诗，诗中提到“秋风卷起千层浪，晚日迎来万丈红”，真是一点儿也不夸张。

更奇妙的是，隆冬时节，黄河两岸结起了冰凌，壶口瀑布便会呈现出一种平静而瑰丽的模样。当黄河水从两岸层层叠叠的冰块中飞流直下时，激起的水雾在阳光下形成一道美丽的彩虹，而瀑布之下，出现了一座美丽的冰桥，两岸溢流形成的水柱如同大小不一的冰峰倒挂悬崖，彩虹时隐时现，游移其间，七彩与晶莹映衬，不到实地，实在无法想象这种景象有多么神奇。

大槐树

在临汾，有一棵无人不知、无人不晓的大槐树，它位于临汾洪洞县西

壶口瀑布

北的广济寺旁，据说自汉代时便栽种在此了。它存活的年代久远，并不是最神奇的事。据闻，汉朝在这里栽种的其他古树均已被毁，唯独这一株，不但存活了下来，还从其根部滋生出了第三代古槐，高达数丈。

古槐边上还有一座近代新建的碑亭，亭中竖立着一块石碑，正面刻着"古大槐树处"，背面则刻有古代移民大事略记。据说，在元朝时期，因为黄河沿岸战乱不绝，以至于山东、河南、河北等地人丁锐减，而位于中原腹地的山西洪洞却得以幸免，反而成为当时的人口聚集之地。明朝之后，政府见此地人丁兴旺，便决定从这里抽取人丁，充实周边各地，于是在广济寺旁设局发资。而当时的移民则纷纷折下大槐树的叶子携带在身上，以用来思念故乡。

■诗词延伸

大槐树

佳人学得平阳曲。
纤纤玉笋横孤竹。
一弄入云声。
海门江月清。
髻摇金钿落。
惜恐樱唇薄。
听罢已依依。
莫吹杨柳枝。
——张先·《菩萨蛮》

贺兰山 望苍茫云海，神秘西夏我最大

怒发冲冠，凭栏处、潇潇雨歇。
抬望眼、仰天长啸，壮怀激烈。
三十功名尘与土，八千里路云和月。
莫等闲、白了少年头，空悲切。
靖康耻，犹未雪。
臣子恨，何时灭。
驾长车踏破，贺兰山缺。
壮志饥餐胡虏肉，笑谈渴饮匈奴血。
待从头、收拾旧山河，朝天阙。
——岳飞·《满江红·写怀》

宋词故事·STORY

满江红

岳飞的满腔报国之情，再也压制不住，他心中憋着一股怒火，直冲发冠而上。站在庭院的栏杆旁，他凝望潇潇秋雨，直到雨歇天晴。抬头远望，他不禁又对天长啸，急切盼望实现自己的志愿。现如今，岳飞已是30多岁的人了，他功名未立，却也不甚在意，在他心中，功名好比尘土一样，都是不足求的。他心中急切渴望的，是那需要远赴八千里外的征战，是那征途上一路相随的白云和明月。岳飞不愿再等，继续的等待，只能让满头青丝由黑变白，到那时，只怕空留一腔悲愤，最后一切成空。

靖康二年的国耻还没有洗雪，臣子的恨什么时候才能够消除？岳飞只愿驾乘着战车，踏破敌人的巢穴，吃敌肉，饮敌血。他有雄心壮志，也相信自己只在笑谈之间，就可以做到这些。现在，他只需要静静等待，待到收复了山河之日，再向朝廷报功请赏！

历史·HISTORY

史上那些年

岳飞的一首《满江红》，让远在西北的贺兰山跃入人们的眼帘，并为世人熟知。“贺兰山”的名称最早被发现记载于《隋书·赵仲卿传》。隋朝开皇三年（公元583年），赵仲卿为攻打突厥而出贺兰山。

关于贺兰山名称的来历，自古就有“驳马”和“贺赖”之说。“驳马”之说来自唐朝李吉甫的《元和郡县志》：“山多树林，青白望如驳马，北人呼驳为贺兰。”“贺赖”之说，源自《晋书·四夷列传》对匈奴“北狄”的记载：“其入居者有屠各种……贺赖种……”

贺兰山山石

但后者显然更有史料证据，宋代历史学家胡三省便在《资治通鉴》注疏中这样解释：“兰，赖语转耳。”意思就是，“兰”音是源自于“赖语”的变音，而今天的考古学家也证实，“贺赖”确是“破多罗”“破多兰”的简称，后又简译为“多兰”，后来又音译为“贺兰”，而以上这些均为鲜卑族破多罗部族的名字和姓氏。

然而，贺兰山名虽然出自鲜卑，却被西夏人奉为圣地。唐中期时，因为战乱原因，曾经居住在阿尼玛卿山和岷山一带的党项羌人迁徙来到了这里，并在北宋时成为盘踞于西北方的强大军事力量，这股力量曾给宋朝带来了极大麻烦。史学界曾有种说法，认为尽管辽和金是宋朝的最大威胁，但岳飞在《满江红》中想要“踏破”的，其实首先应是盘踞于贺兰山一带的西夏。

即便是在历史学家的眼中，西夏也是个极其神秘的王朝，而贺兰山，则是这个神秘王朝的核心地带。实际上，在党项人自己的称呼里，西夏其实并不叫“西夏国”，他们对外称自己为大夏国，对内则叫“大白高国”。

贺兰山是西夏人的屯兵之地。据说，早在西夏国建立的前两年，其首领李元昊就拥有50多万的兵力，而驻守在贺兰山一带的就有5万人之多，将全国十分之一的兵力布置在这里，贺兰山对西夏人的重要可见一斑。

但这股强盛的军事力量，却最终无法抵御蒙古铁骑洪水一般的冲击。在成吉思汗风卷残云的不断进攻中，“大白高国”最终消失在了历史的洪流中。这个民族神秘地出现在了贺兰山麓，又神秘地消失在了这里。据说，幸存下来的西夏人四散逃难，传说有一部分回到了现位于川西北大山中的祖地，那里现在以出美女著名，有人猜测是当年西夏王族的后宫佳丽逃了过来，为这里留下了美貌的基因。

趣味故事·INTERESTING STORY

“贺兰山”名的由来

传说在很久以前，宁夏银川是一片茫茫草原，草原上有一对青年男女。男的叫卓木，他拉开弓能射下天上的雄鹰，挥动套马杆能套住草原上暴烈的骏马；女的叫伊犁里娜，她能唱世界上最美的歌，能裁一件件华美的衣裙。他们二人一直在这里过着幸福的日子。

有一天，两个人正在家里喝着奶茶，突然间，外面刮起了大风，天空忽然暗了下来。这股大风刮散了羊群，刮倒了帐篷。卓木和伊犁里娜忽然在风声中隐约听到了一阵咴咴的马叫声，马是牧民的生命，他们赶紧跑出屋来察看，却见一匹小马驹全身湿漉漉的，倒在草地上挣扎。他们赶紧跑过去，将小马驹抱了回来。说来也巧，两人刚进屋，便风停云散，太阳也出来了。

几年之中，卓木和伊犁里娜捡回的小马驹长得快极了，它全身披着乌黑锃亮的毛，就像黑缎子一样，卓木给小马驹起了个名字叫“赫勒”。一天，赫勒突然跪在卓木和伊犁里娜的面前，口吐人言：“我不会忘记你们的养育之恩，但是我不能永远留在你们身边，我是草原上的生灵，还要回到草原上去，你们要是想念我，就大喊我的名字，我马上就会回来的。”说罢，赫勒站了起来，一声长鸣，向无边无际的草原奔去。

贺兰山山峰

赫勒离开了，卓木和伊犁里娜悲伤极了，他们俩日夜思念着小赫勒。就在这个时候，统治草原的“魔神”出现了，它贪得无厌，不但要的供品越来越多，还时常刮起狂风，卷走牛马和骆驼，点起天火，烧焦牧草，绿色的草原渐渐变成一片黄沙。

自从魔神出现以后，牧民们就开始变得没吃没喝，卓木和伊犁里娜被它给害死了。临死前，伊犁里娜想起了当年的小马驹，她奋力高声喊道：“赫勒……”

此时，马驹赫勒听见有人喊它的名字，便高兴地迎着喊声跑到了高山顶上。令它没有想到的是，它看见的并不是蓝天白云和绿油油的草原，而是黑雾满天，大地上灾害一片。

赫勒看到此景，嘶鸣一声，就拼命往家乡跑去。回到家乡后，它只见满目沙丘，草原不见了，牛羊也没有了，这里有的只是遍地的砂石和荒滩。赫勒心中吃了一惊，它开始到处寻找卓木和伊犁里娜，却怎么也看不见他们的影子。

就在赫勒心急如焚时，一位老人走了过来，他告诉赫勒，卓木和伊犁里娜被魔神害死了。赫勒听后，悲愤不已，它鬃毛竖立，四蹄狠敲地面，发誓定要找到魔神报仇。

就在这时，魔神却自己显身出现在了赫勒面前，并扬言要跟它决斗。“仇人相见，分外眼红”，赫勒见到魔神，二话不说，立即冲了上去。经过一阵激烈的打斗，魔神抵挡不住，飞也似的逃走了。赫勒追不上魔神，气得暴跳如雷。它想：无论如何也不能让它再回来祸害草原。跑了九百九十九里之后，赫勒变成了一座石头山，挡住了魔神的去路。

变成大山之后，赫勒独自躺在草原上，它常常思念养育自己的卓木和伊犁里娜，每当想起他们，它都会默默地流着泪。赫勒的泪水汇成了一条小河，终年奔流不息，滋润着干旱的草原。后来，人们为了纪念赫勒保卫家乡的功劳，就把这座山叫“赫勒山”，后来又慢慢叫成了“贺兰山”。

古道西风，长烟落日，似血的残阳在贺兰山边悄悄地沉下去。放眼望去，在这苍穹之中，西夏王陵静静矗立在这苍凉寂寞的天地之间。然而，就是在这片看似荒凉的大地上，曾经诞生过一个“东尽黄河，西界玉门，南接萧关，北控大漠，地方万余里，依贺兰为固”的神秘王朝。西夏王朝究竟藏有什么秘密，我们能从这孤寂的王陵中得到答案吗？

西夏王陵

贺兰山下，还有什么比西夏王陵更加神秘？这个谜一般的王朝，悄无声息地崛起，又悄无声息地消逝在了大草原深处。西夏王陵位于银川市西边的贺兰山东麓，其内分布着九座帝陵，分别为裕陵、嘉陵、泰陵、安陵、献陵、显陵、寿陵、庄陵、康陵，除此之外，还有253座陪葬墓，是中国现存规模最大、地面遗址最完整的帝王陵园之一。

王陵之内，一座座黄色的陵台，高大得像小山丘一般，在贺兰山下连绵展开。陵园地面建筑均有角楼，并由门阙、碑亭、外城、内城、献殿、塔状陵台等部分组成，平面总体布局呈纵向长方形，并以南北中线为轴，力求左右对称的格式排列。

据测量，西夏王陵区同北京明代十三陵的规模相当，也是我国现存陵园建筑中为数不多的西夏建筑形式。

西夏王陵

贺兰山岩画

贺兰山岩画

在贺兰山东麓的石壁上，刻着数以万计的、神秘的远古岩画。据考证，这些岩画记录了远古人类在公元前1万年至公元前3000年放牧、狩猎、祭祀、争战、娱舞等生活场景。这些画面艺术造型粗犷浑厚，构图朴实，姿态自然。人首像大约占总数的一半以上，其余大约是牛、马、驴、鹿、鸟、狼等动物图形。

这些被考古专家奉若珍宝的岩画，或许对孩子们的吸引力并不算大，在一些学习过绘画的孩子眼中，它们甚至有点儿像小学生的涂鸦之作，但这些并不重要。我们带着孩子来到此地，并非指望他们能从这些岩画之中读出些许艺术情怀。

来到这里，我们可以沉着地告诉孩子，在远古时代，没有手机、电脑、电灯，也没有现代人离不开的一切娱乐活动，可在当时，人们依然有丰富多彩的生活内容，他们的精神如此富足。

沙湖

沙湖地处银川平原的中北部，西依贺兰山，原名红渠洼，又称鱼湖，它是沙漠中难得一见的“沙海明珠”。沙湖拥有万亩水域、两千亩芦苇、千亩荷池，这里是鸟的天堂、鱼的世界、游人的乐园。

每逢盛夏，这里的荷花竞相绽放，姹紫嫣红，争奇斗艳。其中的尼罗河风情景区则以沙雕艺术为依托，展示了各国艺术家的沙雕作品。在大漠丝路奇观景区则能领略古老的丝绸之路、神秘的波斯文化等。

除此之外，湖西四周还有滑沙、骑驼、骑马、游泳、垂钓、滑翔、沙滩排球、足球等游乐设施，以及旅游飞机空中观光节目。

沙湖

诗词延伸

云雷天堑，金汤地险，
名藩自古皋兰。
营屯绣错，山形米聚，
喉襟百二秦关。
鏖战血犹殷。
见阵云冷落，时有雕盘。
静塞楼头，晓月依旧玉弓弯。
看看定远西还。
有元戎阃令，上将斋坛。
区脱昼空，兜零夕举，
甘泉又报平安。
吹笛虎牙闲。
且宴陪珠履，歌按云鬟。
招取英灵，毅魄长绕贺兰山。
——邓千江·《望海潮》

【第六辑】留给孩子的旅行思考题

1．太原和尧帝有什么关系?

2．历史上，雁门关的重要性体现在什么地方?

3．查阅岳飞生平事迹，想想看他究竟为何会被冠上“莫须有”的罪名?

第七辑

念燕赵故土——马蹄之下，你的柔情如歌如泣

幽州 狼烟四起，你仍是我依依不舍的地方

一生富贵，岂知今日有离愁。
锦帆风力难收。
望断燕山蓟水，万里到幽州。
恨病馀双眼，冷泪交流。
行年已休。岁七十、又平头。
梦破银屏金屋，此意悠悠。
几度见青冢，虚名不足留。
且把酒、细听箜篌。
——汪元量·《婆罗门引·四有八日谢太后庆七十》

宋词故事·STORY

庆太后七十

太后谢道清被元军俘虏之后，汪元量与她一起北上，看着这七旬老妇的龙钟之态，想着她率先投降元军的行径，汪元量的心中满满都是苦涩的滋味。想来谢太后一生富贵，又怎知今日会遭此劫难。或许这是因为她习惯了以往的锦衣玉食，如今不愿放弃荣华富贵吧。

燕山蓟水是如此遥远，不知幽州是否还有万里之遥。只见谢太后双目含泪，双眼余恨，不知她心中可曾后悔投降。如今，太后已年逾70，一生华梦竟然在此破灭，不知她作何感想。70岁的老人，黄土都快埋到脖子了，还留着封赏的虚名作何用处。还是先来一杯酒，再让我弹上一曲箜篌给您听吧。

历史·HISTORY

史上那些年

提起幽州，许多人第一个想到的便是北京，但古幽州的范围非常大，今天的北京虽然曾是古幽州的一部分，但幽州不仅仅是北京城。幽州，曾经又称“燕州”，因为燕山在此而得名。大致说来，古幽州的范围包括今天的北京、天津及河北省东北部的一些地区。

隋唐时，隋炀帝在幽州筑临朔宫作为行宫，后三次出征高丽，都以幽州为后方基地集结兵马、军器、粮储。到了唐代中期，东北诸族势力强盛，当时的中央政府又置幽州节度使于此，以控制来自北方的游牧民族。

后来，安禄山身兼范阳、平卢、河东三节度使时，即以幽州地区的范阳为根据地，掀起“安史之乱”。据史料记载，“安史之乱”前，幽州城

幽州城郊

内有白米行、屠行、油行、五熟行、果子行、炭行、生铁行、磨行、丝帛行等，说明当时幽州商业已十分繁盛。

五代初期，军阀刘仁恭在这里建立地方政权，称燕王，后被后唐消灭。后晋的建立者石敬瑭为了打败后唐，投降契丹人，并把幽云十六州让给契丹。宋太宗赵光义率军北伐时，这里的名字仍叫“幽州”。赵光义北伐失败后，辽国在幽州建立了陪都，号南京幽都府，后又改号燕京。幽州这一名称不再被使用。

幽州之名虽已逐渐消逝于战火之中，但幽州之魂已牢牢地留在了人们心中。这个盘踞在燕山脚下，曾被无数战火摧残，曾无数次易主，甚至直到今天也说不清究竟属于哪座城市的地方，有一种独特的魅力，让人无法忘却，于梦中向往。

陈子昂那首著名的《登幽州台歌》，其中一句“念天地之悠悠”，更是让幽州有了一种广博的苍凉之美。在古老的幽燕之地，此刻正有一场毫无硝烟却比硝烟更令人窒息的“战争”展开。如今，古幽州所在的地区，已重新成为新时代的政治、经济、文化中心，吸引着全世界的人到此，古与今在此完美融合。

趣味故事·INTERESTING STORY

《登幽州台歌》背后的故事

燕国时期，燕昭王曾经在幽州建了一个“黄金台”，用于招纳贤才。唐代诗人陈子昂登临这座黄金台之后，写了一首名垂千古的诗《登幽州台歌》：“前不见古人，后不见来者。念天地之悠悠，独怆然而涕下。”

不知可有人知道，在这首诗的背后，还有着一个悲愤而绝望的故事。陈子昂是一位具有宏伟抱负和远见卓识的政治家，从青年时代起就胸怀大志，富有政治热情。举进士后，更是上书议政，主张颇有见地，曾经很受武则天赏识。有一次，由于唐营州都督赵文翙政策失措，契丹大贺氏首领李尽忠带兵反叛大唐，并攻陷营州，武则天遂派建安郡王武攸宜率军征讨，陈子昂随军担任幕府参谋。

到了边地之后，陈子昂却发现，武攸宜不学无术，轻率而无将略，根本就是个绣花枕头，面对契丹人的强大威胁，他根本没有任何谋略，最终兵败渔阳。陈子昂看在眼里，急在心中，他怀着立功报国的壮志，立即向武攸宜提出作战方案，并请求分出万人为前驱，以求转败为胜。

然而，令陈子昂万万没有想到的是，武攸宜不但不采纳他的建议，反而从此憎恨上了陈子昂，把他从参谋降到军曹，并从此不再让他过问军机大事。陈子昂报国无门，又遭贬斥，悲愤不已。他遂登上幽州台，追忆起周朝姜尚受命于周室两代君主，成就伟业，又想起战国时代燕昭王重用乐毅等人的事情，不禁仰天长叹：燕昭王能招贤纳士，使国势衰微的燕国逐渐强盛起来，而现在，知人善任的贤明君主却又在哪里呢？

在这一瞬间，陈子昂奋笔写下了这首《登幽州台歌》，并在寥寥22个字内，就将自己的满腹怨愤尽数融入，而幽州台，也带着陈子昂怀才不遇的心境，从此闻名天下。

登幽州台歌

风景 · SCENERY

带着孩子边走边看

北京城是古幽州的一部分，但我们这次带着孩子去看到的幽州，却并非那繁华的京城。或许即便住在北京，也有许多人并不知晓，就在他们熟知的永定河的上游，有一处像苍龙一般的峡谷，这个峡谷的名字，就叫“幽州”。

幽州峡谷

幽州峡谷

幽州峡谷，又被称为永定河峡谷，或是官厅山峡谷，这里是永定河上游的一处河谷。幽州峡谷两侧山崖壁立，山体由石灰岩构成，深度风化。在这里，永定河像一条苍龙一般盘旋远去。

永定河，古时也称㶟水，隋代时被称作桑干河，金代时称作卢沟。每年7月至8月，这里的河水自燕山峡谷急泻而下，河水挟带大量泥沙，因此又有浑河、小黄河等别称。

幽州村

幽州村在幽州大峡谷的旁边，这是一个古老的村庄，民房至今也大多用石头堆砌，许多宅子都有几百年的历史。这个村子是电影《周渔的火车》的外景地，村子很小，依然保留着与世隔绝的古朴感觉。

幽州村

进入幽州村前，会先经过一条“绿色通道”，通道两侧是树枝搭建的栅栏，打开车窗便是扑面而来的芬芳气息。在这里，家长可以带着孩子一边享受新鲜水果，一边听着果树林里传来的知了声，感受一种离开都市才有的田园意趣。

■诗词延伸

官舍悄，坐到月西斜。
永夜角声悲自语，客心愁破正思家。
南北各天涯。
肠断裂，搔首一长嗟。
绮席象床寒玉枕，美人何处醉黄花。
和泪捻琵琶。
——汪元量·《望江南·幽州九日》

渔阳 燕山脚下，我是“千年战场”

牡丹比得谁颜色。
似宫中、太真第一。
渔阳鼙鼓边风急。
人在沈香亭北。
买栽池馆多何益。
莫虚把、千金抛掷。
若教解语倾人国。
一个西施也得。
——辛弃疾·《杏花天·嘲牡丹》

宋词故事 · STORY

嘲牡丹

牡丹花开的时节，大伙都争相赞美它的艳丽与高贵，唯有辛弃疾一人对此持有不同看法。他不但不欣赏牡丹的贵艳之姿，反而百般嘲讽它：

牡丹花啊牡丹花，你的艳丽有谁能及？看历代帝王宫中，杨贵妃杨太真之色当属第一。然而，想当年，“安史之乱”将发，渔阳鼙鼓的响声已传遍京师，边塞形势早已告急，但杨贵妃与唐明皇却尚在沈香亭北游玩赏乐。贵妃虽艳，于国于民又有何益？

现如今，牡丹虽美，但买来许多栽在池馆中，却对人没有丝毫益处，还是不要浪费千金财物在这种地方的好。话说到底，花再艳、人再美，于国于民无用，宫中只要有一个如同西施那般的美女，国家就会因此而灭亡。其实最主要的，在于君王是否将心思放在国事上，而不在于后宫美女的多少。

历史 · HISTORY

史上那些年

据考证，“渔阳鼙鼓边风急”中的渔阳，就是今天天津的蓟县地区。《蓟州图经》中指出，因当时州城西北有渔山，而郡在山南，故名渔阳。

渔阳在古代，一直是“征戍之地”的象征。张仲素在《春闺思》中写道：“袅袅城边柳，青青陌上桑。提笼忘采叶，昨夜梦渔阳。”意思是，城边上的柳树随风摇曳，桑田上的桑叶绿意葱葱，采桑女手提竹笼而立，却忘了采摘桑叶，因为她在昨天夜里梦到了渔阳。而渔阳，则是采桑女丈夫从军的地方。

渔阳古村落

渔阳在古代素有“畿东锁钥”之称，是历代兵家必争之地。春秋时期，山戎部落从这里进犯齐、燕。战国时期，齐、燕两国在此战事不断。秦代，这里是秦始皇东巡的必经之地。西汉初年，这里是辽东王韩广与燕王臧荼争雄的主要战场。汉“飞将军”李广为右北平郡太守，就驻守在这里抵御匈奴，并筑右北平城。

到了宋、辽、金时期，这里更是三方争夺对峙的重要战场。甚至在解放战争时期，这里也是前沿阵地，是平津战役指挥机关所在地。渔阳，这个燕山脚下的千年古城，无论它的名字如何变更，却始终无法逃脱成为修罗战场的命运。

但渔阳的魅力，并没有因为纷扰的战火而大打折扣。在燕山一带，这里风景独好，因此在战争停歇之余，也吸引了许多帝王将相和文人墨客到此一览。据说，轩辕黄帝便曾两次来到此地，向广成子求问治国之道。

唐代名将李靖也曾隐居在这里的盘山，并每日在此拔剑起舞，至今尚留下李靖庵、舞剑台等历史遗迹。清朝时期，这里是北京通往东陵的咽喉要道，因此康熙、乾隆、嘉庆皇帝也多次来到这里。渔阳地区还建有清朝的太子陵、王爷陵、后妃陵10余处。

趣味故事 · INTERESTING STORY

半壁山的传说

古时候，相传渔阳郡的九龙山中盛产一种木头，名为双芯木。这种木头结实、美观，还防潮，是建房造屋、打造家具的好材料。不知道什么时候，这种木头竟然被东海龙王看中了。他想，自己的龙宫建在海底，长年累月要被海水浸泡，宫中的木材换了一茬又一茬，现在有这种不怕水的好材料，就不用再费尽心思重修宫殿了。于是，老龙王找了个时间，率领虾兵蟹将来到九龙山中，准备采伐双芯木。

那个时候，还没有“半壁山”，因为整座山还是完整的，山上绿树葱郁，山下溪水清亮。巧的是，这汪清亮的溪水，正好从村外流过，并直接流到东海里。龙王一到山中，眼前一亮，立即就看中了这条小溪，这是多么好的一条运输航道啊。

进山之后，龙王就命令虾兵蟹将们将砍好的双芯木结成筏子，一排排顺流而下，运往东海。然而，龙王的举动很快就被住在山里的黑鱼精发现了。黑鱼精也不是个等闲之辈，它修炼了1000多年，早已化作人形，正想着在村里盖间房子，过几天有妻有子有人伺候的好日子，龙王顺水放下来的木料，正好帮了它的大忙。

这可是掉到嘴边的肥肉，不叼白不叼。黑鱼精想着想着，就偷偷地把上游漂下来的木料截了下来，藏在洞中，准备日后建房使用。可没等他截下几块木料，就被老龙王发现了。老龙王十分震怒，他想：“我辛辛苦苦跑来这么远砍伐木材，却被你这个小偷中途捡了便宜，这绝对不行。”

龙王越想越生气，盛怒之下，他大发龙威，一挥龙爪，便直奔黑鱼精

半壁山

扑去。黑鱼精好歹也修炼了1000多年，虽然打不过龙王，但逃跑的本事还是有的，它好汉不吃眼前亏，不等龙王扑过来，便嗖地一下钻入泥里土遁了。龙王扑了个空，没抓着黑鱼精却把好端端一座山劈为两半，只留下石崖一面的峭壁和滚落一旁的半个山头，从此，这个地方就被称作“半壁山”。

风景 · SCENERY

带着孩子边走边看

曾经的渔阳，今天也叫作蓟县，位于天津。尽管没有史料可以准确地证明，这两个地名的辖域是否能够完全重合，但在燕山脚下，它们都是在马蹄下坚强屹立的“千古战场”。现在，就让我们带着孩子，前往传说中李靖曾经隐居过的盘山，我们的旅程就从这里开始。

盘山

盘山在天津市的蓟县境内，距离北京只有约60千米，因形似一条巨龙，盘亘于京东津北，又因雄踞北京之东，因此也有“京东第一山”之称。

盘山

盘山景色以“五峰八石”“三盘之胜”而称绝。主峰挂月峰海拔 864.4 米，前拥紫盖峰，后依自来峰，东连九华峰，西傍舞剑峰，五峰攒簇，天然形成了“三盘之胜”，上盘有奇松，盘曲翳天；中盘有怪石，怪异神奇；下盘有清溪，溅玉喷珠。

据说，在东汉末年，吴中地区的名士田畴不愿接受献帝封赏，因此隐居在这

黄崖关长城

里，所以人们将此地称作田盘山，简称盘山。清朝乾隆皇帝一生32次登临盘山，留下盛赞盘山的诗作1702首，第一次巡幸盘山时，就发出了“早知有盘山，何必下江南”的感叹。

黄崖关长城

黄崖关长城在蓟县城北，其东邻悬崖绝壁，西依峭壁天堑，依山傍水，紧紧扼守了水陆要冲，是比较完备的古代军事防御体系。这里虽然不如八达岭雄伟壮观，却将中国万里长城的精华荟萃于一地，被长城专家誉为“万里长城的缩影”。

独乐寺

独乐寺始建于唐代，是蓟县境内著名的千年古寺。

独乐寺的主要建筑是山门和观音阁。其山门是我国现存最早的庑殿顶古建筑，门上悬挂的“独乐寺”匾额据说是明代严嵩所题。而山门两侧，有两尊高大的天王塑像守卫两旁，俗称“哼”“哈”二将，据闻是辽时期的彩塑珍品。在山门的后面，还有清代绘制的四大天王壁画。而独乐寺山门正脊的鸱尾，它长长的尾巴向内翘转，犹如正在飞翔的雉鸟，十分生动，这是我国现存古建筑中年代最早的鸱尾实物。

独乐寺中的观音阁高23米，其不仅是我国现存双层楼阁建筑中最高的一座，也是国内现存年代最早的古代木结构楼阁。而阁内的观音头上还有10个小头像，所以又称十一面观音，这是我国最大的彩色泥塑之一。

■诗词延伸

独乐寺

帘外东风交雨霰。
帘里佳人，笑语如莺燕。
深惜今年正月暖。
灯光酒色摇金盏。
掺鼓渔阳挝未遍。
舞褪琼钗，汗湿香罗软。
今夜何人吟古怨。
清诗未就冰生砚。
——苏轼·《蝶恋花·密州冬夜文安国席上作》

沧州 渤海湾旁，“抗洪冠军”落我家

漠漠晴霓和雨收。
长波千万里，拍天流。
云帆烟棹去悠悠。
西风里，归兴满沧州。
谩道醉忘忧。
荡高怀远恨，更悲秋。
一眉山色为谁愁。
黄昏也，独自倚危楼。
——赵鼎·《小重山》

宋词故事·STORY

小重山

云开雨散，大片霓虹随着天气放晴出现在了天边。江面上的波涛好似绵延了千万里之远，一直扑向天际。小船上的船帆如云，双棹没入水烟之中，船儿随着西风缓缓向着沧州方向驶去，而船的主人，因为即将归去，兴致高昂。

高昂的兴致自然要拿酒来作陪，小酌片刻之后，船主人却已微醺。都说一醉解千愁，但他只恨自己身居高位，却不能为国尽忠，解国之危难，只能在这萧瑟的秋天里暗自伤怀。他站起身来，极目远眺，只见那远方的山色如眉拧皱，这是在为江山而愁吗？他坐下身来，又斟满一杯酒，仰头杯尽，在心中对自己说："也罢，也罢，黄昏将至，还是任凭这'危楼'倾倒吧。"

历史·HISTORY

史上那些年

沧州，这座渤海湾旁的古城，它的命运就和它的名字一样，从来都与繁华无关。古往今来，"萧条""荒城""孤城"等字眼频繁出现在众多关于沧州的诗作之中。因为它的命运实在太过坎坷，用"沧海桑田"来形容是最适合不过的了。

沧州的命运，与隋炀帝开凿运河不无关系。虽然京杭大运河曾经福泽了很多地区，但对沧州来说，它却是个真实的噩梦。隋炀帝征发河北诸郡男女百余万人，在曹操旧渠的基础上开挖了永济渠，又引沁水流进黄河，沧州河段的运河在当时也被称为御河或卫河，成为海河水系的一部分。

然而，人工开凿的运河却造成了众多河流汇集在沧州的局面，这也给海河流域的排涝造成严重后果。每到多雨季节，这里开挖的所有河流几乎同时涨水，却又无法分流，导致整个河北平原几乎都要遭受水灾。每到此时，京杭大运河便成为这些河水倾泻的重要渠道。由于运河在沧州城中里程最长，因此沧州也成为洪水肆虐最凶的地方。

河道决堤之时，漫天的洪水便有如发疯的野兽一般扑向沧州大地，所有的树木、庄稼、房屋都被浸泡于洪水之中，明代于慎行在雨中路过沧州时，曾经如此写道："广川城北倚扁舟，寒色萧萧对驿楼。过雨菰芦惊午梦，乘波凫鹭激中流。长天积水千帆暮，斜日疎林五月秋。指点津亭问前路，居人为说古瀛洲。"

连绵不断的水灾造就了古代沧州人特殊的生活习惯，在这里，房屋大多依河坡而建，并以平顶房居多，而家中若是有纺车，则一般都挂在树上。等到洪水来临之时，百姓便带着家中的牲畜很快爬到房顶上去，而挂在树上的纺车也不会被洪水冲走，减少了洪水带来的经济损失。

北周时期，沧州人铸造了一尊大大的铁狮，名为"镇海吼"。这是古沧州人为了镇住洪水，而集全城之力铸造的镇海兽。古人认为"兽为坤象，坤为土，土生水"，铁兽能镇水灾成为古代多地的风俗。

《沧州县志》中记载："铁狮，在旧州城开元寺前，高一丈七尺，长一丈六尺，背负巨盆，头顶及项下各有'狮子王'字样。右项及牙边皆有'大周广顺三年铸'七字。左肋有'山东李云造'五字，腹内牙内字迹甚

沧州大桥

多，然漫灭不全，后有识者，谓之为金刚经文……相传周世宗北征契丹，罚罪人铸此，以镇州城。”

沧州人将镇住洪水的希望寄托在铁狮身上，铁狮同时也代表了沧州人不屈不挠的精神。这座坚强的城市，无数次被洪水侵吞，又无数次重新屹立在世人面前。若论古时抗洪冠军为谁，沧州城则可以当之无愧夺得这项桂冠。

趣味故事 · INTERESTING STORY

“狮城”的来历

很久以前，沧州还是一个鱼肥米香、碧海蓝天、风景优美的好地方。这里的人们勤劳善良，飞禽走兽应有尽有。

直到有一年，沧州城外的水面上不知从何处刮来一股黑色旋风，它和着波涛，虎啸狼嚎一般扑向沧州城。黑水所到之处，房屋倒塌，庄稼淹死，人们还未来得及逃离，便纷纷被洪水卷走淹没。美好的沧州城顿时变成了人间地狱，老百姓们哭着、喊着，整座城市上空都弥漫着悲凉和绝望。

原来，有一条恶龙看见沧州城如此美好，便一心想独吞这地方，用来做它的龙宫，于是，它引来了渤海之水，想要淹没整个沧州城。然而，就在人们快要绝望的时候，却突然听到一声山崩地裂一样的怒吼。

沧州铁狮传说

只见从海边跃出来一头金光闪闪的雄狮，它一路狂奔，冲向巨龙，就好像鹰抓兔子一样，直取恶龙的命门。顿时，海面上水柱冲天，狂风大作，龙腾狮跃。金色的狮子和恶龙从天黑一直厮杀到黎明，最后，狮子终于占了上风，恶龙招架不住，掉头就跑。

它边跑边想："我占不了这块地方，也不会叫你们在这里过好日子。"于是，它一边跑着一边掀起另一波滔天巨浪，直扑沧州城。雄狮一见，更加恼火，它加快脚步，在后面紧追不放，一直追到东海深处，逼着恶龙收回淹没沧州的海水，这才善罢甘休。

恶龙跑了，海水退了，沧州的老百姓又能安居乐业了。人们为了感谢为民除害的金色雄狮，就请一位打铁名匠，带领九九八十一个手艺高超的徒弟，用了九九八十一吨钢铁，铸造了九九八十一天，终于在当年金色狮子跃起的地方，铸成了一尊活灵活现的铁狮子。人们将这尊铁狮子叫作"镇海吼"，又将沧州称作"狮城"。

风景 · SCENERY

带着孩子边走边看

古沧州，这个坚强的城市，千百年来，自洪水中锻炼出了非凡的毅力。这里人们的脾性与这座城市脾气完全吻合，他们可柔可刚，既是世界上首屈一指的"杂技之乡"，也是闻名全国的"武术之乡"。来到这里，孩子们不仅可以感受到沧州城的豪迈之气，还能欣赏到几百年前的街头戏法。

沧州铁狮子

沧州最有名的景点，莫过于铁狮子景区，它位于沧州市东南方向一个名叫沧县的地方。当地县志记载，这尊铁狮子铸造于后周广顺三年（公元953年），它身长大约6米，宽3米，高约5.5米，整个重量达到40吨。

这座象征沧州城的铁狮子，身

沧州铁狮子

披障泥，背负莲盆，前胸及臀部饰束带，鬃作波浪状披垂项上，巨口大张，昂首怒目，四肢叉开，作行走状。据说是我国历史上年代最久远、体积最大、形态最精美的铸造工艺珍品。

吴桥杂技大世界

沧州吴桥，是我国杂技艺术的发祥地。早在1500多年前的南北朝东魏时期，这里的墓葬壁画上，就描绘了杂技艺人表演的盛景。20世纪20年代以来，以吴桥籍孙凤山为团长的“北京皇家大马戏班”和孙福有为团长的“中华大马戏团”就曾走遍世界上的多个国家，声名享誉海内外。

在吴桥杂技大世界里，有江湖文化城、杂技奇观宫、魔术迷幻、小泰山等八大景点。这些景点重现了当年“北京天桥”“天津三不管”“上海大世界”“南京夫子庙”等地的表演特色和江湖文化景观。孩子们来到这里，可以尽情欣赏各具特色的杂技、马戏、戏法、气功、曲艺、独台戏、拉洋片、驯白鼠等艺术表演。

吴桥杂技大世界

南大港湿地

南大港湿地地处沧州东北部，紧邻渤海湾，是著名的退海河流淤积型滨海湿地。这里海拔最高处只有5.4米，水面多被芦苇覆盖。据观察，这里还是候鸟南北迁徙带与东西迁徙带的交汇点，每年都会看到大批白天鹅、丹顶鹤、白鹳等鸟类到这里栖息。

值得注意的是，这片湿地为了保护水库内芦苇植被、鱼类和鸟类，至今没有进行任何开发，一直保持着较为原始的自然状态。如果家长希望孩子更加自然地接触到这种天然状态，南大港湿地是一个不错的选择。

■诗词延伸

西崦斜阳，东江流水，物华不为人留。
铮然一叶，天下已知秋。
屈指人间得意，问谁是、骑鹤扬州。
君知我，从来雅意，未老已沧州。
无穷身外事，百年能几，一醉都休。
恨儿曹抵死，谓我心忧。
况有溪山杖屦，阮籍辈、须我来游。
还堪笑，机心早觉，海上有惊鸥。
——辛弃疾·《满庭芳·和昌父》

幽州——渔阳——沧州——邯郸——高阳

邯郸 我是华夏“成语之都”

平岸小桥千嶂抱。
柔蓝一水萦花草。
茅屋数间窗窈窕。
尘不到。
时时自有春风扫。
午枕觉来闻语鸟。
欹眠似听朝鸡早。
忽忆故人今总老。
贪梦好。
茫然忘了邯郸道。
——王安石·《渔家傲》

宋词故事·STORY

渔家傲

窗外层峦叠嶂的山峰，环抱着小桥、流水、河岸。倒映着蓝天的溪水旁边，萦绕着娇俏的花花草草。

王安石隐居后，在他的数间茅屋之内，窗台幽深，窗格纤细，犹如窈窕淑女的柳腰一般。其上没有灰尘，因为春风会成为最好的扫帚，时时帮他打扫窗台。

午睡梦醒，窗外鸟语嘤嘤，甚为惬意，但夜眠之时，却总是回想起当年还在朝为官时，每日鸡鸣便要早起。这时，他忽然想起，往日的朋友都已老去，而自己也不得不服老了。王安石不得不长叹一声，唉，还是睡觉好啊，睡梦之中，便可以忘掉邯郸道，忘掉曾经建功立业的想法。

历史·HISTORY

史上那些年

提起燕赵旧地，许多人首先想到的就是“邯郸”，这里作为赵国的都城，随着“邯郸学步”“围魏救赵”等成语，数千年来被世人熟记于心。邯郸城邑，最开始的时候在商朝出现，在古本《竹书纪年》中，就有商末殷纣王在邯郸建“离宫别馆”的记载，证实邯郸古城距今已有3100多年的建城历史。

其实，西周时期，邯郸并不属于赵国，而是卫国的属地，春秋时又被晋国纳入辖属范围内，那个时候，邯郸已经是远近闻名的发达城邑。直到晋定公十二年（公元前500年），晋国的正卿赵鞅将邯郸纳入自己的势力范围内，邯郸才成为赵氏的世袭领地，并成为赵国都城长达158年之久。

邯郸古建筑

或许是因为邯郸的名气，历代帝王皆对此地情有独钟。秦始皇统一六国后，将全国分为三十六郡，邯郸又成为邯郸郡的首府。汉朝时，刘邦亦封其爱子如意为赵王，并重建邯郸宫城，富丽堂皇的温明殿即建于此时。

直到西汉后期，邯郸城仍有“富冠海内、天下名都”之称，是除国都长安之外，与洛阳、临淄、成都、南阳并列的全国五大都会之一。粗略一算，从战国到东汉，邯郸的兴盛竟然长达500年之久。

但家长带着孩子来到邯郸，最重要的还是可以让他们由此牢记不少成语。或许，在古代中国，没有一个城市能像邯郸这样，在城内产生过如此多的成语，如“完璧归赵”“价值连城”“邯郸学步”“一言九鼎”“奇货可居”等耳熟能详的成语，都是在邯郸境内发生，并流传到全国各地的。家长在去往邯郸之前，可以事先让孩子找找看，究竟还有哪些成语是发源于此，让孩子带着问题去旅行，在旅行中解答疑问。

趣味故事·INTERESTING STORY

邯郸学步

《庄子·秋水》中曾记载了这样一件事：“且子独不闻夫寿陵余子之学行于邯郸与？未得国能，又失其故行矣，直匍匐而归耳。”这几句话翻译过来，就是“邯郸学步”的故事。

据说2000年前，在燕国寿陵，有一位少年，名字不详，我们姑且管他叫“寿陵少年”。这位寿陵少年吃穿不愁，长相也颇为不错，可不知为什么，他就是缺乏自信心，经常无缘无故感到低人一等。

在他心目中，人家的衣服比自家的好，人家的饭菜也比自家的香，就连站相和坐相，他也觉得别人比自己要高雅得多。大概是因为有这个怪毛病，这位寿陵少年见什么就学什么，但令人费解的是，他虽然尽力学习别人的长处，却是学一样丢一样，经常花样翻新，然而始终不能做好一件事，也不知道自己该是什么模样。

家里人见他如此，便极力劝他，希望他能改一改这个坏毛病。然而，这位寿陵少年却误解了家人的意思，以为是家人要限制他的自由，不但不听家人的劝告，反而变本加厉起来。

有一天，这位少年在路上碰到几个人在闲聊，他走过去一听，发现那些人在讨论邯郸人的步态如何美妙。寿陵少年的心立刻就痒了起来，他开始对邯郸人走路的样子想入非非，便急忙走上前去，想打听个明白。不料，那几个人看见他之后，居然一阵大笑，随之扬长而去。

邯郸学步

邯郸人走路的姿势究竟怎样美呢？寿陵少年无论如何也想象不出来。渐渐地，这件事成了他的心病。终于有一天，他瞒着家人，跑到遥远的邯郸学走路去了。

到了邯郸之后，他处处都觉着新鲜，看到小孩走路，便觉得活泼、可爱，于是学上几步；看见老人走路，又觉得稳重、老成，又学着走几天。可几天之后，当他发现女人走路的步态摇曳多姿，绝妙极了，便又学起邯郸女人走路的样子。

就这样，不过半月光景，他将邯郸人走路的样子统统学了个遍，可这几种人走路的步态，他不但一样也没有学会，反而将自己原本走路的样子也忘记了。就这样，寿陵少年的路费花光了，路也不会走了，只好灰溜溜爬着回家了。

风景·SCENERY

带着孩子边走边看

自古以来，似乎没有一个城市，能像邯郸这样找到这么多成语的出处。当我们带着孩子走在邯郸大街上，几乎每隔一段距离，就能发现一处能说出典故的地方。看见武灵丛台，便会想起赵武灵王的“胡服骑射”，而走到学步桥上，也自不必说了，更是家喻户晓的“邯郸学步”。现在，我们的孩子就要从武灵丛台出发，开始他们的成语之旅了。

武灵丛台

“武灵丛台”位于邯郸市中心的丛台公园内，是古代赵王检阅军队与观赏歌舞的地方，也是古邯郸城的象征。“武灵丛台”上原有天桥、雪洞、花苑、妆阁诸景，结构严谨，装饰美妙，曾名扬列国。现存的古台则是明清以来的修复建筑，虽已非原貌，但仍不失古典亭榭的独特风格。

颜师古在《汉书注》中称，“武灵丛台”因楼榭台阁众多，而“连聚非一”，故名“丛台”。因为它雄伟壮观，是黄河以北有名的古建筑，因此从唐代起，诸多文人墨客都曾造访于此，大诗人李白、杜甫、白居易等都曾多次在这里登台赋诗。

学步桥

在邯郸市的北关街，有一座学步桥，它位于沁河公园西段，原本是木桥结构，因经常遭水冲毁，在明代万历四十五年（公元1617年）时，被改

武灵丛台

学步桥

建为拱卷形石桥。学步桥的两旁各有19块拦板和18根望柱，其上均雕有历史人物故事以及精美的狮子、猴子等动物。

学步桥下设有三个大桥孔，每个桥孔中心的位置雕有向下俯视的狮头，大桥孔旁边还附设了四个小孔。在这座古桥的旁边，放有一个年轻小伙子在一对步履优雅的人后边爬行的石雕，这便是“邯郸学步”的典故，而此桥也因此而得名。

娲皇宫

在邯郸涉县的西北方向，有一座娲皇宫，宫中供奉着古代神话中的女娲娘娘。这座行宫始建于北齐时期，是当时的文宣皇帝高洋所建，迄今已有1400年历史。据闻，这座娲皇宫，过去也曾称“奶奶顶”，据说是中原地区唯一祭祀女娲的宫殿。

据《路志》《独异志》等典籍记载，相传女娲以土造人，送子继嗣，后又炼五色石以补苍天大洞，断鳌足撑住了天的四极，从那之后，人类和万物才得以生息和繁衍。女娲自此便赢得人世间对她的崇敬与怀念。

娲皇宫

■诗词延伸

万事都归一梦了。
曾向邯郸，枕上教知道。
百岁年光谁得到。
其间忧患知多少。
无事且频开口笑。
纵酒狂歌，销遣闲烦恼。
金谷繁花春正好。
玉山一任樽前倒。
——李之仪·《蝶恋花》

高阳 行事低调的"颛顼故都"

天幕清和堪宴聚。
想得尽、高阳侍侣。
皓齿善歌长袖舞。
渐引入、醉乡深处。
晚岁光阴能几许。
这巧宦、不须多取。
共君把酒听杜宇。
解再三、劝人归去。
——柳永·《思归乐》

宋词故事·STORY

思归乐

一日，天气温和清朗，难得有这许多志同道合、相互赏识的朋友聚在一起喝酒。柳永心中高兴，却依稀想起，秦朝末年高阳人郦食其尽忠为主的故事，他是多么希望在座的各位好友也能像郦食其一般忠肝义胆。

酒宴开始了，一明眸皓齿的美人舞着长袖，口中高声吟唱着来到众人面前。有歌如此，有友如此，人生几何能得此般欢乐？酒不醉人人自醉。柳永的眼前开始泛起重影，他渐渐醉了，醉得很深。

柳永深觉自己老了，在人生剩下的日子里，他认为自己应该更加坚守晚节，而那等善于溜须拍马的官吏，自然应该速速远离，不能效仿。现如今，与知心好友们端起酒杯，那窗外杜鹃的声声啼鸣，就好像再三劝慰自己，“先生，不如辞官归去吧”。

历史·HISTORY

史上那些年

高阳县位于河北省保定东部，战国时期为燕国旧地，西汉时方置高阳县。据应劭注《汉书》云“在高河之阳”，因此得名高阳。传说，高阳是颛顼帝的故都。颛顼是神话传说中的上古五帝之一。相传，颛顼的父亲是昌意，而昌意是黄帝与嫘祖的次子，曾被封于若水，娶蜀山氏之女昌仆为妻，生颛顼。

据典籍记载，颛顼性格深沉而有谋略，他15岁时就辅佐少昊治理九黎地区，黄帝死后，因颛顼有圣德，立为帝，时年20岁。因他初时被封于高阳地区，故而又称其为高阳氏。传说在黄帝晚年，因九黎地区信奉巫教，

高阳古建筑

崇尚鬼神，一切都靠占卜来决定，人们不再安心于农业生产，国家诸事荒废。颛顼为了解决这个问题，决定改革宗教，他亲自净心诚敬地祭祀天地祖宗，为万民作出榜样。接着又任命北正黎负责民政，以抚慰万民，劝导百姓遵循自然的规律从事农业生产，鼓励人们开垦田地，并禁止民间从事巫蛊活动。渐渐地，社会才又开始恢复正常秩序。

据说，颛顼帝在位期间，第一次为中国创制了九州，使中国首次有了版图界线。他还改革甲历，定下四季和二十四节气，因此后人也推戴他为“历宗”。高阳是颛顼故都，因此他在高阳人民的心中地位极高。

传说颛顼生前惩治黄水怪，死后仍可退水救民。相传有一天，颛顼帝显灵变成一位白发苍苍的老人，坐在高王庙的台阶上闭目养神。不久，天降大雨，洪水滚滚而来，田毁庄淹。洪水流到白发老人的面前不再向前流了，从水中钻出了两个非人非兽的怪物。白发老人一挥手，怪物乖乖地沉下水去，随后，洪水便慢慢地退走了。高王庙一带避免了一场洪水灾害。

高阳金猪的故事

据说，在古时候的高阳县城，流传着一个“小金猪”的故事。在明朝嘉靖年间，有一个道号为“武夷山人”的道士来此巡游，他发现在县城的东南方，有一束宝光从地面直冲天际，便跟着这束光，一路来到高阳旧城，并住进了一姓程人家开的客栈里。

夜深人静之后，这个道士便偷偷从房间里出来，走到大街上，对高阳县的大街小巷进行了仔细观察，最后往城南的方向走去，发现有一处大水坑。道士断定，有一批无价之宝，此刻必定被埋在这个大水坑中。

道士并不是凭空揣测，据说这城南的大水坑，当年是颛顼帝饮马的水槽。据闻，高阳建城这许多年，无论是多么干旱的年头，这大水坑却从来没有干涸过。有一年，一个小孩在水里摸鱼，捞上来一面镜子，自己一照，里面是一头大叫驴，吓得他急忙把镜子扔进了水里。人们都说，这面镜子，就是当年开封府的照妖镜，而这个大水坑，就是颛顼帝藏宝的地方。

天亮之后，道士两手空空回到了客栈，好像什么事也没有发生过。接着，他又从隔壁豆腐作坊中，买了一大堆豆腐渣回去。就这样，时间一天一天过去了。而道士每天都从豆腐作坊中买下一堆豆腐渣，无论刮风下雨，从未间断。

一个多月之后，豆腐坊的老板对此起了疑心，他心想，这道士也不见带随从，一个人买下这么多豆腐渣，到底做什么用呢？于是，他开始暗地里盯着道士，发现他每天晚上都会去城南的大水坑方向。

这天晚上，豆腐坊的老板决心跟踪道士，看个究竟。他看着道士担着两担豆腐渣，从客栈里溜了出来，就立即尾随其后。这时，在朦胧的月光下，只见一群大小不等的肥猪从水里钻出来，纷纷奔向装豆腐渣的担子。道士一边喂一边数：“一、二、三、四、五……六十……七十……八十……九十……”

豆腐坊老板看到这里，不由得叫了出来：“啊！原来你买豆腐渣是……”不想，他话音未落，那些肥猪便一个个像发了疯似的往水里跳。

这一下可把道士急坏了，只见他两只手死死地拽住一只大肥猪的尾巴不放，可最终还是让它跑掉了。

道士像泄了气的皮球一样，无奈地对老板说：“我的好事都让你给搅了，这个大坑里一共有100头金猪，我只要喂上七七四十九天，它们就会变成金子。”豆腐坊老板听后，追悔莫及，可世上没有后悔药吃，两人只好垂头丧气地走回客栈，大水坑里再没有挖出财宝的传言了。

风景·SCENERY

带着孩子边走边看

高阳县虽是颛顼故里，但因为颛顼的时代离现在太过久远，所以暂时没有任何考古资料可以让我们一睹那上古五帝的绝妙风采，但高阳县所在的保定市，却另有许多值得一观的景点，如曾出现在语文教科书上的“白洋淀”“狼牙山”，还有那沉睡着清代四位皇帝的“清西陵”。

白洋淀

白洋淀位于河北省保定市的安新县境内，是华北平原上最大的淡水湖。素有“华北明珠”之誉。自古以来，因为生态环境良好，这里不但是鸟的王国、鱼的乐园，还是多种水生植物的博物馆。

白洋淀

清西陵

整个白洋淀景区分为六大块：鸳鸯岛民俗文化景区、荷花观赏景区、生态游乐景区、休闲娱乐景区、码头观光景区及民俗村观光景区。一到盛夏时节，白洋淀中的每根芦苇都绿得闪闪发亮。待到荷花盛开之时，满淀红白相间、层层叠叠的荷花一眼望不到边，荷香扑鼻而来，沁人心脾，亮人眼目。

或许因为白洋淀是这北方旱地中少有的“荷香苇深”之地，古代帝王也十分喜爱到此游玩。抗日战争时期，白洋淀的民兵还成立了十分著名的“雁翎队”。他们利用河湖港汊开展游击战争，经常将侵略军打得焦头烂额。家长可以带着孩子读一读著名作家孙犁的代表作《荷花淀》。文中既描写了白洋淀的荷花、芦苇之美，又刻写了当地妇女和民兵顽强抗日的战斗精神。

如今，白洋淀已经建起了大型游泳场、水上体育乐园、野生动物观赏区景点，并辟出几个具有民俗风情的村庄，吸引游客前来参观。

清西陵

清西陵是清代自雍正时起四位皇帝的陵寝之地，它位于保定市易县的永宁山下。走进陵区，可以看见华北地区最大的古松林，数以万计的古松、古柏把整个清西陵装点得清秀葱郁，古朴大方。这里包括了雍正的泰陵、嘉庆的昌陵、道光的慕陵和光绪的崇陵，以及若干妃子、公主的陵寝。

在这里，每座陵寝都严格遵循清代皇室建陵制度，皇帝陵、皇后陵、王爷陵均采用黄色琉璃瓦盖顶，公主、阿哥及妃陵均用绿色琉璃瓦盖顶，不同的建筑形制，展现出不同的景观和风格。

狼牙山

参观完清西陵，可以顺便去看看位于易县西部的狼牙山。狼牙山属于太行山脉，因其山峰状若狼牙而得名。

狼牙山本是太行东麓的一座小山，如果孩子们曾经听闻此名，那一定因为听过“狼牙山五壮士”。抗战期间，日军扫荡狼牙山，为掩护主力部队撤退，八路军战士马宝玉、葛振林、宋学义等五人，激战5小时，打完最后一颗子弹，英勇跳崖。

为了纪念五壮士的壮举，人们在狼牙山的主峰之上建造了纪念塔，聂荣臻元帅又在塔上亲笔书写了“狼牙山五勇士纪念塔”几个大字。

狼牙山西北两面峭壁千仞，东南两面略为低缓，各有一条羊肠小道通往主峰，登高远眺，群峰林立，峥嵘险峻，涧峡之雾缥缈神奇莫测。“狼牙竞秀”曾为古燕都胜景之一，其余值得一看的景观有红玛瑙溶洞、棋盘陀等。

■诗词延伸

高阳方面，河间都会，三关地最称雄。
粉堞万层，金城百雉，楼横一带长虹。
烟素敛晴空。
正望迷平野，目断飞鸿。
易水风烟，范阳山色有无中。
安边暂倚元戎。
看纶巾对酒，羽扇摇风。
金勒少年，吴钩壮士，宁论卫霍前功。
乃眷在清衷。恐凤池虚久，归去匆匆。
幸有佳人锦瑟，玉笋且轻拢。
——晁端礼·《望海潮》

狼牙山

【第七辑】留给孩子的旅行思考题

1. 陈子昂为什么会写下《登幽州台歌》?

2. 古沧州为什么会遭受洪水之害?

3. 还有哪些成语与“邯郸”有关?

第八辑

观雄江两岸——在那片充满奇迹的土地上

江州 若问夏日何处去，此地名山最清爽

十里红楼依绿水，当年多少风流。
高楼重上使人愁。
远山将落日，依旧上帘钩。
一曲琵琶思往事，青衫泪满江州。
访邻休问杜家秋。
寒烟沙外鸟，残雪渡傍舟。
——秦观·《临江仙》

宋词故事 · STORY

临江仙

绿水之畔，十里红楼连成片，这里曾经承载过多少风流韵事。然今重上高楼，却已风流不再，忧愁取而代之。放眼远处的山峰，日头即将西斜，窗户上的帘钩也将被放下。一曲琵琶令人回想起了往事，回想起了白居易所写的《长恨歌》，江州司马听完故事之后，泪水已沾湿青衫。访邻休问杜家秋，寒冷的雾气笼罩在沙土之上，鸟儿盘旋其上，残雪之中，一叶扁舟遨游江中。

历史 · HISTORY

史上那些年

秦观词中所提到的江州，据考证，便是今天的九江，它也曾以浔阳、柴桑等名称著称于世。听见“九江”大名的人，时常都会想起在其境内的庐山，却不知九江城本身也有诸多说法和去处。九江之名最早见于《尚书 · 禹贡》中的“九江孔殷”“过九江至东陵”等记载。

而它称谓的来历有两种说法。第一种说法是，“九”为古代中国人认为的最大数字，“九”通常作为虚指，而“九江”的意思便是“众水汇集的地方”。第二种说法是，“以为湖汉九水（赣江水、鄱水、余水、修水、淦水、盱水、蜀水、南水、彭水）入彭蠡泽也”，即九条江河汇集的地方。

被群水环绕的九江，在很久以前就是高僧名士和文人墨客慕名前来的游览胜地。如陶渊明、谢灵运、李白、李渤、白居易、苏轼、苏辙、王安石、陆游等人，都曾为九江的天然美景而倾倒。他们在这里放歌山水，

九江美景

记叙游踪，抒发情怀。

九江的山水景观既有大气雄美的自然壮观，又有精雕细刻的巧夺天工。家长带着孩子来到九江，可以看到“星垂平野阔，月涌大江流”的万里长江，“落霞与孤鹜齐飞，秋水共长天一色”的鄱阳湖，被宋代诗人苏轼赞叹为“横看成岭侧成峰”的峻岭奇峰，被唐代诗人李白形容“飞流直下三千尺，疑是银河落九天”的九天奇瀑，被清代诗人张维屏称赞为“白如雪，软如绵，光如银，阔如海”的神奇云海等历史胜景。

九江背山面江，气候十分宜人，以至于这里的景色四季常新，无论任何时候游览都可以一饱眼福。春季时，这里“山寺桃花始盛开”；盛夏时，此处“江城八月苦炎晖，潇洒山间夹纩时”；到了秋季，九江又是“一年好景君须记，最是橙黄橘绿时”；而到了隆冬时节，九江四周的群山上又是“千崖冰玉里，泉声天半闻”。

这里处处是美景，步步有名句，来到九江，孩子们不但可以观赏到庐山脚下的别样风情，还可以学唐诗，念宋词，学典故，游玩之余不忘学业，可谓一举两得。

趣味故事·INTERESTING STORY

白鹿洞书院的传说

白鹿洞书院

白鹿洞书院与吉安白鹭洲书院、铅山的鹅湖书院、南昌的豫章书院并称为“江西四大书院”，书院的创始人可以追溯到唐朝的李渤。1200多年前，正值青春年少的李渤，住在五老峰东南麓的一个山洞里隐居读书。据说，为了苦心研读，整整两年他都未曾离开山洞一步。

李渤日夜攻读的刻苦精神，感动了一只白鹿，为陪伴李渤读书，它来到李渤身边，成了李渤形影不离的伙伴。每天黎明，这只白鹿便引颈长鸣，唤醒李渤走出山洞，迎着朝霞读书。而到了夜晚，寒气降临，白鹿又衔来一件长袍，轻轻给李渤披上。到了深夜，当李渤疲惫地伏案而睡时，白鹿又只身奔进深山，衔来山参给李渤滋补身体。

为使李渤专心读书，白鹿还为他购买笔墨纸砚。只要李渤将钱与物品清单挂在鹿角上，它就会从松林小径跑到小镇里，将李渤要买的东西如数购回。数年之后，李渤功名成就，当了江州刺史。当他再回洞中寻找白鹿时，白鹿早已腾云驾雾返回天庭了。为了纪念白鹿，李渤就将当年读书的山洞改名为白鹿洞。

不过，如今书院大门匾额上“白鹿洞书院”五个大字，却是明代文学家李梦阳所书。当时，时任江西提学副使的李梦阳来到书院巡学，一位学子冒昧请他题字留念。当他得知这位学子与自己同名同姓时，便饶有兴趣地口出上联“蔺相如，司马相如，名相如，实不相如”，要求这位学子对下联。学子一听，当即明白了上联之意，他沉思片刻便对出下联“魏无忌，长孙无忌，彼无忌，此亦无忌”。

没想到，下联一出，李梦阳身边的众差役便齐声吆喝“大胆”，吓得这位学子跪伏在地。李梦阳连忙爽朗地笑道：“无妨，无妨！对仗工整，

学子有才！”接着，他泼墨挥毫欣然写下了这五个大字，悬挂于门顶匾额之上，并世代相传至今。

风景·SCENERY

带着孩子边走边看

一提到九江，人们首先就会想到庐山，可当孩子们已走过数十处山水美景时，庐山对他们的吸引力未必会有世人传说的那么大。其实，九江值得游玩的景点，并不仅仅有庐山。对于正在读书的孩子而言，浔阳楼、白鹿洞书院等地，更能令他们感受到江州悠久的文化气息。

浔阳楼

浔阳楼位于九江市九华门外的长江之滨，因九江古称浔阳而得名，至今已有1200多年的历史。浔阳楼之名最早在唐代江州刺史韦应物的诗中出现。之后白居易在《题浔阳楼》诗中又描写了它周围的景色，而真正使浔阳楼出名的却是古典名著《水浒传》。小说中的宋江题反诗、李逵劫法场等故事使浔阳楼名噪天下。

浔阳楼

白鹿洞书院

白鹿洞书院一角

白鹿洞书院为宋代四大书院之一，其位于庐山五老峰南麓后屏山下，虽号为“白鹿洞”，但实则并非洞穴，只因四周青山怀抱，貌如洞状而已。如今，白鹿洞书院形成了以礼对殿为中心，由明伦堂、文会堂、御书阁、朱子阁、思贤台、状元桥、门楼、牌坊、碑郡等众多殿堂组成的建筑群，与周围的山川环境融为一体，《庐山恋》《红楼梦》《聊斋》《郑和》等影视片都曾在这里拍摄采景。

含鄱口

人都道“泰山日出甲天下”，却不知，庐山的日出之美，丝毫不输于泰山。庐山被誉为神州九大观日处之一，而山上最佳观日的地方就在含鄱口。

含鄱口

清晨，只见鄱阳湖上晨光熹微，一轮红日从湖中跃然而出，放出万道金光，半壁河山成了一幅灿烂绚丽的画卷。

含鄱口上有4处建筑。岭南端建有一石坊，四柱三门，坊中央镌有“含鄱口”字样，其左右分别刻有“湖光”“山色”四字；坊后山脊上有一伞顶圆亭，红柱绿瓦分外醒目，名含鄱亭。这组建筑高高耸立在岭脊上，但又被山脊、林木所掩映，显得格外和谐自然。

漫步在岭脊上，北可望五老峰，东可瞰鄱阳湖，南可眺大汉阳峰，西可观庐山植物园。

明代诗人王世懋在《度含鄱口》诗中云：“苍虬绛节度峥嵘，下界微茫勺水明。最爱他山云似絮，不知身在絮中行。”至于含鄱口的险要，则要数清代诗人曹树龙写得最真切：“高空谁劈紫金芙，远水长天手可揄。拟似巨鲸张巨口，西江不吸吸鄱湖。”

■诗词延伸

败叶霜天晓。
渐鼓吹、催行棹。
栽成桃李未开，便解银章归报。
去取麒麟图画，要及年少。
劝公醉倒。
别语怎向醒时道。
楚山千里暮云，正锁离人情抱。
记取江州司马，坐中最老。
——黄庭坚·《品令·送黔守曹伯达供备》

彭泽 青山好处帷彭泽

黄菊正怀彭泽，白衣俄致江州。
登高馀醉快扶头。
此贶义兼情厚。
痛饮还须酒对，清吟况值诗流。
轻投无惜万金酬。木李旧先琼玖。
——王之道·《西江月·和张文伯谢曾子修送酒》

宋词故事 · STORY

送酒

方才还在彭泽赏菊，不大一会儿却已到达江州。王之道心情大好，与朋友一起登高赏秋，痛饮美酒，一直喝到微醉扶头。朋友之间，情深义厚。痛饮之中，还须吟诗作对，微醉之时，更有助于诗兴大发。朋友啊，你对我的恩情我绝不忘怀，今日你予我木李之礼，在不久的将来，我必定会用琼玖美玉来报答于你。

历史 · HISTORY

史上那些年

尽管王之道在这首词中将“彭泽”二字浅浅带过，但彭泽是长江南岸一处不得不去的地方。这里山灵水秀，风光旖旎，宋代诗人王十朋曾在此留下“青山好处惟彭泽”的名句。

彭泽山道

彭泽于汉高祖六年（公元前201年）时建县，因“彭蠡泽（今鄱阳湖）在西”而得名。

这里位于江西北陲，素有“七省扼塞”“赣北大门”之称。曾国藩攻打太平军的时候曾向当时的朝廷进言：“不拔彭泽，不可以克九江，不克九江，不可以复江南，一邑而系天下。”寥寥数语，可以概见彭泽的战略地位。

彭泽山川灵秀，风物宜人，万里长江在此惊涛似雪。明代著名的戏剧家汤显祖曾留下“经知彭泽天多水”的名句。位于彭泽县黄岭乡黄岭村以西的旧县塔，是这里唯一尚存的古建筑。据县志记载，这座塔为唐代所建，重修于明代。南宋石近《古迹编》载：“七级浮屠在旧县，俗呼旧县塔，今犹存。”

在旧县塔的东边，曾有一处唐代时修建的“狄公生祠”。据说，因范仲淹曾在此撰写《狄梁国公祠碑记》，以纪念唐代名臣彭泽县令狄仁杰。

公元689年，狄仁杰被贬为彭泽令。他来彭泽时正值江南大旱成灾，农田颗粒无收，狄仁杰当即为民请命，奏请朝廷减免彭泽的一切租税。武则天见他关心百姓疾苦，心中十分高兴，特予嘉奖，并下令免除彭泽一切租税。

年底时，狄仁杰又将前任拘捕的包括死囚在内的囚徒逐一审理，辨析冤情，并全部放回家中过年，又与这些囚徒约定期限返狱。到了约定期限时，仅仅有两个人迟到，一个囚徒是因为住在江对岸，当时大风呼啸，舟楫不通；另一个是因为母亲病故治丧，耽误了几日。

狄仁杰为这些囚徒向朝廷请命，免除他们死罪，并给予开释。

趣味故事·INTERESTING STORY

不为五斗米折腰

公元405年，陶渊明出任彭泽县令。一天，他得到一个消息：朝中的权臣刘裕已封自己为车骑将军，总督各州军事。陶渊明预感到晋朝已是名存实亡，他十分灰心，整日无心上班。

妻子翟氏见陶渊明一副闷闷不乐的样子，便给他端来酒菜，可陶渊明却不肯吃饭，依然坐在那里长吁短叹，过了一会儿，他才对妻子说：“我

陶渊明

想辞官回乡！”翟氏一听，就知道丈夫又在官场上受气了，因为像这种辞官回家的话，陶渊明已经说过多次。几个月前，陶渊明也曾想辞官，还是翟氏告诉他，上百亩官田就要种上稻子了，待收成以后再辞官不迟。

头一次，陶渊明听了妻子的话，没有再提辞官的话。这一次，翟氏又用官田收稻之事来劝他，陶渊明听了以后，说：“真没办法，难道我还要做粮食的奴隶吗？”尽管陶渊明暂时放下了辞官的念头，但因为时局的原因，他的辞官念头始终没有打消过。

一天，陶渊明接到消息，过几天郡里派来视察的督邮就要到了。而那个督邮是个专门依仗权势、阿谀逢迎，却又无知无识的纨绔子弟，陶渊明一想到自己将要整冠束带、强作笑脸去迎候这种小人，便气不打一处来，他愤愤地说：“我怎么能为了这五斗米官俸，去向那种卑鄙小人折腰呢？”

气愤之下，陶渊明离开了衙门，板着脸回到了家，他冲着妻子大声喊道：“收拾行装，回乡！”妻子见状，便好意提醒他，官稻还差几天就能够收割了。可这一次，陶渊明不再沉默，他冲着妻子大声嚷嚷：“随它去吧！”妻子问清缘由后，当即理解了陶渊明的心情，她不再劝说丈夫，而是默默地将行装收拾好。

第二天，陶渊明便乘船离开了彭泽，回到老家柴桑，从此，他永远脱离了官场，而他在彭泽只当了80多天的县令。

彭泽位于长江之滨，晋代的陶渊明因不愿为五斗米折腰，使这座小城为人所知。或许因为历史的变迁，曾经“青山好处为彭泽”的美景在此并不算特别突出。然而，长江上负有盛名的小孤山及马当炮台的遗址，还是值得孩子们前去一览真容的。

马当炮台

马当炮台在彭泽县马当镇东北方向的马当山上，这里江面狭窄，水流湍急，地势险要，为历代兵家必争之地。

1840年，清政府下令沿江建筑炮台防守，马当炮台因此而建。咸丰年间，太平军将领林启荣率重兵镇守马当炮台，布防湖口、马当、香口等地。甲午战争时期，马当炮台又被加固。民国成立之时，孙中山先生视察马当炮台时，曾亲笔书写“中流砥柱”四字，刻于矶头岩石上，后于抗日战争时期，被日军飞机炸毁。

军阀混战时期，军阀孙传芳于1926年败退时，又将炮台拆卸一空。现此地仅存三座炮台砖石建筑，三座炮台遗迹尚可辨认。

马当炮台遗址远景

龙宫洞

在彭泽县城的西南部，有一处名为“乌龙山”的山麓，神奇秀美的龙宫洞风景区就位于此处，整个风景区由溶洞群、仙真岩寺庙和森林公园三大部分组成。而在整个风景区中，属龙宫洞最有名。这是一个位于深山底部的溶洞，因洞内风光酷似《西游记》中所描述的东海龙宫而得名。

龙宫洞全长约1600米，洞内小桥流水，钟乳倒悬，石笋擎天，宫庭楼阁，造势奇特，千姿百态。最令人惬意的是，无论盛夏或隆冬，整个龙宫洞内的温度都保持在18℃左右，可谓四季温暖如春。

龙宫洞风景区的交通也十分方便，这里东距石钟山43千米，东南距景德镇90多千米，每日均有班车可达。

■诗词延伸

黄金叶细，碧玉枝纤。
初暖日、当乍晴天。
向武昌溪畔，于彭泽门前。
陶潜影，张绪态，两相牵。
数株堤面，几树桥边。
嫩垂条、絮荡轻绵。
系长江舴艋，拂深院秋千。
寒食下，半和雨，半和烟。
——杜安世·《行香子》

江州——彭泽——赣州——滁州——徐州

赣州 郁孤台不得不说的故事

郁孤台下清江水。
中间多少行人泪。
西北望长安。
可怜无数山。
青山遮不住。
毕竟江流去。
江晚正愁予。
山深闻鹧鸪。
——辛弃疾·《菩萨蛮·书江西造口壁》

宋词故事·STORY

书江西造口壁

郁孤台下的清江水，其中不知有过多少人留下了伤心的眼泪。我站在高处向西北眺望长安，可惜群山一层又一层，遮住了我的视线。

但青山毕竟无法阻挡江水，江水依旧向东奔流不息。黄昏中我独立江边，深山里又传来几声鸟啼，更加令人惆怅不已。

历史·HISTORY

史上那些年

赣州在古时也称作“虔州”，在客家人迁入这里之前，这里几乎是一片未经开发的蛮荒之地。王安石曾描绘此地是“大山长谷，荒翳险阻”。据说，赣州最早的开发者其实是秦始皇，因为他要建造阿房宫，因此派了一批前来伐木的降卒，而这些人便是最早进入赣州的客家人。

在赣州老城区有座山的名字和宁夏的“贺兰山”一模一样，在山顶有座楼阁，名叫“郁孤台”。千百年来，郁孤台几乎成了赣州的文化标志，可大多数人虽熟读辛弃疾的“郁孤台下清江水”，却不知这座名楼究竟位于何方。

郁孤台始建于唐代，因树木葱郁、山势孤独而得名。苏东坡、辛弃疾、岳飞、文天祥、王阳明、郭沫若等人都曾在这里留下过诗词。而与郁孤台渊源最深的，便要数辛弃疾的这首《菩萨蛮·书江西造口壁》了，因为他的这首词，郁孤台与赣州皆名扬天下。

登临郁孤台，拾阶而上，便可看见辛弃疾身披风衣的塑像，他的长须在风中微微飘动，宽大的手掌紧握着剑柄，剑的一截已悄然出鞘。在那欲

郁孤台

拔未拔、半截出鞘的剑锋里，辛弃疾悲愤郁结、壮志难酬的愁肠尽显眼前。或许这正对应了楼内的那副楹联："郁结古今事，孤悬天地心。"

辛弃疾36岁时任江西提刑。那一年，大半个中原已沦入金人手中，百姓惨遭杀戮，南宋小朝廷岌岌可危，隆祐太后一路仓皇逃跑，从赣江造口壁上岸逃至赣州。辛弃疾站在郁孤台上，满腹心事，目光凝重。他虽有一腔抱负与才华，却最终落得个壮志难酬、报国无门的结局，此刻国将倾塌，自己却只能站在这高台之上束手无策。十多年来的郁结之气在胸中翻涌，一首千古绝唱《菩萨蛮·书江西造口壁》从胸中奔泻而出。

若是辛弃疾不曾登临此处，又或是他登阁而未留下名词，我们现在是否还能看到这座完整的郁孤台。在历史的洪流与变迁中，辛弃疾的名气与他极富生命力的文字一次又一次拯救了这座高台。所以，我们应该在此告诉孩子，只有人格和文字的魅力，才能永远在历史中得以保留。今后，当他们迷茫于人生时，也许可以回想起今天的训诫，可以想想他们的未来之路究竟该如何行走下去。

赣州神龟的传说

赣州城是一个海拔不高且三面环江的古城，按理来说应该是个非常容易被“水漫金山”的地方，然而，在宋代至明朝初年的时候，赣州城却很少被淹。这其中因由何在呢？

据说，元朝末年，陈友谅的部将熊天瑞盘踞赣州。朱元璋为统一天下，派大将常遇春前去攻打。但因赣州城三面环水，易守难攻，常遇春围攻了数月，也无计可施，他只得上书朱元璋，请求刘伯温亲临定策。

刘伯温到了赣州后，先围着城池走了一圈，察看地形，然后对常遇春说：“赣州城三面环水，如用水攻，则会立即不攻自破。”常遇春听闻，遂命军士在双江汇合处的下游筑坝堵水。

两个多月过去了，堤坝筑成之日，上游沿江两岸的许多村庄都成了一片泽国，可正当常遇春精神抖擞，准备再次攻打赣州城时，却惊奇地发现，赣州城浮于水中，安然无恙。并且，江水漫得有多高，这座城池便会浮起多高。

这可急坏了常遇春，没有办法，他只好又把刘伯温请来。刘伯温来到常遇春蓄水的地方一看，只见烟波浩渺中，一座孤城巍然耸立。他不禁喟然叹道：“昔日只闻其名而不知其究竟，今日可真识浮州也。”

为了搞清赣州城水淹不进的原因，刘伯温又登上此城南面的最高峰，准备一探究竟。只见山下的赣州城就像一只通天巨龟一般，头朝南，尾向北，城内的四个码头正是巨龟伸向江水中的四肢。

刘伯温探定，赶忙令常遇春速派人一面掘坝放水，一面赶铸五根巨型铁柱备用。铁柱铸成之后，刘伯温亲自指点工匠将铁柱钉于四座码头处。据说，刘伯温的铁柱钉下后，“巨龟”血流三日，染红了三江之水。

半个月后，刘伯温再次命令堵水淹城。这一次，赣州城没能再幸免于难，汹涌的江水涌进城内，满城百姓一片惊号。熊天瑞念及全城百姓的性命，只得投降了。

直到新中国成立后，赣州城的建春门外、涌金门外、西津门外和镇南门外四个大码头还留有铁柱，成了几百年系揽大船的铁柱。据说，自从刘伯温将铁柱钉下之后，每当洪水泛滥时，赣州城便不再能免遭其患了。

风景 · SCENERY

带着孩子边走边看

古老的赣州，即便是到了大力发展经济的今天，也仍然保持着其古朴、纯真的模样。即便时光已向前飞逝千年，郁孤台依然高傲而孤寂地站在那里。在它的一侧，古城墙依然保持着北宋时期修建的模样，仿佛在等待着我们和孩子前去倾听它诉说曾经发生在此的悠悠历史。

赣州古城墙

赣州古城墙

赣州古城墙是中国五大古城墙之一，它始建于晋代。现保存较完整的砖砌石城墙，修建于北宋年间。赣州宋城墙全长3664米，其上保留有数以万计带有文字的城砖，这种砖被称为铭文砖，上面载有不同时代的不同内容，主要是哪一年、由谁人督造、由哪个窑烧造等信息。

据统计，城墙上共有各种不同内容的铭文城砖521种，最早的一种铭文砖记有北宋熙宁二年（公元1069年），最晚的一种铭文砖记于民国四年（公元1915年）。这一传统一直保留至今，它记载着赣州古城的兴衰与嬗变。

古浮桥

赣州古浮桥又称东津桥，它全长约400米，连接贡江的两端，由100多只小舟板以缆绳相连而成，然后用钢缆、铁锚固定在江面之上。

古浮桥始建于南宋时期，迄今已有800多年的历史。它的始建者叫洪迈，是江西鄱阳人，曾在赣州当过知军。如今，每当赣江水运繁忙的时候，每天上午9时和下午4时都要将这座浮桥开启一次，让船只通过。这一古老的交通设施，在赣州已沿用了800多年，构成了赣州这座历史文化名城特有的人文景观。

通天岩

通天岩

通天岩是典型的丹霞地貌风景区，其由摩沙岩石组成，山中有很多天然岩洞，因其中一个岩洞顶上有窟窿可以看到天，故名通天岩。它位于赣州市西北郊，距市区大约10千米。

通天岩石窟则开凿于唐朝，兴盛于北宋，至今保留着唐宋以来的石龛造像358尊，北宋至民国的摩崖题刻128处，被誉为“江南第一石窟”。

通天岩摩崖题刻中字数最多的作品位于龙虎岩，全文406字，刻于南宋嘉定十年（公元1217年）；字数最少的作品位于玉水池旁的石壁上，仅有“玉旁”两字；篇幅最大的作品位于忘归岩正面数十米高的丹崖绝壁之上，高3.5米、宽2.3米，气势宏伟，如日月行空。

古浮桥

■诗词延伸

大江西上，郁孤台八境，人间图画。
地涌千峰摇翠浪，两派玉虹如泻。
弹压江山，品题风月，四海今王谢。
风流人物，如公一世雄也。
一片忧国丹心，弹丝吹笛，未必能陶写。
西北风尘方澒洞，宰相闲归绿野。
月斧争鸣，风斤运巧，不用修亭榭。
紫枢黄阁，要公整顿天下。
——戴复古·《大江西上曲》

滁州 琅琊山下的西吴胜地

环滁皆山也。
望蔚然深秀，琅琊山也。
山行六七里，有翼然泉上，醉翁亭也。
翁之乐也。
得之心、寓之酒也。
更野芳佳木，风高日出，景无穷也。
游也。
山肴野蔌，酒洌泉香，沸筹觥也。
太守醉也。
喧哗众宾欢也。
况宴酣之乐、非丝非竹，
太守乐其乐也。
问当时、太守为谁，醉翁是也。

——黄庭坚·《瑞鹤仙》

宋词故事 · STORY

瑞鹤仙

滁州的四周被群山环绕，那最蔚然深秀的，便是著名的琅琊山了。向山上行走六七里地，有一处清泉，清泉之上，是那著名的醉翁亭。在这大好美景之下，醉翁之意不在酒，看那芳草佳木，风高日出，美景无穷，其乐无穷。

醉翁亭中，有山肴野蔌，美酒佳肴。酒香甘洌，清泉旁的野花散发出阵阵幽香，觥筹交错之中，人声鼎沸，众人有此雅兴，太守岂能不醉？酣醉之间，众宾客起座而喧哗。醉翁之乐，不在于丝竹，亦不在于精心摆下的酒宴，而在于这种寓情于景的乐趣。要问这位乐在其中的太守是谁，正是那醉翁欧阳修。

历史 · HISTORY

史上那些年

欧阳修为滁州美景所醉，滁州也因他的一首《醉翁亭记》而闻名四方，以至于宋代词人纷纷借此记作词。黄庭坚的这首《瑞鹤仙》仅寥寥数字，就将整篇《醉翁亭记》的美景重现于人们眼前，实属功底深厚的佳作。

滁州古时也称“涂中”“新昌”“永阳”“清流”。滁州之名在隋朝时始见，据说因滁河贯通境内，所以名为“滁州”。千百年来，这里素称“金陵锁钥”“江淮保障”，蔚然深秀的琅琊山在此倾倒了无数文人。登上滁州琅琊山顶，只见“春华秋实”“夏荷冬雪”皆成胜景，这里无论晴雨都有别样风韵，时时迷人。

滁州，不仅以自然山水之美著称于世，人文景观更是璀璨夺目。唐宋

滁州古建筑

以来，历代文人都有诗文称颂此地。实际上，早在欧阳修之前，滁州的琅琊山就已是此地名胜，且素有“蓬莱之后无别山”的美誉。

琅琊山中林壑幽美、溪流淙淙，密林之中掩映着建于唐代的琅琊寺，还有集“古驿道、古关隘、古战场”于一体的“金陵锁钥”清流关。山间摩崖石刻遍布，观自在菩萨石刻像被称为“镇山之宝”。

然而，尽管琅琊山上古迹繁多，但欧阳修仍是滁州历史上最著名的人物之一，这位大文豪在滁州的时候，因自身魅力非凡，吸引了一大批当时的社会名流来访此地，如梅尧臣、苏舜钦、韩琦、范仲淹，甚至是与欧阳修政见不同的王安石。欧阳修逝世后，苏轼应滁州知州王诏之请，将“两记”写成碑帖，镌刻于石碑上，“欧文苏字”珠联璧合，成为世代瑰宝。

趣味故事 · INTERESTING STORY

滁州贡菊与马皇后

在滁州，最有名的莫过于滁菊。据史料记载，自唐朝时起，当地人就有用滁菊沏茶、泡酒、入药及招待馈赠好友的习俗。

滁菊生长在风景秀丽的琅琊山上，相传，北宋文豪欧阳修在这里做太守时，在一次聚会中开怀畅饮，酩酊大醉。家人便以滁菊沏茶，欧阳修喝后立即感到心旷神怡，酒意全消。他这才思绪灵动，一气呵成，写下《醉翁亭记》，流芳百世。

朱元璋

传说，滁州的滁菊还是明朝开国皇帝朱元璋和皇后马氏的牵线人。1352年深秋，朱元璋在郭子兴的允许下，独自率领一路义军，南征定远、滁州等地。可攻打滁州清流关时，却遭遇强敌，久攻不下。

朱元璋因其麾下士兵伤势严重，无法应战，被敌军一路追杀。当受伤的朱元璋逃到滁州西郊的大柳镇时，他灵机一动，躲进了附近的菊花地里。他万万没有想到，自己这一躲，便躲出了一桩姻缘。

好心的马爷爷和孙女小花在菊花地里发现了朱元璋，他们将这个受伤的青年带回了家，并用滁菊给他内服外敷。20多天之后，朱元璋的伤竟然痊愈了。

后来，朱元璋与小花结为夫妻。据村人说，小花就是后来人称“马大脚”的马娘娘，也就是朱元璋的原配夫人。如果这个传说是真的，那朱元璋与小花的姻缘正是滁菊从中牵线搭桥的结果。

风景·SCENERY

带着孩子边走边看

来到滁州，景点繁多，究竟先去哪里游览更好？别着急，滁州早就有一位大名鼎鼎的好导游在等着我们了，那就是宋代著名的大文豪欧阳修，我

们和孩子可以跟着他的思路，重游《醉翁亭记》里的大好美景。

琅琊山

琅琊山在滁州市西南方向，因欧阳修的《醉翁亭记》为世人所晓。其景区以茂林、幽洞、碧湖、流泉、名亭、古寺为主要景观。

琅琊山中有着丰富的人文景观，这里有始建于唐代的琅琊寺，寺中有著名的唐吴道子画观音像、唐李幼卿等人的摩崖碑刻。景区之内，琅琊山特有的琅琊榆、醉翁榆苍劲挺拔，琅琊溪淙淙流淌，让泉、濯缨泉等山泉散布林间，雪鸿洞、桃源洞、重熙洞等神秘莫测。九洞十一泉，处处引人入胜。

醉翁亭

琅琊山上的醉翁亭，与北京陶然亭、长沙爱晚亭、杭州湖心亭并称“中国四大名亭”。醉翁亭紧靠峻峭的山壁，小巧独特，飞檐凌空挑出。

宋庆历五年（公元1045年），欧阳修因得罪了左丞相等一伙奸党，被贬至滁州任太守。

在这里，他结识了琅琊寺住持智仙和尚，两人很快成为知音。为了便于欧阳修游玩，智仙特在山麓建造了一座小亭，欧阳修亲为作记，这就是

1. 琅琊山 | 2. 醉翁亭

有名的《醉翁亭记》。从那时起，欧阳修不仅在此饮酒，也常在此办公，“太守与客来饮于此，饮少辄醉，而年又最高，故自号曰醉翁也”，“醉翁亭”因此得名。

“醉翁亭”东有一巨石横卧，上刻“醉翁亭”三字，亭西为宝宋斋，其内有苏轼手书的《醉翁亭记》碑两块。亭的西侧有古梅一株，传为欧阳修手植，故称“欧梅”。亭前有酿泉，旁有小溪，终年水声潺潺，清澈见底。

让泉

醉翁亭下，有一处清泉，名为“让泉”，这便是《醉翁亭记》中所提到“声如自空落，泻向两檐前。流入岩下溪，幽泉助涓涓”的地方。因这里泉水“甘如醍醐，莹如玻璃”，所以又被称为“玻璃泉”。

让泉

让泉的泉眼旁用石块砌成方池，水入池中，然后汇入山溪。水池三尺见方，池深二尺左右。池上有清康熙四十年（公元1701年）知州王赐魁立的“让泉”二字碑刻。让泉水温度终年变化不大，保持在17℃~18℃。

琅琊古道

琅琊古道始建于明嘉靖年间，其由条石铺成，蜿蜒于山腰，由低渐高，平坦而幽深。古道两旁树木参天，枝叶茂盛，晴天可以遮阳，雨天可以挡风避雨，当孩子在此行走之时，可见满目苍翠，鸟语贯耳。

古道之上，一座青石砌成的拱形门楼镇于两山之间，楼额上刻有“峰

回路转”四个大字。待到走过“峰回路转”四个字时，便可隐约见到一座小亭，半掩在树色之中，这就是蔚然亭。蔚然亭是游人途中小憩的好地方，坐在亭中举目向南望去，可见两山之间的一汪湖水，这就是深秀湖。湖上筑有九曲桥，家长可以带着孩子从这座桥步行至湖的彼岸。

■诗词延伸

琅琊古道

征埃成阵，行客相逢，
都道幻出层楼。
指点檐牙高处，浪拥云浮。
今年太平万里，
罢长淮、千骑临秋。
凭栏望，有东南佳气，
西北神州。
千古怀嵩人去，
应笑我、身在楚尾吴头。
看取弓刀，陌上车马如流。
从今赏心乐事，
剩安排、酒令诗筹。
华胥梦，愿年年、人似旧游。

——辛弃疾·《声声慢·滁州旅次登楼作和李清宇韵》

徐州 你不可不知的彭城旧事

天涯流落思无穷。
既相逢。
却匆匆。
携手佳人，和泪折残红。
为问东风馀几许，春纵在，与谁同。
隋堤三月水溶溶。
背归鸿。
去吴中。
回首彭城，清泗与淮通。
寄我相思千点泪，流不到，楚江东。
——苏轼·《江神子·恨别》

宋词故事 · STORY

别徐州

这一年苏轼由徐州调任湖州，临离徐州时，苏轼感慨自己天涯流落，愁思茫茫，无穷无尽。他刚刚与友人经历了邂逅相逢的喜悦，如今又要面对骤然分别的痛苦。现在，他只能携手友人，含泪折花相送。东风徐徐，春光仍在，可苏轼即将离开，他不知这美好的春光今后还能与谁共享。

隋堤中的水浩浩荡荡，好似苏轼无限的离思。春光明媚，鸿雁北归，而苏轼却与雁行相反，即将离开徐州这片热土，南去吴中。他频频回首，只见清澈的泗水由西北而东南，向着淮水方向流去。他想托流水把千滴相思之泪寄往徐州，怎奈何泗水东流，相思难寄。

历史 · HISTORY

史上那些年

徐州在古时也称彭城，其建城史可以追溯到4000多年前尧帝时期所建立的大彭氏国时代。据说，夏禹治水时，把全国疆域分为九州，徐州即为九州之一。但在当时，徐州并不是一个城市，而是一个庞大的经济区域，彭城才是这里的中心城市。

徐州美景

传说，大彭氏国的创始人彭祖活了800岁，他是黄帝的后裔，善于导引气功养生，也善于烹调，被称为我国烹饪鼻祖。据说，彭祖就是因为善于烹调雉羹受到尧帝的喜爱，后将他封于此地，这才有了大彭氏国的建立。

徐州出帝王，除了传说中的大彭氏国在此建立之外，这里还是汉高祖刘邦的故乡。从某种意义上来讲，大汉王朝，正是从徐州迈出了建立的第一步。

刘邦30岁那一年，在徐州沛县的泗水一带担任分管治安的泗水亭长。这亭长生涯对他的意义尤其重大，因为正是在此期间，刘邦先后结识了萧何、曹参、樊哙等人，奠定了自己的人脉基础，而这些人在他后来的人生中起到了无可替代的作用。也正是在这里，刘邦宣誓起义，而后不断壮大势力，最终成为大汉王朝的开国皇帝。

坐上帝王宝座之后，刘邦回到沛县故里，他在沛宫大摆酒席，宴请父老乡亲，后又挑选了120名青少年，组成合唱团以助酒兴。酒酣之时，刘邦击筑高歌，亲自作了一首《大风歌》：“大风起兮云飞扬，威加海内兮归故乡，安得猛士兮守四方。”歌罢，高祖挥剑起舞，并对沛县父老说，游子思故乡，我虽定都长安，但百年之后我的魂魄还要回归故里。

刘邦离开沛县之后，这里的人们便赶紧请来金石良匠将《大风歌》摹刻上石，并筑百尺高台，立碑于台上。传说，《大风歌》碑为东汉著名书法家蔡邕亲手所书。或许因为徐州是汉高祖的故乡，因此这里也是汉画像石最集中的地区之一，新中国成立以来先后发现完整画像石墓近30座，散存汉画像石400余块，与南京的六朝石刻、苏州明清园林并称为“江苏三宝”。

趣味故事·INTERESTING STORY

苏东坡抗洪

在徐州，有一座“黄楼”，是900年前苏轼在徐州担任知州之时，率领军民抗洪胜利之后建造的。

黄楼

洪水来临时，苏轼到达徐州还不到三个月。为了防止黄河之水侵吞徐州城，苏轼几乎日夜不休。他不但亲自深入抗洪前线，还效仿大禹，三过家门而不入。抗洪之时，苏轼一边命人筑堤固岸，一边又连夜加高城楼。

元丰元年（公元1078年）二月，在苏轼的带领下，工匠们日夜兼程，动工在城东门挡水要冲处建造了二层高楼，又因为在五行之中，“水受制于土”，所以他又命人在楼壁之上涂抹黄土，并将其取名“黄楼”，取“土实胜水”的意思。

终于，在苏轼和徐州百姓的不懈努力下，黄河这一次泛滥并没有对徐州城造成威胁，更没有出现大水灌城的惨剧。为了庆祝这一次与黄河对决的胜利，苏轼于九月初九重阳节这天举行庆贺“黄楼”落成的典礼，并大宴宾客。宴席之上，他高兴地写下了《九月黄楼作》一诗：“去年重阳不可说，南城夜半千沤发。水穿城下作雷鸣，泥满城头飞雨滑。黄花白酒无人问，日暮归来洗靴袜。岂知还复有今年，把盏对花容一呷。莫嫌酒薄红粉陋，终胜泥中千柄插。”从那以后，人们一提到徐州的黄楼，也会想起苏轼的抗洪之功，而“黄楼”也成了徐州城内有名的游览之地。

风景 · SCENERY

带着孩子边走边看

徐州位于江苏省北部，这里是“北国锁钥”“南国门户”，也是汉高祖刘邦、南唐烈祖李昪、南朝宋武帝刘裕、后梁太祖朱温的故里，素有

“九朝帝王徐州籍”美誉。徐州古迹繁多，各种博物馆也在此扎根，孩子们来到此地，一定要去这些博物馆看看。

沛县汉城

沛县地处微山湖西畔，是汉高祖刘邦的老家，明太祖朱元璋的祖籍，素有“千古龙飞地，帝王将相乡”之美誉。汉城就在这“龙兴之地”的正中心，其由汉城公园、汉街、汉高祖原庙、歌风台等大型仿汉建筑群组成。

汉宫区是汉城公园的主景区，汉魂宫是汉宫区的主体建筑，这里的第一层四周镶嵌青石浮雕，镌刻汉画像石图案；第二层为“刘邦坐殿”，蜡塑群像栩栩如生；第三层则绘有《刘邦车马出行图》。汉魂宫东西两侧为诗词和捐资碑廊，沛宫殿东西两侧的浮雕则再现了刘邦三年灭秦、五年翦楚波澜壮阔的历史场面。

沛县汉城

徐州博物馆

徐州博物馆建于云龙山北麓，这里原本是清高宗乾隆皇帝南巡时的行宫旧址。博物馆由陈列主楼、土山东汉彭城王墓、汉代采石场遗址、清高宗乾隆行宫及碑园四个展区组成。

在这里，乾隆行宫及碑园陈列着唐代石幢和唐宋时期书法名家的法帖刻石近百方，是一处典雅秀美的文物园林。土山东汉彭城王墓曾出土银缕玉衣、鎏金兽形砚等珍贵文物，是目前徐州发现东汉时期唯一的彭城王墓。

汉画像石艺术博物馆

徐州汉画像石艺术博物馆在云龙湖东岸，馆内藏有汉画像石1400余块。汉画像石是汉代人雕刻在墓石、祠堂四壁上的装饰画像，盛行于西汉至东汉、魏晋年间。此处的汉画像石艺术价值很高，同时也是研究汉代历

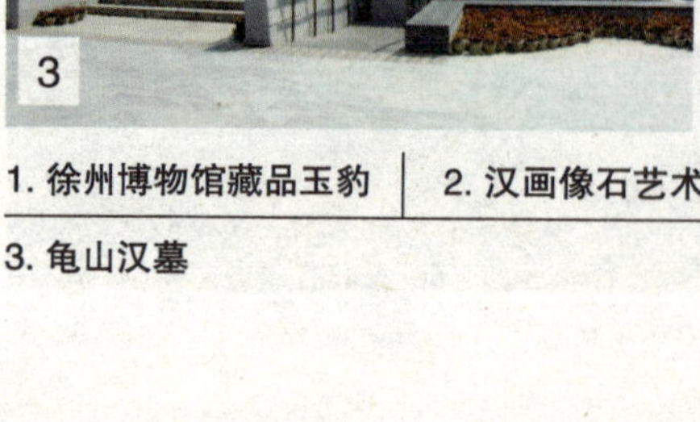

1. 徐州博物馆藏品玉豹 | 2. 汉画像石艺术博物馆

3. 龟山汉墓

史的珍贵文物资料。

龟山汉墓

龟山汉墓为西汉第六代楚王刘注的夫妻合葬墓，其位于徐州市的龟山西麓，其中南为楚刘注墓，北为其夫人墓，两墓均为横穴崖洞式。墓葬的开口位置处于龟山西麓，呈喇叭形状，有南北两墓道。

令人称奇的是，龟山汉墓的雕凿十分精细，误差极小，是迄今为止世界上打凿精度最高的甬道。在当时落后的技术条件下，这样的工程如何完成，至今仍是未解之谜，被誉为“中华一绝”“千古奇观”。

■诗词延伸

离别一何久，七度过中秋。
去年东武今夕，明月不胜愁。
岂意彭城山下，同泛清河古汴，船上载凉州。
鼓吹助清赏，鸿雁起汀洲。
坐中客，翠羽帔，紫绮裘。
素娥无赖，西去曾不为人留。
今夜清尊对客，明夜孤帆水驿，依旧照离忧。
但恐同王粲，相对永登楼。
——苏辙·《水调歌头·徐州中秋》

【第八辑】留给孩子的旅行思考题

1.“江州司马青衫湿”出自哪个典故?

2.有哪些著名的历史故事和“郁孤台”有关?

3.黄庭坚的《瑞鹤仙》和欧阳修的《醉翁亭记》有何联系?

第九辑

赏岭南风光——群岭之侧，此景非画美如画

桂林——柳州——连州——河源——番禺

桂林 桂花丛中，你的“流连”理所应当

五岭皆炎热，宜人独桂林。江南驿使未到，梅蕊破春心。
繁会九衢三市，缥缈层楼杰观，雪片一冬深。
自是清凉国，莫遣瘴烟侵。
江山好，青罗带，碧玉簪。
平沙细浪欲尽，陡起忽千寻。
家种黄柑丹荔，户拾明珠翠羽，箫鼓夜沉沉。
莫问骖鸾事，有酒且频斟。
——张孝祥·《水调歌头·桂林集句》

宋词故事·STORY

桂林集句

岭南地区的其他地方都十分炎热，唯独桂林地区气候宜人。江南的梅花还未盛开之时，这里的梅花却早已迎春而来。桂林虽然地处岭南，却是九衢三市，繁华无比，这里层楼缥缈，深冬之时全城银白一片。

桂林山水一片好，水似青罗带，山似碧玉簪。漓江岸边平沙细浪，江中却忽现座座山峦，层峦叠嶂。这里家家种植黄柑丹荔，户户拾取明珠翠羽，夜间萧鼓声声，在这大好的繁华之景中，还有什么可烦恼的呢，且先把酒问盏，一醉方休。

历史·HISTORY

史上那些年

孩子们一定都听说过“桂林山水甲天下”这句话，但他们可否知道“桂林”之名的来历呢？据说，在很久以前，这片地方长满了桂花，一丛丛的桂花林一直从山上蔓延到山下，后来，人们就将这个弥漫着桂香的地方称作桂林。《山海经》中亦有“桂林八树”之说，所谓“八树”，并不是只有八棵树的意思，而是表示极为广大。

在夏、商、周时期，桂林是百越人居住的地方。秦始皇统一岭南时，“置桂林、南海、象郡”，这是桂林名称的最早起源。公元1052年，广源州首领侬智高与广州进士黄玮、黄师宓等密谋起事，攻陷邕州，自立为仁惠皇帝。这场反宋战事震动了整个岭南。北宋当即遣大将狄青率兵南下，并与侬智高大战于昆仑关，侬智高惨败，后逃往大理。

在这片桂花飘香的地方，漓江是那无可替代的“魂”，没有漓江，桂

桂林美景

林就好像失去了明亮的双眼，失去了那“勾魂摄魄”的吸引力。迄今为止，漓江风景区依然是世界上规模最大、风景最美的岩溶山水游览区之一。千百年来，多少文人墨客都沉醉在它的“温柔乡”中，流连忘返。

漓江源于“华南第一峰”猫儿山，从山上下来，漓江每流经不同地方，当地人便会给它冠以不同的称呼，如六峒河、溶江等。“江作青罗带，山如碧玉簪”是对漓江最恰当的赞扬，这里山青、水秀、洞奇、石美，“深潭、险滩、流泉、飞瀑”随处可见，乘船游于漓江之上，只见两岸山峰伟岸挺拔，形态万千，江水清澈见底，俯首照影，令人恍惚有种“船在水中游，人在画中游”的感觉。

趣味故事 · INTERESTING STORY

秀才看榜的传说

在漓江边上，有一处山头，远看它就像一个秀才头戴着纱巾坐在马车上凝望对面的石壁，此景名为“秀才看榜”。

据说，在很久以前，漓江边有个穷秀才，他发奋读了十年书，第一次进京城赶考时，自我感觉考得特别顺利。考罢，他便在京城住了些日子，

桂林山水

打听到自己初选得了第一名，卷子已经送到主考官那里去了。

秀才心想，这次一定能考中。他又听说放榜时各地都要挂榜，就高高兴兴地带着书童，坐着破马车，跑到漓江边，一边游山玩水、吟诗作对，一边等着好消息。谁知，主考官和秀才是同乡，他拿到秀才的卷子之后，发现秀才既没有拜见他，也没有托人给他送礼，顿时气不打一处来。他想了想，将秀才卷子上的第一名前加了几个字，变成了“孙山之后第一名”，就这样，穷秀才落了榜。

主考官搞了鬼，穷秀才却还蒙在鼓里。榜文到达阳朔的这天，他还一个人坐着马车，在冠岩一带观景吟诗。然而，书童看见榜文之后，顿时傻了眼，他气喘吁吁地跑来找到穷秀才，将榜文递给他。没想到，秀才刚想打开来看，榜文却忽然被一阵旋风吹上半空，它像断了线的风筝一样，顺着漓江飞走了。秀才一见榜文飞走，也不听书童解释，连忙一挥鞭子，赶着破马车就追。

榜文飘到漓江边的白肚山时，风突然停了下来，榜文粘上了靠江边的石壁。等秀才驾着破马车从冠岩赶到白肚山时，榜文下看榜的人已经围了个里三层外三层。穷秀才跳下马车，拨开人群，把脖子伸得长长的，却怎么也看不到榜文。他只好爬上马车，站到高处一看，却没有见到自己的名字。

书生见自己榜上无名，顿时气得七窍生烟，四肢无力，怎么也爬不起来。直到日落西山，他还是瘫坐在马车上，两只眼睛呆呆地望着榜文出神。恰巧这天文曲星听说人间要放榜，便特意从天上来到人间，想要带个才子上天做他的书童。

文曲星官扮作一个文弱书生，也在人群中看榜文。他看见榜上有名的尽是家中有财、肚内无才的富家子弟和官家少爷，觉得人间无才子，不由得灰心丧气。人们散去之后，文曲星正要驾云回天上去，却看见呆坐在破马车上的穷秀才。他不觉一怔，发现这穷秀才虽然榜上无名，却有一肚子真才实学。文曲星顿时明白发生了何事，于是，他走到秀才跟前，将他带上了天。

临走前，文曲星吹了一口仙气，将秀才的身子和破马车一起点化成了石头，又将白肚山上的榜文和石壁化在一起。所以直到现在，我们还能看到漓江边上的穷秀才坐在马车上看榜。

风景 · SCENERY

带着孩子边走边看

桂林是广西壮族自治区著名的旅游城市，其地处南岭山系的西南部，是典型的喀斯特溶岩地貌。这些遍布全市的石灰岩，经过了亿万年的风化侵蚀，形成了千峰环立、一水抱城、洞奇石美的独特景观。桂林曾是许多文人梦想中的天堂，不知当孩子们来到这里，会不会也在这天堂之中，产生作词的愿望。

漓江

但凡想去桂林的人，没有不知道漓江大名的。这条青罗带似的河水，从猫儿山一直流到西江，在沿着桂林到阳朔的这段里，它时而蜿蜒于奇峰深潭之中，时而又经过几条飞瀑，就像一幅绚丽多姿的画卷就此展现在人们眼前。依据景色的不同，漓江之上大致可分为三个景区：第一景区为桂

1. 漓江 | 2. 阳朔

林市区至黄牛峡一段，第二景区在黄牛峡至水落村之间，第三景区便是水落村至阳朔一段。

漓江上最著名的山是画山，在画山的临江绝壁上，有一片白色的斑印，恍似天然骏马图。当地曾有歌谣形象描述了这一特征：“看马郎、看马郎，问你神马有几双？看出七匹中榜眼，能见九匹状元郎。”其原因是在画山的山崖峭壁上，沿渗水带生长着无数的藻类，这些低等生物死亡后会钙化，然后形成了天然的生物颜料，正是它们与岩石所含的各类矿物质在山上画出了姿态各异、名扬天下的“九马画山”“张果老倒骑千里马”等漓江崖画。

阳朔

顺着漓江而下，自然会经过美丽的阳朔，曾有人说，“桂林山水甲天下，阳朔堪称甲桂林”。在桂林乘船，看罢漓江却不到阳朔，就好比一顿美餐刚刚吃了个开头。阳朔气候温和，四季宜人，属典型的喀斯特地貌。境内山峰林立，平地拔起，千姿百态。坐竹筏漂流是这里最有特色的旅游方式之一，家长可带着孩子一试。

遇龙河是阳朔县的第二大河，竹木苍翠、水质清澈。景区内有古石桥群、宋桥、唐城遗址等古迹，使整个遇龙河蒙上了一层古色古香的神秘色彩。

象鼻山

提起桂林山水，许多人都会想到象鼻山。它原名漓山，因酷似一只站在江边伸鼻豪饮漓江甘泉的巨象而得名。早在1000多年前的唐代，象鼻山就是桂林著名的游览胜地。象鼻山上有水月洞、象眼岩、普贤塔等。

蝴蝶泉

蝴蝶泉位于阳朔月亮山景区，素有“不到蝶山顶，不知阳朔景”之美誉。蝴蝶泉内有中国最大的活蝴蝶观赏园，其中有上千种、数万只蝴蝶与人和谐相处。此泉因蝶洞内有一股泉水从山腰悬崖涌出而得名。

蝴蝶泉还是鸟瞰阳朔遇龙河和羊角山等精华风光的最佳观赏台。在蝴蝶泉除可观赏美景之外，还有丰富的活动，比如，观看地方风情特色表演、欣赏训蜂绝技等。

象鼻山

■诗词延伸

问讯中秋月，瞥见一眉弯。
婆娑桂影、今年又向桂林看。
蓬矢桑弧初度，罗带玉簪旧识，俯仰十年间。
记得老坡语，颓景薄西山。
碧虚人，应笑我，已苍颜。
岁寒耿耿，不改惟有寸心丹。
目断风涛万里，梦绕烟霞一壑，老矣甚时闲。
不愿酒泉郡，愿入玉门关。
——李曾伯·《水调歌头·戊午初度自寿》

蝴蝶泉

柳州 柳江河畔，壮歌瑶舞伴君行

欲借江梅荐饮。
望陇驿、音息沉沉。
住在柳州东，彼此相思，梦回云去难寻。
归燕来时花期浸。
淡月坠、将晓还阴。
争奈多情易感，风信无凭，如何消遣初心。
——欧阳修·《恨春迟》

宋词故事·STORY

恨春迟

这里清江似玉，梅花盛开，正可借景把盏，一醉方休。只可惜，当我望向陇地你所在的方向时，却得不到任何信息。今日，我来到这柳州的东边，在梦里苦苦相思，梦醒之后，却难以寻觅你的身影。远方的燕子归来之时，繁花已将败落，淡淡的月亮落下山坡，天色即将破晓，但天空依然阴沉。唉，怎奈何我这多情又敏感的心，想要探寻你的身影，却只是怀梦一场，每每想起初见你的样子，我都觉得心痛难熬，无法忘怀。

历史·HISTORY

史上那些年

柳州美景

柳州是一座民族风情浓郁的城市，这里最美的并不是其山清水秀，而是民族歌舞独具神韵。孩子们的行程现在已经走遍了大半个中国，但此前看得最多的，不是山水之景，便是人文景观。现在，家长带着他们来到柳州，就请在游山玩水之余，好好地欣赏一下少数民族的歌舞表演吧。

柳州是壮族传奇歌手刘三姐的故乡，这里的壮族人，无论男女老幼都是歌舞的好手。每逢农历三月初三，壮族人都要举行盛大的“歌圩”活动，男女青年要终日对歌。歌圩那天，青年男女们便身着盛装，三五成群地来

到歌圩场，通过唱歌寻找自己的意中人。

在柳州，听完壮族的对歌，还得去看看瑶族的舞蹈。每年的农历十月十六，柳州的瑶族人都要跳芦笙伴奏的长鼓舞来祭奠盘王。传说瑶族始祖盘瓠上山打猎时不幸跌落悬崖，族人便挖空树心，剥下羊皮蒙成长鼓，日夜敲打以祭盘王。

整套长鼓舞的动作极具形象，表演时，鼓手左手握住长鼓的鼓腰上下翻转，右手随之拍击，边舞边击，这套动作表现了盘王及其子孙开辟千家峒的勤劳勇敢，而舞蹈中唱的盘王歌，表示了后人对祖先的缅怀和追念。

趣味故事 · INTERESTING STORY

柳宗元柳州改革

柳宗元被贬斥柳州的时候，致力于改革此地的时弊，为此，他还写下了一首诗，名为《登柳州城楼》："城上高楼接大荒，海天愁思正茫茫。惊风乱飐芙蓉水，密雨斜侵薜荔墙。岭树重遮千里目，江流曲似九回肠。共来百越文身地，犹自音书滞一乡。"

写下这首诗的时候，柳宗元心中百感交集，望着窗外雨雾之中的柳州城楼，心头一阵发抖。他想起了自己从前在朝时的那些朋友，因为政局动荡，他们有的被杀了，有的被一再贬斥，自己如今年近半百，却也被贬斥到了这远离京城的蛮荒之地，若是再不为百姓做点事情，恐怕就没有机会了。想到这里，他又记起了前几天在柳州河边听到的"救命"声，心头更加沉重。

事情要从几天前说起，那天，柳州城内大雨滂沱，柳宗元正带着仆从在层楼内避雨，忽然听见有人大喊："救命啊，有人跳江啦！"他赶忙循声跑下楼，只见一个衣衫湿透的少女被人抬上了一条小船。

柳宗元走到那条小船边，向里望去，船上只有一个穿着粗布衣裳的老汉抱着少女失声痛哭。他连忙弯腰走进船篷，焦虑地问道："这是怎么回

柳州柳侯祠

事？”老汉正在悲伤之中，突然看见一个陌生人走了进来，吓了一跳，他的目光中充满了惊讶和悲愤。

跟着柳宗元的仆从一见，连忙对老汉说：“老伯不要害怕，这是新上任的刺史柳大人。”老汉一听，吓得连忙跪倒在地，泣不成声地说出了事情的整个过程。原来，柳州素来有一个习俗，借债的时候要用人来做抵押，若是到期无法还债，所押之人就要成为别人的奴婢。

这老汉一家以打鱼为生，原本小日子也过得红红火火，无奈在十多年前，老汉妻子不幸得了一种怪病，吃了无数药也不见好转。有一天，老汉家中来了个算命先生，他闭目掐算一番之后，告诉老汉，他的妻子是瘴鬼缠身，需要一大笔钱财驱鬼消灾。算命先生说得有模有样，不由得老汉不信，他只得将女儿抵押给别人，借了一大笔钱为妻子驱鬼。可没料到，钱花光之后，鬼没有驱掉，妻子却病死了。

如此一来，老汉自然还不上钱，女儿也沦为了人家的奴婢。这许多年来，老汉无时无刻不在辛勤劳作，希望有一天能挣够赎回女儿的钱，没想到，就在前几天，他的女儿却被债主家的痴呆儿子看中了。

债主得知此事之后，便去找人算了一卦，算卦者告诉他，这姑娘是其儿子的福星，只要将这姑娘嫁给痴呆少爷“冲喜”，这痴呆儿就能立即变成正常人。然而，老汉的女儿却是个刚烈的女子，她听说此事之后，万般不从，今日竟然伺机逃离了债主家，含愤投了江。

听完老汉的话，柳宗元满腔愤怒，他想到自己多年以来立志献身政治革新，希望消除民间疾苦。然而，如今君主昏庸，佞臣当道，仕途的坎坷使他一腔壮志难酬。辞别老汉后，柳宗元回到了住所。他吩咐下人给老汉送去了50两纹银，又着人去往债主家拿银子赎回姑娘的卖身契。接着，他就开始思考，要如何在柳州这块地方施行改革。

几经思虑之后，柳宗元制订了数条改革方案。他认为，要改变柳州百姓又穷又苦的现状，要从这几个方面入手。首先，要大力兴办卫生教育事业；其次，要以礼乐教化百姓，严禁算命看风水，揭露打击江湖巫医的骗人行为，破除迷信落后的风俗习惯；再次，即便是被抵押的奴仆，主人家也不得随意处置、体罚；最后，要鼓励百姓开荒，开凿水井，奖励农耕，让他们真正过上平安稳定的日子。

风景·SCENERY

带着孩子边走边看

柳州位于广西中北部，史称“龙城”，又因地形为“三江四合，抱城如壶”，亦称“壶城”。来到柳州，神秘的苗寨及喀斯特地貌是我们和孩子游览的重点。不过家长需要注意的是，来到少数民族的地界，一定要告诉孩子，严格遵守当地的规矩和禁忌，只有先懂得尊重他人，才能得到他人的尊重。

1. 雨卜苗寨 | 2. 大龙潭

雨卜苗寨

雨卜苗寨位于柳州融水苗族自治县的香粉雨卜村内，这里地处元宝山南麓，依山傍水，自然风光绮丽。贝江支流六甲河从雨卜苗寨穿过，两岸竹海连绵，景色迷人，各种原始地貌保持完好。

雨卜苗寨内有神秘的苗岭晨光、刺激的龙贡漂流、绮丽的三友瀑布，以及千年古榕、雨梅观景、大盘竹海、卜令天然泳池等数十个景点，这里拥有千亩原始森林，森林覆盖率达80%以上，是个难得的天然氧吧。

大龙潭

大龙潭距柳州市中心仅3千米，是融喀斯特地貌及亚热带岩溶植物景观于一体的城市综合公园。这里林木苍翠、群山环抱，二十四峰形态各异。柳宗元曾在此为民祷雨，并著有《雷塘祷雨文》传世，景区内现建有“祷雨文碑亭”“祭台”及“雷塘庙”等纪念性建筑。

■诗词延伸

灵鹊桥初就。
记迢迢、重湖风浪，去年时候。
岁月不留人易老，万事茫茫宇宙。
但独对、西风搔首。
巧拙岂关今夕事，奈痴儿、呆女流传谬。
添话柄，柳州柳。
道人识破灰心久。
只好风、凉月佳时，疏狂如旧。
休笑双星经岁别，人到中年已後。
云雨梦、可曾常有。
雪藕调冰花熏茗，正梧桐、雨过新凉透。
且随分，一杯酒。
——宋自逊·《贺新郎》

连州 鬼斧神工的“岭南画廊”

翼然新榜高亭，翰林铁画燕公手。
滁阳盛事，何人重继，湟川太守。
太守谓谁，文章的派，醉翁贤胄。
对千峰削翠，双溪注玉，端不减、琅琊秀。
坐啸清香画戟，听丁丁、滴花晴漏。
棠阴昼寂，细赓宾客，竹枝杨柳。
只恐明朝，绨封趣觐，未容借寇。
尽江山识赏，盐梅事业，焕青毡旧。
——严仁·《水龙吟·题连州翼然亭呈欧守》

宋词故事·STORY

题翼然亭

在这遥远的岭南连州，也有一座高高在上的翼然亭，亭中有着燕公的水墨佳作。想那负有盛名的《醉翁亭记》，记录了琅琊山、醉翁亭的大好美景，现如今，我这湟川太守，也要效仿醉翁欧阳修，来将我这连州的景色大赞一番。

只见这里的千座山峰，如精细雕琢过的翡翠一般，山下的溪水就好似青玉沉进了水底，这里的风光看起来比琅琊山还清秀几分。在翼然亭中坐定，赏花闻乐，听那清晨花间的露水“丁丁”滴下，好不惬意。

在这亭中，棠阴画寂，对赓诗，自得其乐固然是好，只是怕一旦出了此亭，就要回到残酷的现实之中，只祈求这大宋朝能得到一方贤才，为国家效力，从此让这大好江山焕发新的容颜。

历史·HISTORY

史上那些年

在严仁的眼中，连州美景丝毫不输于滁州的琅琊山，甚至比琅琊更秀丽三分，这并非是他夸张之说。因为早在严仁之前，便不止一人大赞连州山水，许多大文豪来到此地后，甚至认为这里的风光比江南还要美上几分。唐代诗人刘禹锡在连州任刺史时，便曾作诗赞叹此地，“剡溪若问连州事，惟有青山画不如”，而韩愈也曾在《燕喜亭记》中写道：“吾州之山水名天下。”

连州古属岭南门户，为中原通往南越的水陆交通要冲。这里至今仍留存了许多文化遗迹，如千年古道、古塔，唐宋石刻、原生态民间艺术、古

连州山水

朴瑶家坐歌堂等。这里山清水秀，市区的森林覆盖率甚至达到了70%以上。一个森林覆盖面积如此之广的城市，其旅游资源也必会十分丰富。在连州，不仅有着神秘瑰丽、被称为全国一流溶洞的地下河，还有著名的“岭南画廊”以及有着“岭南三峡”之誉的湟川三峡。

连州的地下暗河全长1500米，穿越了四座大山底部，河两岸的石钟乳千姿百态，造型巧夺天工，具有“广东地下第一河”的美称。而湟川三峡则是连州最美丽的地方之一，其既具有长江三峡之险峻，又有可比桂林漓江之秀美，明末屈大均所著的《广东新语》尤为推崇湟川三峡。家长带着孩子走进连州，就仿佛跨入了美丽的大自然画廊，而那浓厚的粤西北文化，亦令人回味无穷。

不过，在连州，有一座巾峰山，其上风景虽算不上此地最美，却是连州最有名气的地方，这还要归功于南宋的一对父子。一天，有一对父子站在巾峰山顶凭栏远眺，他们看见湟川如带，连州城内房屋错落有致，街上人流熙熙攘攘。

这位父亲名为张浚，曾为南宋宰相，因力主抗金触怒奸相秦桧，被贬谪居连州。在他身边的是他13岁的大儿子张栻。张栻因自幼好学，颇得父亲喜爱，之前父子俩游了燕喜山之后，张浚还亲笔手书勒石为记：“紫岩张浚携子栻游燕喜山。”这段摩崖石刻现仍在燕喜山的崖石之上，清晰可辨。

此刻，张栻站在巾峰之巅，他遥望远方，忽感历史风云、天下时势，便不禁随口吟道：“我闻路将军，威棱着湟水。又闻韩吏部，风流遗燕喜。徘徊巾峰阿，遐想千古意。天地多黄埃，凭栏频徙倚。”

年幼的张栻或许不曾想到，小小的巾峰山竟然因为有了自己的这首《巾峰远眺》，成了连州最著名的景点。以至于后来的许多家长每每带着孩子来到巾峰山上，都会用张栻的这首诗来教育孩子，让他们勤奋刻苦，像张栻一样出口成章。

趣味故事 · INTERESTING STORY

巾峰山的传说

传说当时有位神仙叫费长房，一日，他云游来到连州境内，向下一望，只见一座壮丽的山峰下有一片宽广的原野，这山峰之间云雾氤氲缭绕，似有灵秀之气。

于是，费长房按下云头，只见山下稻田金黄，远处城郭井然有序，一条溪水潺潺流过，其景美不胜收。就在他赞叹之际，天上忽然阴云密布。费长房一见，连叫不好，他掐指一算，原来有一个妖怪带着瘟疫想在这里作怪祸害百姓。费长房决心要除掉这个妖怪，为民造福。

正在费长房苦苦思考之时，突然天降大雨，他想了想，便化作一个老翁，来到山脚一户人家避雨。这户人家姓刘，生性淳朴，他见费长房冒雨而来，便煨了姜汤给他御寒。见到这里的百姓如此热情，费长房深受感动。喝完姜汤，他告诉老刘，过不了多久这里就会有大灾难。接着，费长房便指向不远处的山峰，对老刘说："九月初九那天，你就到这座山上登高，喝菊花酒，头上插上黄花，用红布袋盛上乌珠，对天供奉，就可以免灾祛难。"

连州美景

费长房离去之后，老刘见他颇有仙风道骨的样子，心下信了八分，他招来村民，将费长房的话告诉了他们，然而，村民们不以为然，以为他喝醉了说傻话。老刘见村民们不听他言，只好在九月初九这天带着家人头插黄花，登高遥拜。

当他们下午回到家中，发现家中的鸡、鸭、猪、牛都瘫卧在地，几天后全都死了。而村中没有去登山的人也先后得了怪病，陆续死去。人们这才明白，原来老刘说的是真的，那避雨的老翁是个仙人，是来救大家的。

自那以后，每年九月初九，连州的百姓们都要携家带口登临巾峰山，喝酒赏菊，以求平安吉祥。

风景·SCENERY

带着孩子边走边看

连州市位于广东省的西北部，隶属于清远市管辖。这里有岭南最长、最神奇的地下河，亦有瑰丽秀美的湟川三峡。来到连州，我们和孩子就仿佛走进了一幅绮丽的画卷之中。

地下河

连州地下河是一个喀斯特地貌的巨型天然石灰岩溶洞，洞内四季气温保持在18℃左右，这里冬暖夏凉，是旅游避暑的胜地。

地下河

在地下河的陆地层顺着曲折起落的石径往里走，可以看见形态各异的钟乳石景，其中最具特色的是“仙人神田”，只见层层钟乳石如梯田般蜿蜒分布于一条“仙人河”

的两岸，之后下到底层，则会看见一条暗河向山洞深处延伸，一眼望不到尽头。

在这条地下河乘上小船后，再沿暗河向前行进。暗河蜿蜒曲折，时而开阔，时而狭窄，头顶上的钟乳石伸手可及。这些钟乳石千姿百态，有的如瀑布横空，有的如山林郁莽，有的如飞鸟走兽。整个过程，游船将行进1500米，穿越四座山峰。

湟川三峡

湟川三峡分龙泉峡、楞伽峡和羊跳峡，位于连州镇与龙潭镇之间。这里茂林修竹，瀑布一个接着一个。湟川之美，曾被历代文人墨客称赞不已。清代进士林华皖任连州知州时，也曾留下“谓连峡之殊，尤瑰异卓绝者龟岩。历相九州名胜，罕有伦比，即以连峡与巫峡同观，亦岂夸美”的绝美诗句。

湟川三峡

在这里，可供选择乘坐的小艇极富特色，乘坐小艇沿着湟川顺流而下，家长和孩子便会欣赏到如诗如画的沿岸风光。这里有宛如世外桃源一般的箭榄村寨，有宏伟壮观的马面滩船闸，悬崖峭壁如刀切一般，壁中突出的石块中有潺潺流水悬空而下。

燕喜亭

燕喜亭位于连州城东北方向的燕喜山麓，因韩愈留下的名篇《燕喜亭记》而闻名古今。燕喜亭始建于唐代贞元年间，即公元800年前后，距今已有1200多年的历史。燕喜亭中，雕梁画栋，亭中古碑刚劲，与周围的碧树峭岩组成了一幅如诗如画的美景。千年以来，这里文人墨客络绎不绝，唐代的诗人元结、刘禹锡、孟郊，宋代的哲学家、文学家周敦颐，南宋的宰相张浚都曾慕名前来游览，并在亭周围的岩壁上留下了石刻诗文及题字。

■诗词延伸

万里烟堤，百花风榭，游女翩翩羽盖。
彩挂秋千，向花梢娇对。
矧门外、森立乔松，日花争丽，犹若当年文会。
廊庙夔龙，暂卜邻交外。

共讲真率，玉糁金齑脍。
同萧散寄傲，樽罍倾北海。
佳处难忘，约追欢须再。
况风月不用一钱买。
但回首。
七虎堂中心欲碎。
千里相思，幸前盟犹在。
——张栻·《向湖边》

燕喜亭

桂林——柳州——连州——河源——番禺

河源 "远行客人"最后的家

休说将军，解弯弓掠地，昆岭河源。
彩笔题诗，绿水映红莲。
算总是、风流馀事，会须行乐□年。
况有一部，随轩脆管繁弦。
多情旧游尚忆，寄秋风万里，鸿雁天边。
未学元龙，豪气笑求田。
也莫为、庭槐兴叹，便伤摇落凄然。
后会一笑，犹堪醉倒花前。
——晁补之·《金盏倒垂莲·次韵同寄霸师杨仲谋安抚》

宋词故事·STORY

寄杨仲谋

位于昆岭的河源，是将军曾经弯弓掠地的地方，这里青山绿水、红莲绽放。想我这风流之人，在此重忆旧地，只望秋风和鸿雁能够成为我的信使，替我捎带思愁。如今我心情郁结，无法像那“建安七子”中的王粲大醉登楼作赋，只能望着庭中的槐树兴叹，徒增一片凄然。

历史·HISTORY

史上那些年

河源是个有着2200多年历史的客家古邑，是目前中国内地唯一的纯客家地级市。1000多年来，这里是远行“客人”的歇脚地，也是他们最后的家。所谓客家人，是指原籍为中原的汉族，在东晋战乱时南迁，并在后来的几次迁徙行动中，逐渐形成今天具有独特风貌的客家民系。客家民系是中华汉民族的一个支系，客家语系也是汉民族的八大方言之一。

河源美景

历史上，客家人有过多次由北向南的大迁徙。在东晋时期，那时由于西北方向的游牧民族入侵中原地区，使得中原一带的官民纷纷向黄河南岸逃去。后来，人们在记载史料时，为了避免将迁来的中原汉族和新居地的原住民混淆，便将前者称为“客”。

然而，唐朝末年时，天下又起

战火，客家人不得不再次向江南一带迁去。这一次，他们走的路程稍远，到达了现在的福建西北、广东北部等地区。远行的客家先民一定不曾想到，即便他们已经走了上千千米的路，却依然逃不过社会的动荡，逃不过不断迁徙的命运。

宋朝时，客家人的好日子没过几年，北方便再起战乱。这一次，就连曾经高高在上的皇族，也不得不踏上南迁的旅程。那一次，许多客家人都卷入了保卫宋室、抵御外敌的战争中，宋朝灭亡后，他们不得不退往更加偏远的地方，据说，现在河源的客家人，便是在那个时候迁入的。

有一部分"客人"，就此定居了下来，他们实在太累了，并决心无论发生任何事，都要坚守在这最后的家中，他们的背后就是汪洋大海，早已退无可退。而另一些"客家人"，却自此走上了不断漂泊的旅程，他们甚至走出了中国这片土地，漂向了大洋彼岸。

趣味故事 · INTERESTING STORY

无顶的宝塔

在河源的东江边上，矗立着一座著名的宝塔，名为龟峰塔，此塔创建于南宋绍兴二年（公元1132年），是河源"老八景"之一。自古以来，龟峰塔便受到不少骚人墨客的喜爱，元代诗人谢天与就曾写诗称赞它："屹屹孤峰万古名，浮屠高耸人秋晴。望中如似昂天笔，倒写云笺雁字横。"

据说，在许多年前，龟峰塔是没有塔顶的，而我们现在看见的塔顶，则是在近代重建时人为加上去的。而有关这个塔顶，河源民间至今还流传着一个有趣的传说。据说，在很久很久以前，龟峰塔曾有个别名，叫"神仙塔"，这是因为人们相信这座宝塔是由一群路过此地的神仙建造而成。

一次，各路神仙赶着参加王母娘娘的蟠桃大会，途中路过河源。神仙们无意间往下一望，只见此地洪水泛滥，勤劳善良的百姓们四处流离，顿生恻隐之心，经过一番商讨之后，神仙们决定在两条江水汇合处的下游建

造一座宝塔，以此镇住洪水，还河源百姓一个平静安宁的故乡。

然而，神仙们要在河源建塔的事，不知怎么被当地的名士李焘知道了。他看了看宝塔的位置，算出若在此地建成宝塔，自己家的风水必定会遭到破坏。为了保住自己的利益，李焘决定阻止神仙们的计划，他知道自己无法改变神仙们的决定，便想出一个诡计以阻止宝塔完工。神仙们动工建塔，李焘便带上干粮，潜伏在宝塔附近。

神仙们施展着各路神通，很快将宝塔造到了第七层。然而，正当大家施展法术，要为宝塔造一个漂亮的塔顶时，附近突然传出了一阵鸡鸣声。神仙们一听，以为天亮了，他们怕自己的真身被当地百姓看见，从而坏了天庭的规矩，只得放下手中的活儿，纷纷驾云离去。就这样宝塔没有完工，李焘保住了自己家的风水。从那以后，“河源塔无顶”的说法就在民间流传开来了。

有意思的是，关于龟峰塔的建造，现实却是与传说截然相反的。传说中“龟峰塔无顶”是因为李焘的阻挠和干涉未建成，而在现实里，却恰恰是李焘倡导修葺了龟峰塔，并亲笔题写了“龟峰古刹”的寺名。李焘是明代的进士，曾官至二品，被称为“槎城之魁”，又因父亲及祖父都曾是二品官员，因此整个李家也有着“三世二品”的美誉。而修葺龟峰塔，则是在他告老还乡后的所为。

不过，历史上，龟峰塔也的确曾经有过无顶的时候。据《河源县志》记载：“咸丰二年壬子（公元1852年）龟峰塔崩第一级”。塔崩估计与地震有关，“第一级”经考证则是指的塔顶，而李焘则有可能因为阴差阳错的误会，被百姓们编入了“神仙造塔”的故事，当了一回大反派。

风景 · SCENERY

带着孩子边走边看

河源位于广东省北部，东江中上游。东江、新丰江在河源的东面交汇，使得整个城市三面环水，看起来就像浮在水上的木筏一般。河源景色绮丽，城市空气新鲜，来到这里，孩子们可以了解到客家人的文化和习俗，还能看到那自千年前便传下的客家围屋。

镜花缘景区

镜花缘景区位于河源万绿湖旅游码头西南面，这里是根据小说《镜花缘》中所描述的“百花仙子降生在岭南唐秀才之家，乃河源县地方”而命名的旅游景区。镜花缘景区以小说中描述的仙境美景、奇闻趣事为主线，其间有百花广场、百花路、绿香亭、入梦岩、凝翠谷、红颜洞、泣红亭、女儿国等景点。

1. 镜花缘景区

2. 桂山

3. 龟峰塔

桂山

桂山面对万绿湖，是河源最高的山峰。这里的树木终年常绿，四季花开果熟，素有“植物王国、动物乐园、旅游天堂”之称。桂山上有北回归线上少有的原始常绿阔叶林。景区内有一条长9千米的石峡清溪，溪中的石头千姿百态，沿途有各种亭台楼阁。桂山之中，山间瀑布飞溅，百鸟啾鸣，山上丛林密布，大树参天，美景令人流连忘返。

龟峰塔

在河源的龟峰山上，有一座龟峰塔，该

塔建于南宋绍兴二年（公元1132年），这是广东省公认有年份可考的最早的南宋楼阁式砖塔。传说，在很久以前，河源人民年年为水患所害，苦不堪言。神仙云游于此，看到民不聊生，萌发了恻隐之心，遂在新丰江与东江的汇合处投下巨龟，化为龟峰山，上置龟峰塔，以镇水妖。

龟峰塔是“河源八景”之首，亦有“东江第一塔”的美誉。塔平面为六角形，其外观为七层，里面实则有十四层。塔的正门朝向东方，每一层都有如竹子，节节上升，层层分明。

苏家围

苏家围距河源市区约有26千米，其位于河源市义合镇，整个村子山水环绕，素有“南中国的画里乡村”之称。据说，苏家围还是苏东坡后裔的聚居地。在这里，家长可以让孩子亲身体会一下苏氏家族和客家人的历史文化。

苏家围全村共有18座围屋，其中有5座明朝建筑，而最古老的是为纪念苏东坡而于1481年修建的永思堂，故又称东山苏公祠。

苏家围

■诗词延伸

万里流沙道，西征过北门。
但添新战骨，不返旧征魂。
楼角临风迥，城阴带水昏。
传声看驿使，送节向河源。
——杜甫·《东楼》

番禺 番山之隅，南越名都就是我

风响蕉林似雨，烛生粉艳如花。
客星乘兴泛仙槎。
误到支机石下。
欢喜地中取醉，温柔乡里为家。
暖红香雾闹春华。
不道风波可怕。
——向子諲·《西江月·番禺赵立之郡王席上》

宋词故事·STORY

郡王席上

风吹着窗外的芭蕉林，沙沙作响，好似细雨落地的声音，席上的烛火跳跃，好似花开一般艳丽非常。今日我乘兴泛仙舟于这番禺，却好像误闯入天上织女的住所，在这欢喜美景之地，定要不醉不归。

历史·HISTORY

史上那些年

番禺置县于秦始皇三十三年（公元前214年），是南海郡的首县，至今已有2200多年的历史。那一年，秦始皇派任嚣、赵佗率军南下，统一岭南。任嚣平定岭南后，出任南海郡尉，并在南海郡番禺县内建城作为郡治。

秦朝末年，任嚣在病危时召来了龙川县令赵佗。他假托秦廷命令，委赵佗代理南海郡尉，并告诉他，番禺“负山险阻南海”，如今“可以立国”。于是，赵佗于汉高祖三年（公元前204年）自立为南越王，定都番禺，而那时的番禺是当时全国的九大都会之一。今天广州市的越秀山即是当年越王所名。

据考证，“番禺”之名，在战国时期就已经存在了。《水经注·泿水篇》曾记载：“泿水东别经番禺，《山海经》谓之贲禺者也。”而贲禺就是今天的番禺。汉朝初期，也有许多史料曾多次提到“番禺”，并指出此地是当时岭南最为重要的聚落，已形成地区性的政治、经济中心，番禺亦是广东境内最早见于古史的地名。

不过，“番禺”之名出现得虽早，但这名字的来历却有着好几种不同的说法。有人说，“番禺”之名的由来，是因为此地境内有番山和禺山，

番禺古城

明朝黄佐的《广东通志》就曾记载：“番禺县治东南一里曰番山，其山多木棉，其下为泮宫；自南联属而北一里曰禺山，其上多松柏。”

但郦道元对此有着不同的看法，他在《水经注》中明确写道：“今入城东南偏，有水坑陵，城倚其上，闻此县人名之为番山；县名番禺，谓番山之禺也。”意思是指此地在番山附近。

趣味故事·INTERESTING STORY

龙舟头上挂生菜的来历

据说，在很久以前，每年端午节的时候，番禺龙舟上都会挂起生菜，关于这个习俗，还有一个有趣的传说。

有一年，珠江上面漂来了一段又长又黑的“阴沉木”。这段“阴沉木”到了村边就停了下来，不再随波漂流了。因为阴沉木遇水不沉，木质厚重，无论在野外放置多长时间都绝不腐烂。于是，村民们就将这块木头的一端固定在岸上，一端伸进水里，当成了一个小涉头，用来洗衣洗菜。

然而，过了一段时间之后，村民在这块木头上发现了一件怪事，在上面洗菜，洗着洗着就会少几棵。更奇怪的是，这涉头在白天一整日都是干爽的，可一到夜晚整个涉头都是湿漉漉的。

有一日，有一个村妇在涉头上杀鱼，随手便将杀鱼刀剁在上面，过一会儿，竟有殷殷的血水从刀口处渗了出来。起初，村妇还以为是鱼血，倒也不是十分在意，可到了第二天，涉头上的刀口子竟然自己愈合了，甚至连痕迹也找不到了。

一天清早，河岸上来了个眉目清秀的小姑娘，她用手指戳了戳这块阴沉木，一边轻声斥责说："畜生，不要乱搅事！"一边将手上的小竹鞭插在涉头的柱子上，说来也怪，小姑娘走后，涉头上便再无异样了。

又过了一段日子，端午节就要到了，村民们便开始商议要做艘新龙船，人们一下子就选中了涉头上的阴沉木，大家请来师傅，抬起木头，就在河边上造起龙船来，而新船的龙骨就是这段阴沉木。

龙船造好这天，恰好是农历五月初五，一群后生正爬在新龙船上玩儿。这时发生了一件奇怪的事，有一个村妇提着一篮生菜，来到河边清洗，她刚把生菜放进河中，突然，阴沉木做的龙船起了变化，只见龙头双目瞪圆，"呼"的一声，一口叼起生菜，载着满船后生飞到江上。

后生们顿时傻了眼，大家慌忙拿起手上的榔头木棒，拼命敲打着船帮，可新船却依然飞一般朝着珠江的出海口处冲去。船上的后生又惊又怕，没有一个人知道怎样才能使龙船停下来。就在这时，在龙船的前方出现了一座大山，大家都绝望了，他们以为自己即将命丧黄泉。

忽然间，之前用手指戳阴沉木的小姑娘出现在了岸边，只听到她高声叫道："不要怕，新船不怕旧石，冲过去！"不知为何，船上的后生们听见她这么一说，也就真的不害怕了。大家眼睁睁地看着新船将大石从中间撞开，船上的人全都落到岸边，而新龙舟却像腾龙一样飞出了大海。

后来，这里的人们发现，只要用像阴沉木一般的木头造新船，这艘船划起来就会特别快，所以一直到现在，人们都喜欢用类似阴沉木般的"坤甸"坚木来造船。这些龙船平时不划，而是把它深藏在涌泥里面，就算多大的洪水来了也没事。而在船头上挂生菜，不但有生生猛猛的好意头，据说还能使龙船划得更快。

风景 · SCENERY

带着孩子边走边看

番禺位于广州市的南部，现如今是广州的后花园，这里属于南亚热带海洋性季风气候，在它的南边，是浩瀚无边的南海，因而这里的夏季虽长，但并不酷热，尤其适合家长带着孩子游山玩水。番禺素来都是南越名都，这里也保留了许多岭南地区的特色建筑。

莲花山

番禺的莲花山位于番禺市东部珠江口狮子河畔，这里是广东省的重点风景名胜区，这座山由48座红色砂岩低山组成，因为其中有座麒麟峰，峰顶上有一块酷似莲花的岩石，所以被称作莲花山。

莲花山

这里有宽敞而酷似莲花瓣的莲花石，有气势轩昂的燕子岩，有洞内怪石遍布的八仙岩，还有酷似人工石林的飞鹰岩。山上的莲花城现已建成一座仿清兵营，家长和孩子站在城头可远眺壮丽浩瀚的珠江景色。

长隆欢乐世界

长隆欢乐世界地处广州番禺迎宾路，游乐设施有近70项。这里采用了欧陆风格设计，有适合全家游玩的哈比王国，有以大型惊险刺激设备为主的尖叫地带，有以中古欧洲风格为主的旋风岛，有以水为主题的欢乐水世界，有以表演为主的中心演艺广场和以休闲为主的白虎大街六大主题园区。同时，为满足孩子全天候游乐的需求，这里还建立了大规模的室内恒温儿童游乐城。在看够了山川古迹后，家长再带着孩子回到现代化的城市中间，可以让孩子好好放松一把。

长隆欢乐世界

宝墨园

宝墨园

宝墨园距离番禺市区10余千米，园里四时青翠，百花盛开，是一座颇具特色的园艺精品公园。它集清官文化、岭南古建筑、岭南园林艺术、珠三角水乡特色于一体。宝墨园里有荔景湾、清平湖、宝墨湖等水景，它们与1000多米的长河贯通，水清如镜，其上有30多座石桥，横跨河湖之上。这里的建筑、园林、山水、石桥等布局合理，和谐自然，构成一幅幅美丽壮观的景色。

南粤苑

游过宝墨园，家长可再移步附近的南粤苑，这里也是一座山水园林与岭南建筑相融合的大型山水园林，是岭南名园宝墨园的“姐妹园”。与宝墨园相区别的是，宝墨园尽显岭南水乡风韵，南粤苑则更集中展示岭南建筑艺术精髓。

■诗词延伸

召埭初逢两妙年。
瑶林玉树倚风前。
疏梅影里春同醉，红芰香中月一船。
长怅恨，短因缘。
空馀胡蝶梦相连。
谁知瘴雨蛮烟地，重上襄王玳瑁筵。
——向子諲·《鹧鸪天·番禺齐安郡王席上赠故人》

南粤苑

【第九辑】留给孩子的旅行思考题

1. “桂林”地名的由来是什么?

2. 柳宗元在柳州推行了哪些改革?

3. 番禺曾是何地都城?

第十辑

眺闽越美景——轻纱掩面，你仿若自梦中走近

福州 此有三山鼎立，此是“佛国”福地

百叠青山江一缕。
十里人家，路绕南台去。
榕叶满川飞白鹭。
疏帘半卷黄昏雨。
楼阁峥嵘天尺五。
荷芰风清，习习消袢暑。
老子人间无著处。
一尊来作横山主。
——李弥逊·《蝶恋花·福州横山阁》

宋词故事·STORY

横山阁

横山阁外，数百处山峦重叠簇聚，山下的闽江之水蜿蜒东流，犹如一缕丝带飘落在此。南山台的十里长街，人烟辏集，这美好山河实在荡人心怀。

阁外榕叶纷纷飘落，白鹭翩翩而飞，一派生机。此时正待黄昏来临，细雨飘洒，家家户户疏帘半卷，饶有情趣。

横山阁巍然耸立在此，楼阁高峻、峥嵘，仿佛离天只有一尺五。夹杂着菱荷清香的微风徐徐吹来，顿消夏日之闷热，凉爽宜人。我若在人间没有落脚之地，定要来这衡山阁中做那一阁之主。

历史·HISTORY

史上那些年

这首《蝶恋花·福州横山阁》是宋朝词人李弥逊在退隐后，一日登览横山阁，忽然有感之作。李弥逊热爱祖国河山，却因耿介刚直，屡遭排斥，被迫退隐，他在结尾所说的“老子人间无著处，一尊来作横山主”，虽是放浪形骸之语，却也可看作徒怀壮志，无从施展，继而深沉痛切的一种发泄。但福州的山光水色，将李弥逊的坏心情一扫而空。这座山水之城，就像陆游的一首小诗中曾写的那样，“福州正月把离杯，已见酴醾压架开”。

福州，山在城中，城在山中，是一处山间福地。公元前202年，汉朝封无诸为闽越王，无诸便在此地建城定居，福州终于成为闽越的中心。但那时，福州还不曾叫“福州”，直到公元725年，唐朝在此建立福州都督府，福州才正式有了今天的名称。五代时期，闽王王审知在此扩建城池，将风景秀丽的乌山、于山、屏山圈入城内，从此福州成为“山在城中，城在山中”的独特城市。“三山”成了福州的别名。到了南宋时期，由于金兵不断南下入侵，人们都将福州视为世外桃源，纷纷迁入避难。

福州仿古建筑

福州不但是一处避难的最佳地点，也是一处佛国福地。自佛教传入中国后，在福建逐渐深入人心，发扬光大。唐宋以来，佛教历史上的十大禅师有许多都和福建有关。长乐人百丈禅师曾提出“一日不做，一日不食”的观点，提倡僧侣和寺庙自给自足的精神，对以后寺庙的制度产生深远影响。因此，佛家文化和名寺古刹是福州最大的特色。现如今，福州城内依然保存了很多寺庙，西禅寺、金山寺等都在全国享有盛名，福州也因而被称作“海天佛国”。

趣味故事·INTERESTING STORY

福州春卷的来历

福州春卷焦香味美，是福州名吃。关于这道美味小吃，当地还流传着一个有趣的民间故事。相传，在宋朝时，福州有一个书生名叫陈皓，他有一个非常聪明、贤惠的妻子，名叫阿玉。

福州春卷

陈皓为了考取功名，每日专心致志读书，常常夜以继日，通宵达旦。贤惠的阿玉看见丈夫一天天消瘦，心里很难受。为了照顾好陈皓，她总是想着法子每餐给丈夫送去不同花样的饭菜。

但陈皓读书实在太专心了，总是忘记吃饭。阿玉看在眼里，急在心里，她想：老这样下去，丈夫的身体累垮了怎么办？她想着想着，终于想出了一个好办法。第二天，阿玉用米磨成粉，制成皮，包上肉和菜，加上作料作为馅，然后用油一炸，一股香气扑鼻而来。这种东西既能当饭，又能当菜，不但省时间，吃起来也方便。

陈皓吃了这道菜，打心里感激妻子对自己的体贴关怀，由于每次吃饭的时间大大缩短，他读书的时间就更充足了。不久，陈皓进京赶考，一路上除了带去应试的用品外，还带上了妻子特地给他制作的这种食品。

考试结束之后，陈皓得中了头名状元。红榜一出，他高兴地把自己带来的食物送给考官品尝。考官一吃，觉得十分美味，他赞不绝口，便问陈皓是从哪家名师的饭铺里买的。陈皓笑着告诉他，是自己的妻子做的。考官听后，雅兴大发，顿时为这种食物写了一篇文章，并将这种食物称为“春卷”。从此，福州春卷名声大振，后来竟成了地方官吏向皇帝进贡的上等礼品。

风景 · SCENERY

带着孩子边走边看

福州是福建省的省会，也曾别称三山、左海、闽都。来到福州，我们和孩子可以看到一处被大水包围的寺庙，若是想要到达寺庙中，则只能乘坐渡船。更有趣的是，这座寺庙和《新白娘子传奇》中的金山寺同名，看上去好像真的因为被白娘子的大水漫过，才变成今天这副模样。而我们在福州的行程，也将从这座有趣的寺庙开始。

福州金山寺

福州金山寺建于宋代，是福州唯一的水中寺。它位于福州西郊洪塘村

福州金山寺

附近的乌龙江上，原本是江心的小石埠，因为它的形状像石印浮于水面，有如江南镇江之金山，故又名“小金山”。

如果在金山寺凭栏远眺，可见碧波荡漾，风帆浮动，金山四周水流汹涌，有“砥柱中流”之势，俗传它能“从潮高下，水涨而山不没”。

七八百年前，人们在这小埠上盖起一座七层八级的实心塔，高约7米，由花岗石砌成，后又在塔周围建成殿堂。塔前有观音阁，塔后有大悲楼，左右各有一间斗室，左名“怡怡斋”。金山寺的殿前原有两株古榕。明万历四十一年（公元1613年），四川按察使曹学佺因著《野使纪略》揭露魏忠贤所制造的“梃击案”而被诬陷，削职回乡时，他就在这两棵榕树间盖起一座房子，仿古巢居，命名禅楼，如今虽已人去楼废，但仍有一棵古榕树岿然独存。

三坊七巷

三坊七巷

三坊七巷是福州市南后街两旁从北到南依次排列的十条坊巷的概称，也是中国十大历史文化名街之一。在这个街区内，坊巷纵横，石板铺地，许多民居的门窗漏花采用镂空精雕，榫接而成，精巧的门框、花座、柱杆随处可见。

衣锦坊是“三坊”中的第一坊，旧名通潮巷。坊中16号为清嘉庆进士郑鹏程居宅，其中的衣锦坊水榭戏台最具特色。这是一个木构单层平台，四柱单开间，下建清水池塘，中隔天井，正面为阁楼。于此观看戏剧演出，水清、风清、音清，具有声学原理和美学价值，是福州市现存唯一的水榭戏台。

文儒坊是第二坊。明代抗倭名将张经，清代名将福建提督、台湾总兵甘国宝也曾居住在这里。清代饮誉全国的“民进士”之家（五代都中进士）陈承裘故居也在坊内。

光禄坊是第三坊，其以光禄吟台最为有名，这里有从宋至清的摩崖题刻多处。光禄吟台西荔枝树下，原有石刻“鹤磴”，是纪念林则徐晚年放鹤的地方。

鼓山

鼓山风景名胜区是福州市最著名的风景区，山上胜迹众多，林壑幽美，它因顶峰有一巨石如鼓，每当风雨交加，便有簸荡之声，故名鼓山。

鼓山之上，有一座1000多年历史的涌泉寺。该寺建筑规模宏伟，布局精巧，有“进山不见寺，入寺不见山”之妙，是中国古代建筑艺术之精华。寺旁有以陶烧造的千佛陶塔，在国内十分罕见。

登临鼓山时，可从山麓的下院出发，随石阶古道步行而上，蜿蜒1800余米，穿过七亭后进山门直达涌泉寺，也可乘客车从盘山公路而上，或是乘缆车到达“达摩十八景”景区。

平潭县

平潭县位于福建省东部海域，由以海坛岛为主的126个岛屿组成，素有“千礁岛县”之称，这里也是大陆距台湾最近的县份。在这里，有一个形似神兽麒麟的岛屿，那就是平潭县主要岛屿，因此，平潭岛也叫麒麟岛。

由于开发较晚，平潭一直保留着海岛的原始风貌，岛上尚且留有许多原始建筑。这里海天一色，海水纯净，家长可以带着孩子来感受一下这里没有受过污染的海滩，让他们看看，在我国的南部，其实也有和巴厘岛一样美丽的地方。

■诗词延伸

翠浪吞平野。
挽天河、谁来照影，卧龙山下。
烟雨偏宜晴更好，约略西施未嫁。
待细把、江山图画。
千顷光中堆滟滪，似扁舟、欲下瞿塘马。
中有句，浩难写。
诗人例入西湖社。
记风流、重来手种，绿阴成也。
陌上游人夸故国，十里水晶台榭。
更复道、横空清夜。
粉黛中洲歌妙曲，问当年、鱼鸟无存者。
堂上燕，又长夏。
——辛弃疾·《贺新郎·福州游西湖》

武夷山 万年古越，我是“丹霞第一山”

武夷山里一溪横。
晚风清。
断霞明。
行至晞真、馆下月华生。
仙迹灵踪知几许，云缥缈，石峥嵘。
羽人向载小舟轻。
玉壶倾。
荐芳馨。
酣饮高歌，时作步虚声。
一梦游仙非偶尔，回棹远，翠烟凝。
——李纲·《江城子·再游武夷》

宋词故事·STORY

再游武夷

武夷山中横盘着一条清溪，我踏月自这溪中归来。晚风徐徐吹来，清凉无比，夜色虽至，天上的云霞却依然稍有明色。小舟行至晞真馆时，月亮才渐渐升了起来。这武夷山中，云彩缥缈，山石峥嵘，进入此地就好像行走在仙境中一样。道友与我一同站在小舟中饮酒赏景，酒酣之时，时而引吭高歌，时而静省凝听。这并非我们偶尔游此仙境。若是远观，可发现这小舟渐渐远去，遁入那好似凝结在山中的雾气之中。

历史·HISTORY

史上那些年

武夷山脉北段东南麓，是我国著名的游览胜地，其属典型的丹霞地貌，是福建第一名山，有着“奇秀甲东南”之美誉。早在新石器时期，古越人就已在此繁衍生息。如今悬崖绝壁上遗留的“架壑船”和“虹桥板”，就是他们特有的葬俗。

尽管武夷山地处闽越之地，却受到了历代帝王的重视。西汉时，汉武帝曾遣使者到武夷山用干鱼祭祀武夷君，唐玄宗大封天下名山大川时，武夷山也曾受到封表，并刻石记载。宋朝时，因百姓在这里祈雨获应，朝廷又封武夷君为显道真人。唐末五代初，杜光庭在《洞天福地记》里，把武夷山列为天下三十六洞天之一，称之为“第十六升真元化洞天”。

早在1200多年前，武夷山就成了名震天下的绮丽之山，并受到官方保护。因此，今天我们才能在这座山上看见一系列优秀的考古遗址和遗迹，包括建于公元前1世纪的汉城遗址。同时，这里也是中国古代朱子理学的

“摇篮”。作为一种学说，朱子理学曾在东亚和东南亚国家中占据统治地位达很多世纪，并在哲学和政治方面影响了世界很大一部分地区。

夷山一宇天景区

但在今天，武夷山上最有名的东西或许还不是它那瑰丽异常的丹霞之貌，而是举世闻名的“大红袍”。“大红袍”是一种茶树，生长在九龙窠谷底靠北面的悬崖峭壁上。这里有六株古朴苍郁的“大红袍”茶树，枝繁叶茂，据说已有340余年的历史，被誉为“茶中之王”。

可这茶树为什么叫作“大红袍”呢？据说还有一番渊源。明朝时，有一个秀才上京赶考，当他途经武夷山的天心永乐禅寺时，却忽然得了重病。寺中方丈以九龙窠崖上之茶叶为药给秀才服用后，他的病居然全好了。后来，这个秀才高中状元，衣锦还乡后，为报茶树救命之恩，把钦赐的红袍披于茶树之上，这株茶树从此而得名。

只不过在2007年7月，最后一次采摘自350年母树的20克大红袍茶叶被中国国家博物馆珍藏，自那之后，武夷山便不再制作母树大红袍茶叶了。

趣味故事·INTERESTING STORY

“武夷山”山名来历

武夷山一景

相传，在很久以前，武夷山是没有名字的。后来，彭祖和他的两个儿子来到此地之后，武夷山便有了现在的名字。那究竟发生了什么有趣的故事呢？

彭祖在武夷山的时候，这里洪水泛滥成灾，老百姓没有办法耕种粮食，只好躲进山坳里，过着穷苦的日子。彭祖见此情景，就带领老百姓披星戴月，含辛茹苦地开山治水。到了白发白眉白须的时候，他已是远近闻名的开山始祖了。

彭祖有两个儿子，一个叫彭武，一个叫彭夷。据说，他俩一出生便见风就长。春风吹过，他们能喊爹叫娘；春雨飘洒，他们能站立行走；春茶绽芽，他们能下地奔跑。这两兄弟从小就跟随彭祖翻山越岭。

后来，彭祖被玉帝召上天成仙去了，他临走时只留下一把斧子、一柄锄头和一弯弓箭，并嘱咐两个儿子要继承祖业，日夜不停地开山治水，为百姓造福。彭祖走后，两兄弟扛起锄头，拿着斧子，背上弓箭就进山了。他们在这山里日夜不停地挖掘，直到挖出了九曲十八弯，治住了咆哮的山洪。山洪被治住以后，他们又不停地砍伐，直到砍倒了一丛丛荆棘，开出了一片片良田。接着，他们就在这片良田里种上了岩茶，栽上了稻谷和果树。

种好田之后，兄弟俩又射死猛虎，除掉恶豹，并把捉来的野兔、野鸡、野猪送给村里的百姓饲养。接着，他们又在山里种上奇花异草和珍贵药材，又教百姓们如何辨认。

有了他们的帮助，百姓们从此过上了鸡犬相闻、安宁幸福的日子。彭武、彭夷死后，人们为了报答他们的恩情，也为了纪念这一对开山有功的兄弟，就以他们的名字命名此山。从此，这片美丽的地方，就被称为“武夷山”了。

风景 · SCENERY

带着孩子边走边看

武夷山是中国最有名的山脉之一，但凡到过武夷山的人，无不被它那神奇的丹霞地貌、惊为天人的九曲盘溪给折服。对于生活在大城市中的孩子来说，武夷山大概就跟传说中的地方一样，这里水碧山青，偶尔亦有云雾缭绕在山间。我们若能在夜色将至未至之时，和孩子一同泛舟溪上，欣赏那尚隐匿于天际的月华，也不枉在武夷山来一次别样的宋词之旅。

九曲溪

九曲溪是武夷山脉最著名的溪流之一，蜿蜒流淌于武夷山峰岩幽谷之中，因有三弯九曲之胜，故名为九曲溪。九曲溪澄澈清莹，盈盈一水，因此曾有人称，“武夷之魂在九曲”。

最为奇妙的是，溪中九曲的景色各不相同。一曲在九曲溪的最下游，景色畅旷豁达，附近有大王峰、幔亭峰、狮子峰和观音岩。二曲是一段幽深险峭的峡谷，武夷山最迷人的玉女峰就在二曲西侧。三曲南崖的小藏峰有闻名于世的“架壑船棺”。四曲胜景是两座巍巍巨岩，东为在藏峰，西为西钓台。五曲则是九曲中最为开阔的地方，这里有林木葱茏的平林洲，洲上有隐屏峰、接笋峰、玉华峰等名峰。六曲是九曲溪中最短的一曲，被称为“武夷山第一胜地”的天游峰即在此。七曲北岸则有武夷山的最高峰——三仰峰。八曲中怪石争奇斗巧，有上水狮石、下水龟石等石景。九曲尽头是星村，放眼四望，平畴沃野，豁然开朗。

1. 九曲溪 | 2.天游峰

天游峰

天游峰位于武夷山景区中部的五曲隐屏峰后，被称作武夷山第一胜地，其有上、下之分。

上天游的一览亭，濒临悬崖，高踞万仞之巅，是一座绝好的观赏台。从这里凭栏远眺，云海中群峰悬浮，九曲蜿蜒，武夷山最美的景色尽收眼底。徐霞客曾如是点评上天游："其不临溪而能尽九曲之胜，此峰固应第一也。"

下天游的南端有改建的天游观，殿宇式的楼阁，名"遨游霄汉"，家长可以带着孩子在此饮茶、赏景。关于这里，古人曾云："飞泉响落晴疑雨，古木浓荫夏亦寒。"

武夷山博物馆

武夷山博物馆为两层楼阁式仿宋建筑，是武夷山市的重要对外宣传窗口。博物馆所在地晴川旷豁，风景秀丽，是武夷山主要景点之一。这里主要有"武夷文化之谜"展厅，以及国家级重点文物保护单位城村汉城遗址文物、武夷山商周时期遗物"架壑船棺"等，展品丰富，值得一览。

武夷山博物馆

■诗词延伸

露染武夷秋，千蛮耸翠。
练色泓澄玉清水。
十分冰鉴，未吐玉壶天地。
精神先付与，人中瑞。
青锁步趋，紫微标致。
凤翼看看九十里。
任挥金碗，莫负凉飙佳致。
瑶台人度曲，千秋岁。
——辛弃疾·《感皇恩》

邵武 千年“铁城”今犹在，兰花香溢满鼻芳

满路梅花，为谁开遍春风萼。
短亭萧索。
草草传杯酌。
送子先归，我羡辽东鹤。
他年约。
瘦藤芒屐。
共子同丘壑。
——吕胜己·《点绛唇·长沙送同官先归邵武》

宋词故事·STORY

送同官先归邵武

春风袭来，满路梅花为谁开遍，短亭之内满眼萧索，朋友归去，我只能为你略备薄酒，请你小酌一杯。朋友，我且先送你回邵武，你能归去实在令人羡慕不已。待到他年我也能顺利还乡之时，再与你把酒问盏，游览于丘壑之间。

历史·HISTORY

史上那些年

在武夷山南，富屯溪边，有一座飘满兰花香气的“铁城”——邵武。自古以来，邵武便是进入闽地的重要通道，亦是兵家必争之地，因地势险固，易守难攻，故而又名“铁城”。三国时吴王孙权在此置昭武县，后又因晋朝避司马昭讳改名邵武。明代《邵武府志》便曾记载：“邵者，高也，昭也；武者，以地在武夷山南，古以南为昭，故曰昭武。晋避讳变昭为邵。”所以，在很久以前，邵武也曾被称作“南武夷”。

到如今，邵武建城已有1700多年的历史。这里曾为“福建八府”之一，历史上曾出过两个宰相、7个兵部尚书。袁崇焕也曾在此任职知县。袁崇焕在做邵武知县时，曾为民救火、处理冤狱，百姓都十分爱戴他，位于邵武和平镇天符山的聚奎塔，其塔名便是由他所题写的。塔额中的“聚奎塔”三个字苍劲、流畅，至今字迹清晰，完好无损，是袁崇焕留下唯一可信的墨迹。

和平镇位于邵武南部，这是一座有着4000多年历史的文化古镇，是古代邵武通往江西、泰宁、建宁、汀州的咽喉要道，这里文物古迹星罗棋

富屯溪

布，不仅有城堡、谯楼、县衙门，还有闽北历史上最早的书院——和平书院，更有300余幢明清民居建筑，并完整保留了600多米长的古街，素有“福建第一街”之称。

更值得孩子一看的是，这里读书求学的氛围十分浓郁，和平镇一共出了137名进士，被誉为“进士之乡”。而当家长带着孩子走进这幽邃的古镇小巷时，悠悠古韵迎面扑来，令人心生感叹，浮想联翩。

趣味故事·INTERESTING STORY

张三丰的传说

张三丰

道教太极宗师张三丰是邵武市人，俗名张子冲，因他素来不修边幅，又名“张邋遢”。在邵武民间，有不少关于张三丰的传说故事。比如，传说他相貌奇特，常戴斗笠，每逢吃喝，10斤米饭能立刻吃完，然后好几个月水米不沾，却依然红光满面，精神抖擞。其中最有名的，还数张三丰与碎铜茶的传说。

传说，张三丰的母亲生产之时，曾梦见一只仙鹤从远方向她飞来，然后张三丰就呱呱坠地了。长大之后，张三丰又去往武当山修炼，大约泰定甲子年间又回到邵武，在和平镇境内的留仙峰、武阳峰修炼太极。

据说，每当张三丰修炼运功之时，山中便云雾缭绕，凝成仙气，群峰之间常有八卦太极图在空中呈现，方圆数百米内的茶叶林也受此灵气涵养，滋生出独特的灵效。后来，附近的人们常饮这种被灵气滋养的茶叶。神奇的是，这种茶叶喝完之后，不但令人神清气爽，而且能祛害除淤，让人百病不侵。

有一天，和平街上有一孩童不小心把一枚铜钱误吞入肚，疼痛难忍，危在旦夕。张三丰知道后，便从留仙峰的茶叶丛中摘下一把茶叶，放到口中咀嚼后，让孩童服下，接着，才过一盏茶的工夫，这孩童肚内居然开始咕咕作响，不一会儿，人们就看见那铜钱变成了碎末排泄而出。张三丰用茶叶救孩童的事情很快传遍了周围的村子。后来，人们为了纪念这件事，便把张三丰采摘下的这种茶叶称为碎铜茶。

风景 · SCENERY

带着孩子边走边看

邵武位于福建西北部，富屯溪斜斜地从市区穿过，而整个邵武的地势则像个盆地，将美丽的富屯溪包在谷底。如今，在这古香古色的城市中飘满了兰花的香气。带着孩子来到邵武，可以为他们讲述兰花的故事，让他们懂得兰花的精神，并自这兰香之中，慢慢品味这座千年“铁城”。

中国兰花第一谷

中国兰花第一谷

兰花谷位于邵武市国家地质公园内，因邵武的兰花世界有名，因此此地每年都要迎接上万名来自全国各地的客人。谷内设有兰花文化展示厅、野生兰花观光区、兰花样品园、摩崖石刻群等景点，是休闲度假的好去处。

在这里，家长和孩子不仅可以欣赏到不同品种的兰花，还可以享受到此地独特的“兰文化”。兰花谷有很好的文化传承，兰花自古便有“花中君子”的雅称，早在清朝时就有人在这里大量栽兰养兰，以结心志。

目前兰花谷内有十几万株兰花，不但有剑兰、春兰、蕙兰、台兰等5000多个品种，更有近年来新培育出来的武夷兰。这里是兰花爱好者的乐园，每天都有上百名爱花之人到此欣赏兰花，交流养兰、爱兰的心得。家长可以带着孩子，通过这样的文化之旅，感受和认知中国兰花以及“兰文化”的内涵。

和平古镇

和平古镇

和平古镇是一处全国罕见的城堡式大村镇，它建置始于唐朝，距邵武市约有40余千米，是福建省历史最悠久的古镇之一。在这个小小的古镇中，孩子可以看见平日难得一见的古城堡及谯楼，以及保存得非常完好的古街巷。

古镇上，有着一条贯穿古镇南北的旧市街，被誉为“福建第一街”，街道两侧纵横交错着大小巷道，巷道中间铺青石板，两边铺河卵石。在巷道两旁，有着近200间青砖琉瓦、雕梁画栋、气派非凡的明清时代豪华民宅。

更为难得的是，和平古镇的民俗文化遗存非常丰富，许多民俗活动相当奇特，如被称为活化石的傩舞，独特的龙灯烛桥，还有现场展示制作游浆豆腐的过程，都能令孩子的眼界大大开拓。

熙春园

熙春园位于邵武市西郊，是这里最有名的景点之一。熙春园内有众多的宋、元、明、清各代古建筑遗址，其中尤以沧浪阁最为有名。

熙春园建于明万历年间，俗称八角楼。清雍正初年，为纪念南宋著名诗人严羽而易名“沧浪阁”。因此，沧浪阁藏有严羽的《沧浪集》《沧浪诗话》等著作。阁内天井中种有黄杨、翠竹、桂花、石榴等观赏植物，四季常青，鸟语花香，阁顶是欣赏富屯溪夜景的极好去处。

熙春园

■诗词延伸

矫首遐观。
崇台徙倚，心目俱宽。
一水萦蓝，群峰耸翠，天接高寒。
平生江北江南。
总未识、闽中好山。
雨暗前汀，云生衣袂，身倦跻攀。
——赵师侠·《柳梢青·邵武熙春台席上呈修可叔》

福州——武夷山——邵武——湄洲——长汀

湄洲 湄洲，湄洲，妈祖的故土

神功圣德妙难量。
灵应著莆阳。
湄洲自昔仙境，宛在水中央。
孚惠爱，备祈禳。
降嘉祥。
云车风马，肸蚃来歆，桂酒椒浆。
——赵师侠·《诉衷情》

宋词故事 · STORY

诉衷情

妈祖娘娘的神功圣德无可限量，据说她常在莆阳一带显灵，保佑出海的渔民平安无事。妈祖的故乡湄洲岛，从很久以前就如同仙境一般，漂浮在无边无际的大海中央。妈祖娘娘爱护这里的百姓，对他们的祈祷有求必应。所以，百姓们都非常爱戴妈祖这位好神灵，他们常常备车备马，从很远的地方来妈祖庙中祈福，并备上桂酒椒浆供奉她。

历史 · HISTORY

史上那些年

湄洲湾三面环山，一面临海，与宝岛台湾遥遥相望，又因地处海陆之际，形如眉宇，故称湄洲。湄洲岛及附近的小岛宛如一串美丽的项链，撒在湄洲湾与东海之间。这里海波浩瀚，附近石奇岩峭，风景如画，自古以来便是莆田沿海的一大旅游胜地，明代就曾有人在此修建园林亭榭，如今

湄洲牌坊

湄洲尚存不少崖刻的书法和画像。

但湄洲之所以出名，却并不完全因为这里景色独好。许多人不远万里来到这里，只因这里是妈祖诞生的地方。妈祖诞生于宋建隆元年（公元960年）三月，原名林默，传说因她出生至满月从不啼哭，因此家人为她取名曰“默”。林默自幼聪明，长大之后的她，洞晓天文气象，熟习水性，经常在海上抢救遇险渔民，并于28岁时辞别家人，在湄洲岛湄屿峰归化升天。为了纪念她，人们在湄洲峰的“升天古迹”旁立庙奉祀，尊她为海神灵女、龙女、神女等。宋徽宗时，朝廷封妈祖为“顺济夫人”，此后历代朝廷还敕封她“天妃”“天后”“天上圣母”等尊号。

湄洲的妈祖庙被人们尊称为“天后宫湄洲祖庙”。这座庙兴建于公元987年，即林默逝世的同年。明代航海家郑和七下西洋之前，曾奉旨来到湄洲岛主持御祭，扩建庙宇。清朝时，康熙统一台湾，又命人将妈祖庙大加扩建。

如今，妈祖庙已成为全世界广大信众顶礼膜拜的圣地。妈祖庙、天妃宫、天后宫不但遍布我国台港澳地区及大陆各海口码头，还分布到了世界各地，几乎是有华人处就有妈祖信仰。尤其是每逢农历三月廿三妈祖生日之时，湄洲这里必定人山人海，妈祖庙内香火鼎盛。

趣味故事·INTERESTING STORY

妈祖的传说

妈祖是世界闻名的“海神”，她原名林默，出生在湄洲岛的一个官宦之家，据称是晋代晋安郡王林禄的二十二世孙女。关于妈祖成仙之前的事迹，湄洲岛上有着形形色色的传说。

传说，妈祖的母亲在分娩时，有一道奇异的红光从天而降，天空隆隆作响，大地变成了紫色，母亲感到腹中一阵震动，接着便生下了一个漂亮的女婴。神奇的是，这个女婴出生之后没有哭过一声，因此，父亲便给她

取名为“林默”。

据说，林默十分聪明，8岁时便通晓世间文章。10岁时，便能焚香念经，早晚不懈。13岁时，有一位老道士玄通来到她家，对她说：“你具仙性，应当渡人正果。”说完，老道便授林默以“玄微秘法”，让她依法修炼。

有一天，她与一群女孩子在外闲游，来到一口井边时，忽然看见一个神人捧着一双铜符来到她面前，并把铜符授给她，女伴们见此情景，都大惊失色，纷纷跑开。林默却不慌不忙接过铜符，并拜谢了那位神人。自那之后，林默身上便常常出现不可思议的现象。有时，她虽身在家中，人们却又听闻有人在千里之外遇见了她。另一些时候，林默还能告诉乡亲们吉凶祸福，但凡她说过的事，无不一一应验。心地善良的林默还经常用自己所学为人治病消灾，因此远近的人都很感激她，并称她为“神姑”。

林默16岁这年秋季，有一天，她的父亲与兄长驾舟渡海北上，此时林默正在房间里精心织布。忽然，她神色异样，伏在织布机上闭起眼睛，可没过一会儿，林默却脸色大变。她一手抓梭，一手扶杼，两脚紧踏机轴，拼尽全力挣扎扶持，唯恐有失。

母亲发觉女儿的异常情况后，十分惊恐，急忙把她叫醒。林默猛然睁开眼睛，失手将梭掉在地上，并顿足高声哭说：“父亲与哥哥遭遇了海难，父亲得救了，哥哥却坠海死了。”母亲听罢此言，十分惊慌，连忙差人打听消息。此后便有人来报，林默所言果然属实。

据说，当时林默父亲的小船正在怒涛之中，几次即将翻船之时，都好像有人稳住其舵，与她哥哥的船靠近，只可惜哥哥的船已是舵摧舟覆了。原来，当时林默闭着眼时，正在施展神术，她脚踏着的是父亲的船，而手抓着的是哥哥的舵，而母亲把她叫醒后，她惊醒之余，不小心将织梭掉在地上，因此没有保住哥哥的船。

哥哥溺水后，林默陪着母亲、嫂嫂和几个村民一道驾船前往茫茫大海寻找哥哥的尸体，正当行驶到海中央时，大家突然发现一群水族聚集海面，他们不由得害怕起来。然而，林默却镇定地告诉大家不要害怕，又回头告诉水族们不必迎接。神奇的是，她话音刚落，突然水色变清，而哥哥的尸体已浮于海面。这时，大家才知道是水神护尸来了。此后，凡遇林默诞辰，半夜即有大鱼成群，环列于湄屿之前，好像拜舞的样子，直到黎明才纷纷散去。

风景 · SCENERY

带着孩子边走边看

湄洲湾位于福建省东海岸的中部，在莆田市和泉州市的交汇处，它与台湾隔海相望。湄洲是妈祖的故乡，或许孩子们会时常在电视上听到这位女神的故事，却从未了解过妈祖文化的来龙去脉。来到湄洲，父母便可以一边带着孩子游览这处海天胜地，一边向孩子细细讲述妈祖的由来。

湄洲祖庙

湄洲祖庙是全世界5000多座妈祖庙的“祖庙”，经过千百年的传播，随着信众走出国门，妈祖也从湄洲逐渐走向世界，成为一位世界闻名的神祇。

湄洲祖庙建筑群依山势而建，气势不凡。从庄严的山门、高大的仪门到正殿，全部台阶共有323级，这些台阶连缀着两旁的各组建筑。在祖庙的山顶上，建有14米高的巨型妈祖石雕塑像，她面向大海，面向台湾，栩栩如生。家长若是有意，可以带着孩子伫立山顶，回望山下，会发现整个庙群尽收眼底，远处海天一色，大海与祖庙构成了一幅瑰丽壮美的山水画。

湄屿潮音公园

湄屿潮音公园位于湄洲岛最北端，这里三面临海，山峦起伏，层林叠翠。这里的海床由于亿万年风浪的侵蚀，形成了不同的孔、洞、涧、沟，它们在潮汐的吞吐之中产生共振作用，发出有节奏的、由远及近的各种声响，有的如管弦细响，有的如钟鼓齐鸣，有的如虎啸龙吟，声声扣人心弦。

九宝澜黄金沙滩

在湄洲岛的西南突出之地，有一处沙滩，好似悬挂在湛蓝大海上的一钩新月，这就是九宝澜黄金沙滩，其被誉为“天下第一滩”。

这处沙滩长2000多米，宽达百米，沙滩头上奇峰挺秀、怪石嶙峋，金色的沙滩绵延不断，宽敞平坦，是湄洲岛上理想而难得的天然浴场。美国曾有一位环球旅行家来到此地之后，赞美此地为“东方夏威夷”。

南少林寺

南少林寺是福建省莆田市的一个寺庙，其遗址位于莆田市西天尾镇九莲山上，距市区约17千米。福建莆田南少林寺是历史上的武林圣地，曾因“南拳北腿”与河南嵩山少林寺遥相呼应，世称“南北少林”，是我国佛教禅宗文化遗产和少林南拳的发源地。

1. 湄屿潮音公园 | 3. 南少林寺

2. 九宝澜黄金沙滩

诗词延伸

茫茫云路浩无边。
天与水相连。
舳舻万里来往，有祷必安全。

专掌握，雨旸权。
属丰年。
琼卮玉醴，飨此精诚，福庆绵绵。
——赵师侠·《诉衷情·莆中酌献白湖灵惠妃其二》

长汀 高楼大厦霓灯醉，不及客家围屋深

猎猎风蒲初暑过，萧然庭户秋清。
野航渡口带烟横。
晚山千万叠，别鹤两三声。
秋水芙蓉聊荡桨，一樽同破愁城。
蓼花滩上白鸥明。
暮云连极浦，急雨暗长汀。
——苏庠·《临江仙》

宋词故事 · STORY

临江仙

大风猎猎，好像一把巨大的蒲扇从天空掠过，初暑已经过去，萧然的庭院内已经出现了清秋的痕迹。野航渡口横烟飘散，夜幕之中，但见群山层叠，隐约听见鹤鸟的叫声。

在布满秋水芙蓉的湖面上荡桨泛舟，再饮上一壶美酒，愁云便会暂且散去，只见远处的蓼花滩上，几只鸥鸟正在觅食，那洁白的身影很是明显。抬首仰望，天上的暮云低低压来，天色渐暗，这美丽的长汀，怕是要迎来一场急雨了。

历史 · HISTORY

史上那些年

长汀土楼

长汀地处武夷山南麓，是福建省龙岩市下辖的一个县，位于福建省西部。这里千山竞秀，层峦叠嶂，是一座保存有诸多文物古迹和体现客家文化的古城。汉代置县，唐朝时设置汀州，从那时起，一直到清代，这里一直成为州、郡、路、府的治所。

长汀曾是闽西政治、经济、军事、文化中心，也是客家文化的发源地。

长汀是世界客家首府，是客家文化的发源地和集散地。据考证，从东汉末年开始，成千上万的中原汉人为躲避战乱、灾荒，纷纷南迁，几经跋涉来到闽西汀州地域，客居于崇山峻岭之中，在这“世外桃源”繁衍生息，开基创业，渐渐造就了中国汉民族中一支独特的民系——客家。

在长汀，最有特色的便是客家建筑。它虽与中原建筑风格迥异，却又无法完全割舍与中原建筑的联系。客家的民居，并不是独门独户，而是沿中轴线向两边展开，层层递进，前后左右对称，布局严谨。其规模大的民居，可容纳一个家族几十户人居住。有的前设门楼，后有闺阁绣花楼，并建有“美人靠”弧形栏坐椅，十分典雅别致。这便是客家人聚族而居的“家族城寨”，客家围屋。

汀江水滚滚南流，哺育了一代又一代客家儿女，引领他们开枝散叶，走向远方。因而汀江也被称为“客家母亲河”。据统计，台湾至少有60多个常见姓氏的300多万人口源于汀州，香港有200多万客家人传自汀州。

明末辅佐郑成功收复台湾的重要将领刘国轩是汀州人，清代画坛巨匠上官周是汀州人，孙中山先生的祖先也曾在汀州居住，就连郭沫若也在《我的童年》中写道，“五百年前，我的祖先是福建汀州人”。

趣味故事 · INTERESTING STORY

龙神庙的传说

来到长汀，就不得不提及客家的母亲河——汀江，它发源于长汀和宁化两县交界的上坪山，是福建西部最大的河流。汀江源远流长，其两岸更是有着许多神奇的传说。

在汀江流经的地方，有座山，名为帽盒山，山脚下有一个天然的石洞，洞深数十丈，江水则呼啸着从洞中穿过。在涨水季节，人们若是站在江水出洞的方位，会看见一番奇异的景象：汀江之水从石洞内喷涌而出，犹如巨龙吐水，浊浪排空，壮观不已。

帽盒山石洞

龙神庙就在这个神奇石洞的上方。在石洞正门的右方，有一条蜿蜒而上的幽静小道，沿着小道拾级而上便可到达龙神庙，这是一座五谷神庙。“龙神庙”是人们为它起的别称，而它真正的名字叫“龙门帽盒山寺”。关于这座神庙，还有一个奇妙的传说。

相传在北宋年间，有一个和尚名叫德道，他修炼已久，佛法造诣颇深。某年五月，在德道和尚修炼的地方，忽然下起了滂沱大雨，汀江河水随之暴涨。一天清晨，他忽然发现涨满水的汀江上漂来了一座大山，这山秀丽神奇，上面隐约弥漫着一片不寻常的薄雾。

德道和尚观察了半天，心觉这是一座风水宝山，如能将它留在此地，必能造福一方百姓。于是，德道和尚忙拿过一旁的扫帚，向这座浮在水面上的大山一指，嘴里念念有词，忽然，天空乌云密布，霹雳声由远及近响个不停。随即，大山上出现了一片火海，只见两条巨龙从山上腾空而起，向天上飞去。

巨龙远去之后，天空渐渐平静了下来，不一会儿，霞光透过云层照射了下来，连日的大雨也消失得无影无踪。德道和尚放下扫帚，擦了擦脸上的汗，抬头向大山漂来的方向望去，只见它静静地横跨在汀江两岸，江水从山底的石洞中穿过，波光粼粼，逶迤向南潺潺流去。

德道和尚见此情景高兴不已，他立刻领着众僧上山勘察，只见山腰处有一座石室，桌椅家具一应俱全，而山顶上则有数朵莲台，正好可以放置如来佛祖、观音大士、五谷真仙的塑像，德道和尚当即大喜，连连称赞：“妙哉！善哉！”于是，他放弃了原来修炼的地方，请来匠工在这座山上建造庙宇，并定于每年农历五月二十五日为本寺庙会。又因这座山上曾出过两条神龙，人们也将这座庙宇称为龙神庙。

风景·SCENERY

带着孩子边走边看

来到长汀，不得不被客家先民的智慧所折服，也不得不赞叹客家土楼建造之玄妙。这些土楼，虽然看起来只是简简单单的一个圆形，却暗含了古人对天地万物独到的见解，并将这些见解运用到了土楼的修建之中。“圆”在古代即有“圆满，循环，生生不息”之意，而客家的先民，也正是运用了这种哲学理论，修建出了这可以传承千年的“客家堡垒”。

汀州古城墙

汀州古城墙位于福建省龙岩市长汀县的汀州镇，它从卧龙山顶金沙寺的两翼沿山势而下，把半座卧龙山都圈进城内，形成了城中有山，山中有城的汀州古城独具的特色。又因其形状犹如挂在观音菩萨脖子上的佛珠，所以有“观音挂珠”的美誉。

如今，现存的城墙自朝天门至惠吉门近河一带，长1125米，尚存城门楼3座，分别为广储门楼、朝天门楼、宝珠门楼。这些残存的城门楼皆是明清时期的砖木结构，气势雄伟。其中，广储门楼位于城区和平路，青砖斗拱，拱门高3.4米，并遗有唐代八角复盆式石柱础。朝天门楼位于东大街，砖砌城门，甬道长4.88米，跨度3.3米，现存的门楼是清代时重建的。宝珠门楼经南大街，双重城门，中间有天窗，两廊马槽连接，建筑风格独特。

长汀客家围屋

来到长汀，就一定要带孩子瞧瞧客家围屋的风采。长汀保存了不少宋明时期的客家围屋，它继承了中原的府第式建筑风格，沿中轴线两边展开，前后左右对称，层层递进，周围由一圈围屋围拢起来，里面池塘、水井一应俱全，可以供一个家族几十户人家居住。围屋的构造体现了客家人聚族而居的团结精神，在古代有利于抵抗外族的侵犯，是名副其实的“家族城寨”。

长汀客家围屋有土木结构的，也有砖木结构的，除留有东西两扇大门外，其余均是平房间阁，正中是府第式民居。从正门进入之后，会依次经过天井、下厅、天井、中厅、天井和正厅。两侧是厢房和横屋。

在客家围屋中，上厅供奉神佛，正厅供奉祖宗，中厅和下厅为族人婚

1. 汀州古城墙 | 2. 长汀客家围屋

3. 永定土楼

丧喜庆宴请宾朋的地方。厢房横屋多为寝室、餐厅、厨房、禾仓等。围屋的房间多用来圈养家畜以及堆放农具和杂物。长汀客家围屋建筑在汀州延续了1000多年，目前在长汀乡村仍可见到，这种居住模式可以说是永定客家圆楼的前身。

永定土楼

游完长汀，家长可以顺便带着孩子去往龙岩市，去瞧瞧闻名世界的永定土楼。永定土楼是客家众多土楼中最有名的一处。1995年，这座土楼的建筑模型与北京天坛同时作为中国南北圆形建筑的代表，参加了美国洛杉矶世界建筑展览会，顿时引起全世界的轰动，自那之后，永定的土楼被建筑界誉为“东方建筑明珠”。

这些土楼建筑，是客家人在长期迁徙过程中的智慧结晶，它不但具有防震、防火以及防御外敌等多种功能，并且冬暖夏凉，通风和采光都十分

良好。据《永定县志》记载，1918年发生大地震，白天析析有声，历时20分钟，夜里继续震动，但土楼始终挺立无恙。

圆楼是当地土楼群中最具特色的建筑，一般它以一个圆心出发，依不同的半径，一层层向外展开，如同湖中的水波，环环相套，非常壮观。其最中心处为家族祠院，向外依次为祖堂、围廊，最外一环住人。整个土楼房间大小一致，面积约10平方米，使用共同的楼梯，各家几乎毫无秘密可言。

■诗词延伸

荷衣消翠，蕙带馀香，灯前共语生平。
苦竹黄芦，都是梦里游情。
西湖几番夜雨，怕如今、冷却鸥盟。
倩寄远，见故人说道，杜老飘零。

难挽清风飞佩，有相思都在，断柳长汀。
此别何如，一笑写入瑶琴。
天空水云变色，任愔愔、山鬼愁听。
兴未已，更何妨、弹到广陵。
——张炎·《声声慢·达琴友季静轩还杭》

【第十辑】留给孩子的旅行思考题

1. 结合自己的亲身体会说说看，福州城都有哪些特色?

2. 湄洲是哪位神仙的故乡?

3. 客家围屋的优点和缺点是什么?

本书中部分图片未能联系到拍摄者或版权所有人，见图后请联系我们：

邮箱：dpbooks@126.com　　联系电话：010-57109394